玩全攻略

泰国 玩全攻略

墨刻编辑部　编著

Thailand

第2版

人民邮电出版社
北京

图书在版编目（C I P）数据

泰国玩全攻略 / 墨刻编辑部编著. -- 2版. -- 北京
: 人民邮电出版社, 2013.6
（玩全攻略）
ISBN 978-7-115-31852-7

Ⅰ. ①泰… Ⅱ. ①墨… Ⅲ. ①旅游指南—泰国 Ⅳ.
①K933.69

中国版本图书馆CIP数据核字(2013)第092956号

版 权 声 明

内 容 提 要

本书详细介绍了泰国的自然人文景观，并以专题的形式介绍了泰国的历史、文化、美食等，同时分区介绍了泰国各地的景点，尤其是首都曼谷及清迈、芭堤雅、普吉岛等地，并附上交通、住宿等实用信息，图文并茂，是读者了解泰国、畅游泰国的最佳指南读物。

◆ 编　　著　墨刻编辑部
责任编辑　谢元琨
责任印制　周昇亮

◆ 人民邮电出版社出版发行　　北京市崇文区夕照寺街 14 号
邮编　100061　　电子邮件　315@ptpress.com.cn
网址　http://www.ptpress.com.cn
北京捷迅佳彩印刷有限公司印刷

◆ 开本：889 × 1194　1/32
印张：7.25　　2013 年 6 月第 2 版
字数：232 千字　　2013 年 6 月北京第 1 次印刷

著作权合同登记号　图字：01-2009-4786 号

定价：39.80 元

读者服务热线：(010) 67172489　印装质量热线：(010) 67129223

反盗版热线：(010) 67171154

广告经营许可证：京崇工商广字第 0021 号

导 引 Preface

泰国的宗教信仰是文化传统的重要组成部分，每一段鼎盛王朝的历史，都与佛教的力量与影响密不可分。佛教兼容并蓄、广纳百川的特点，不仅反映在瑰丽的寺庙建筑和其他具体的文化遗产上，也可以从现在风靡亚洲的泰国设计里略知一二。那种像海绵吸水般接受外来文化，再将所有优势融合泰国本身的特色，经过消化、吸收后，重新打造出一种属于泰国本身的独特风格，为泰国历史写下新的篇章。

泰国从北到南都有丰富的地理景观和人文风情，本书将依照各地城市分区，分别介绍曼谷、大城、芭堤雅、华欣、清迈、清莱、素可泰、普吉岛、苏梅岛等地的观光景点、度假饭店、美食和潮流品牌等，并针对泰国历史、世界遗产等作深入的介绍。

书中所提供的各项变动性资讯，如交通、费用、开放时间、地址、电话等，均以本书出版前收集的为准，而正确内容仍以当地即时标示的资讯为主。如果你在旅行中发现资讯已变动，或是有任何内文或地图需要修改的地方，欢迎随时和我们联系。我们的联系方式是：shp@ptpress.com.cn。

如何使用本书

玩全攻略

每一地的分区旅游索引，以色带分隔，置于左页边上。

分区名称中英文对照

景点名称中英文对照

清楚列出景点相关实用信息

景点简介

泰国中部 The Central 曼谷

大皇宫&中国城附近
The Grand Palace & China Town

有水才能孕育生命，全球各国首都的历史多半起源于河边。当年泰国却克里王朝的帝王以曼谷昭披耶河（Chao Paraya River）流域为建都中心，重要的皇宫、寺庙理所当然地就近兴建；最早移民泰国打拼的华人，也以河岸为据点发展；尔后各家老字号顶级观光饭店进驻，加上原来世袭居住在河边的平民人家，让这一区成为老曼谷的代表。

郑王庙
Wat Arun

7:30~17:30 休无 S50铢
可从卧佛码头（No.8）搭乘公共渡船，船程10~15分钟，每人3铢
No. 34，Amarin Road，Kwang Wat Arun，Khet Bangkok Yai，Bangkok
www.watarun.org/index _en.html

坐落于昭披耶河西岸的郑王庙又称为破晓寺或黎明寺，其夕阳时分的建筑剪影一直是曼谷风景明信片的常见画面，泰国旅游局也取其为官方旅游代表标志图。

郑王庙的故事得从大城时代讲起，确切的建寺年代已不得而知，只知道郑王驱逐缅甸军后，带领部队顺水而下，军船经过寺前时，正好是黎明时分，郑王便令船停于寺前，上岸礼拜，后来郑王登上王位后，就下令重修佛寺，并根据当年情景将寺名改为黎明寺。郑王原本预备在昭披耶河南岸建造王宫，将黎明寺作为王室家庙，1778年还曾移请玉佛到黎明寺供奉。只是郑王朝短短15年便结束了。继起的拉玛一世决定在昭披耶河东岸建立新都，黎明寺就不再属于皇宫的范围之内。拉玛二世曾下令扩建黎明寺，兴建新的大雄宝殿、佛殿和讲经楼等，但还没动工，拉玛二世便驾崩了。

拉玛三世继承了拉玛二世的理想，于1842年开始扩建黎明寺，5年后完工。扩建后的黎明寺中央的大乘塔高67米，四角还有4座小高棉塔，塔上贴有许多彩色碎陶瓷，其中不乏中式的青花瓷，在阳光下绚丽夺目。塔中有猿猴、金那罗（神将）、金那利（女天神）等塑像。目前大乘塔的第二层对游人开放，站上去可眺望昭披耶河景。抬头望向塔中央，可见接近塔顶的三面神龛中各有一座因陀罗（Indra）骑着三头象神的雕像，加上4座小高棉塔上安有湿婆神的三叉戟，整座佛塔结合了泰国民间不同文化的传统信仰，值得多花点时间细细欣赏。

据说郑王晚年便是在此寺出家的，塔前的古佛殿里还有一张御床为证。大雄宝殿位于大乘塔的西北边，四周有走廊，里面供奉120尊伏魔式泥塑雕像；四周的标志石亭之间一共陈列120只中国石狮，每只石狮的表情和动作都不一样。石亭周边还有很多貌似文官的塑像，和大乘塔周边身着战甲的武官像有非常明显的区别。

©MOOK 王瑞芬摄

52

重要看点

景区、建筑示意图，找路不求人。

★符号说明

- 营业项目
- 特色
- 注意事项
- 地址
- 电话
- 传真电话
- 网址
- 电子信箱
- 营业时间
- 休馆时间
- 最低消费
- 可用信用卡
- 火车、地铁
- 巴士
- 交通方式

地理位置示意图

…时间比过去缩短了将近40分钟，许…饭店纷纷进驻芭堤雅。芭堤雅最佳…，就是选择一家让人尽情感受休闲…，轻松拥有完全属于自己的假期。

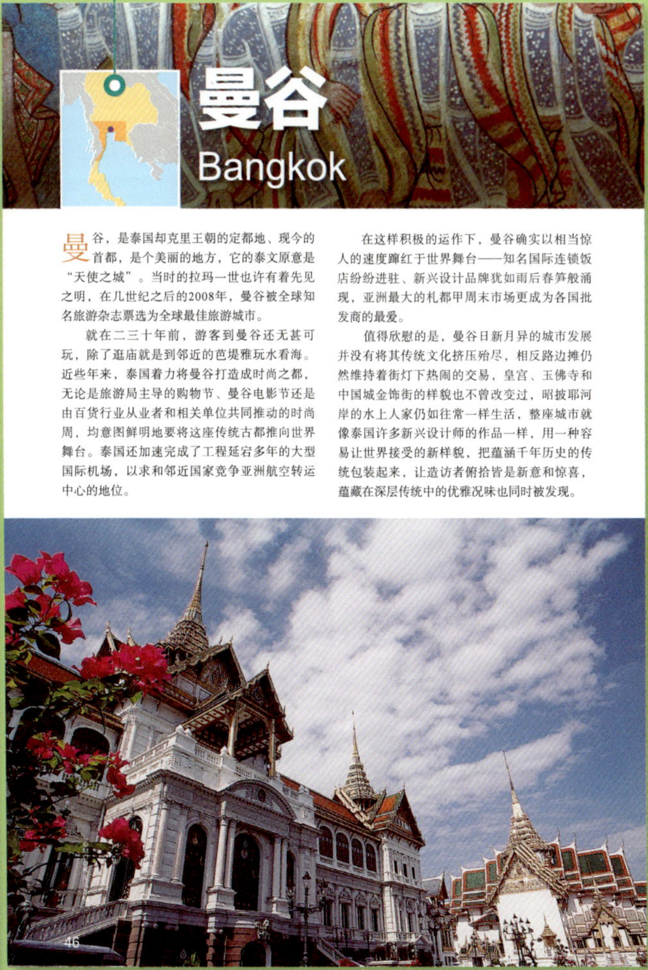

曼谷
Bangkok

曼谷，是泰国却克里王朝的定都地、现今的首都，是个美丽的地方，它的泰文原意是“天使之城”。当时的拉玛一世也许有着先见之明，在几世纪之后的2008年，曼谷被全球知名旅游杂志票选为全球最佳旅游城市。

就在二三十年前，游客到曼谷还无甚可玩，除了逛庙就是到邻近的芭堤雅玩水看海。近些年来，泰国着力将曼谷打造成时尚之都，无论是旅游局主导的购物节、曼谷电影节还是由百货行业从业者和相关单位共同推动的时尚周，均意图鲜明地要将这座传统古都推向世界舞台。泰国还加速完成了工程延宕多年的大型国际机场，以求和邻近国家竞争亚洲航空转运中心的地位。

在这样积极的运作下，曼谷确实以相当惊人的速度蹿红于世界舞台——知名国际连锁饭店纷纷进驻、新兴设计品牌犹如雨后春笋般涌现，亚洲最大的札都甲周末市场更成为各国批发商的最爱。

值得欣慰的是，曼谷日新月异的城市发展并没有将其传统文化挤压殆尽，相反路边摊仍然维持着街灯下热闹的交易，皇宫、玉佛寺和中国城金饰街的样貌也不曾改变过，昭披耶河岸的水上人家仍如往常一样生活，整座城市就像泰国许多新兴设计师的作品一样，用一种容易让世界接受的新样貌，把蕴涵千年历史的传统包装起来，让造访者俯拾皆是新意和惊喜，蕴藏在深层传统中的优雅况味也同时被发现。

46

页码

目录

泰国玩全攻略

Thailand

©MOOK周治平摄

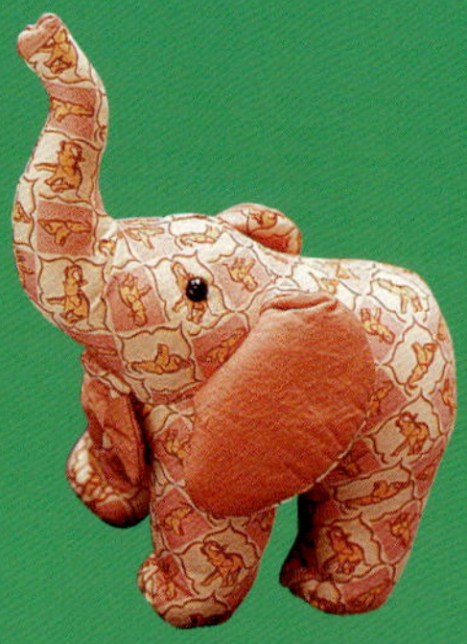

©MOOK 王瑞芬摄

©MOOK陈[illegible]安摄

©MOOK 王瑞芬摄

©MOOK 王瑞芬

索引

泰国地图索引

Thailand

泰国的味道

谢大元

“感受异国情调的首要工具是嗅觉。”作家艾略特曾经这样说过。如果艾略特曾经来过泰国旅行，那么这句话必是为泰国而说。泰国的味道神秘而绮丽，这味道来自冬阴功汤中的厚重香茅叶，来自当地香氛品牌独有的莲花香水，来自安达曼海上咸涩的海风，来自熟透了的芒果和香甜的糯米饭，更来自佛像前人们恭敬点燃的幽幽佛香。这样的味道沁润着这个美丽国度的每一个角落，在昭披耶河的瑰丽落日中，在巴东海滩的热闹喧嚣中，在玉佛寺琉璃瓦反射的耀眼阳光中，在泰国人含蓄温婉的笑容中，你一定也能感受到泰国这独特的味道。

泰国国旗由三种颜色组成——红、白、蓝，这三种颜色分别象征着人民、宗教与王室，这三者密不可分，而现代泰国最独特的魅力也正在于此。

泰国的历史是一部王朝更迭的历史。泰国原名暹罗（Siam），自公元1238年形成较为统一的国家后，先后经历过素可泰王朝、大城王朝、吞武里王朝和曼谷王朝。今日泰国的素可泰、大城两座城市里的断壁残垣正是这两个同名王朝的见证者，而由华裔郑信建立的吞武里王朝和郑信手下将领却克里将军建立的却克里王朝（曼谷王朝）的历史，则沿着一条昭披耶河缓缓展开。

却克里将军即是拉玛王朝的开创者——拉玛一世。从18世纪到今日，却克里王朝的历代国王都继承了“拉玛”这个名号，而“拉玛”正是泰国史诗《拉玛坚》的主人公。追根溯源，这部与泰国王室密不可分的史诗派生自公元前3世纪的印度故事《罗摩衍那》。这个故事自素可泰王朝时期传入泰国，在此生根发芽，主人公罗摩也演变成泰国人。在印度，罗摩代表神化身在世上进行最理想统治的君主，因此却克里将军也就以“拉玛”作为自己的名号，流传至今。

泰国拉玛王朝的历史和近代亚洲国家的历史一样，少不了与欧美列强的抗争，但令泰国人最引以为自豪的是，泰国是东南亚唯一一个没有沦为殖民地的国家，这样的结果无疑应该归功于拉玛四世——蒙固王以及拉玛五世——朱拉隆功大帝。拉玛四世正是著名的电影《安娜与国王》的主人公的原型，他感受到外来殖民者的威胁，致力于在泰国进行多方面的改革，同时请来英国女教师Anna Leonowens教授自己的孩子西方文化知识。虽然同名小说《安娜与国王》是根据Anna Leonowens出版的回忆录为蓝本创作的，但真正的历史是否如此浪漫已不得而知。人们现在知道的只是拉玛五世得益于小时候的教育，能说一口流利的英语，继承王位后游历欧洲，与欧洲各王室建立了直接的联系，并在泰国内部进行教育改革、民主改革，并在英法等列强的强压下保持了泰国的独立，使泰国迅速发展为一个现代化国家。因此，泰国人也尊称拉玛五世为“现代泰国之父”。1949年5月11日，泰国人用自己民族的名称为国家命名，把国名由“暹罗”改为“泰”，取其“自由”之意。随着第二次世界大战的结束，泰国也真正成为了一片“自由之地”。

泰国的现任国王为普密蓬·阿杜德（BHUMIBOL ADULYADEJ）——拉玛九世。拉玛九世自1946年登基以来，经历泰国多个重大的历史转折，深受泰国人民爱戴，是目前全世界在任时间最长的国家元首。现任王后诗丽吉也一直致力于各种社会福利活动，帮助北部山区妇女通过手工艺获得更好的生活。在泰国旅行时，可以到很多以诗丽吉为名的艺术中心参观。

“黄袍佛国”是对泰国的另一美誉，佛教在这里绝不仅仅是一种宗教，与之相关的思想、文化已经融入这个国家的每一处，与人们的日常生活密不可分。从踏上泰国的第一刻开始，人们就会双手合十，向你道一声“Sawa dee Ka”，脸上带着温柔的微笑。这尊敬的动作、谦和的心态无疑带着深深的佛教烙印。泰国94%的民众信仰佛教，其中大部分信仰上座部佛教。泰国男性一生必

Thailand

有一次出家经历，可长可短。佛教僧人在泰国非常受人尊敬，甚至公共汽车上有专门供僧人坐的座位。泰国的国徽即是一个有着人身鸟翅的迦楼罗，是毗湿奴神的坐骑，也是佛教天龙八部中的其中一部。泰国的年历也采用佛历，又称泰历，是以释迦牟尼的诞辰开始纪元的。泰国佛寺众多，是社会生活和宗教生活的中心。

全泰国最著名的佛像应该是曼谷市中心的四面佛了，它每天接受着来自世界各地的人们的朝拜。这座在整个亚洲都非常有名的佛像位于Erawan商场前面、轻轨轨道的下面。在30多度的高温下，随着木琴的叮咚声，为神明跳舞的舞者翩翩而动，一板一眼绝不会出错，还愿的人们偏坐一旁，低头闭目感谢神明的帮助。佛像的四面都有人在参拜，每一面都是香火不断、香烟缭绕、花团锦簇。只有不时从头顶经过的轻轨列车呼啸而过，提醒人们这里是21世纪的曼谷。其实，四面佛在泰国有很多，商业建筑外通常都会供奉一尊，酒店的庭院中间也会供奉。虔诚的佛教徒在泰国走路时，见到每一尊佛教都会停下来参拜。

泰国人民的温婉、平和、乐观会令每一个去过泰国的人留下深刻的印象。泰国航空的空姐会微笑着为乘客提供服务，颇有耐心；博物馆的管理员会在闭馆之后，将本来只供出借的筒裙送给晚出门的游客，只因有缘；普吉岛上的父子一家人，会快乐地驾着游艇带游客出海游玩，一路热情介绍，活力充沛。身处泰国，仿佛自己也被泰国人的平和心态感染，能够感受到更多生活的美好，内心顿时没有了平时的焦躁与不安，幸

福感直线上升。

而泰国人的市井生活是一个发现地道泰国的机会。泰国市集、市场众多，在曼谷城市内外，就有周末市集、水上市场、铁道市场、鲜花市场、夜市等。当你深入这些市场，才能真正领略泰国生活的妙趣。市场上商品琳琅，不仅有物美价廉的小首饰、小商品、服装、音乐CD等，还有品种各异的新鲜热带水果、蔬菜以及古老神秘的佛牌。卖咖喱的大锅一个挨着一个，红黄绿各色咖喱冒着腾腾热气，搭配泰国香米饭便是绝顶美味。卖青木瓜色拉（som tam）的阿姨一只手不停地抓起各种食材放入石臼中，一只手不停地捣，食材大桶中的小螃蟹上一刻还在拥挤横行，下一刻外壳就被捣碎，直接变成人们的盘中餐。算命的小摊被夹在卖鲜榨果汁和甜点的小摊中间，桌上没有东方人看惯的签筒、八卦图，反而放着吉普赛人发明的塔罗牌。这样热闹、拥挤的市场容纳着泰国普通人的幸福。

旅行途中遇见泰国普通人的高峰时间也是上下班的高峰时间。当夕阳西下的时候，身着西服革履的当地人或挤上地铁，或搭上小巴，或坐上摩托出租车的后座，或从码头一步跳上公共船，或者干脆各种交通方式都用上，疲惫地向家的方向走去。一群群身着白色连身短裙的女学生此时也出现在街头，捧着书本融入回家的人流。随着太阳落下，华灯初上，全球著名的曼谷夜生活才刚刚开始，酒吧、餐厅、商场、夜市构成一个璀璨的夜晚。

泰国人的节庆热闹又不失浪漫。中国人熟知的泼水节的正式名称为宋干节，是泰国人庆祝新年的日子，在每年的4月13日至15日。在泰国前几年大热的爱情电影《下一站说爱你》中，就有男女主人公一同过宋干节的场景。人们拿着水桶、水枪，将加了颜料的水泼向认识或不认识的人，也将祝福送给别人。在《人在囧途——泰囧》中，两位主人公也过足了泼水节的瘾，虽然一个泼得开心，一个被泼得郁闷。美丽的水灯节则在泰历的十二月十五日，每到这个时候，泰国人就会将自己亲手做的水灯放入河中，或放飞天灯，将自己美好的愿望寄托其中。在古城清迈过水灯节最能体会其韵味，在古老的城墙旁，千万盏灯在河中、天上亮起，缓缓漂流，缓缓上升，最后点点灯光逐渐远去消失。与前面两个节日不同，帕岸岛的满月派对是个现代的节日，融入了西方时尚文化的活力与热情，被称为世界三大“狂野派对”之一。每到满月时，在泰国当地旅游的背包客和电子音乐达人都会聚于此，享受着这个酒精、沙滩、音乐的盛典。各种肤色的青年男女在哈林沙滩上通宵达旦地狂欢，玩累的人们抢着饮用陌生人用沙滩桶装的酒精饮料。此时的泰国充满了魅惑的味道。

泰国人的性格就像泰国菜一样，清爽酸甜，又不失热辣的活力。泰国菜虽然分为泰北菜、泰东北菜、泰中菜和泰南菜，但特点大致相同，讲究酸、辣、咸、甜、苦五味的平衡。用罗勒、香茅、薄荷叶、柠檬叶、南姜、红辣椒、椰奶、鱼露等调味料才能调和出最地道的泰国味道。泰式咖喱和冬阴功汤自然是泰国最出名的两样吃食，泰式咖喱不仅分绿、黄、红等各具特点的口味，食材上也较多变化，从鸡肉、猪肉到海鲜都有，最出名的咖喱螃蟹则是到泰国当地必尝的美味；“冬阴功”是泰文译音，冬阴功汤即酸辣虾汤，汤的味道酸辣浓郁，有着浓浓的香料味道。除此之外，泰式炒面（pad thai）、清迈面（khao soi）、椰汁鸡汤等也都是不可错过的当地美味。泰国菜也受到了当地华侨的影响，粥、粿条、海南鸡饭现在在泰国已经很普及了。在中国城夜市的街边小摊上，不仅可以找到地道的潮州菜，还能找到货真价实的燕窝。泰国人对甜食也有由衷的喜爱，不仅将有的甜品做成可爱的小水果的样子，还将各种蒙太阳眷顾而生得香甜的水果加入甜品中，芒果糯米饭就是其中的典型代表。这款传统的甜品现在已经衍生出了各种版本，豪华款的芒果糯米饭需要用现场制作的芒果冰激淋搭配用椰奶蒸熟的米饭，上面铺上一片片新鲜熟透的芒果，再点缀上一个奶油花才算最终完成。这样的美味绝不能缺少当地的热带芒果、甜润的椰浆和优质的泰国稻米，这是在世界上其他地方都找不到的美味甜品。

泰国北部山峦起伏，雨林密布，古代遗迹零落其间；中部拥有都市繁华与皇室威严，著名的建筑与景点多聚集于此；南部多海滨，椰风轻拥着细沙，出

海度假是这里永远的主题。除此之外，这里的美食食材新鲜，香味厚重；这里的按摩技法纯熟，药油天然；这里的高尔夫球场、潜水胜地风景秀丽，环境清新……对于旅行者来说，这里是真正的天堂。

曼谷从1782年以后就是泰国的中心，也被人称为“天使之城”，有着世界上最长的城市名字。如今的曼谷是一个古今相融、东西混搭的繁华之城。白天行走其中，可以在条条小巷（Soi）中寻访地道的泰国餐厅；夜晚溯昭披耶河而上，这个城市最辉煌的画卷才逐渐在眼前展现开来——古代的皇宫、寺庙和近现代的豪华酒店分立两侧。

清迈的瑰丽已经在《人在囧途——泰囧》中得以展现，但事实上，这里除了佛寺，最著名的就是文艺气息。这里除了拥有清迈大学等多座高等学府，还有数个艺术中心和博物馆、美术馆，街边也是小商店、咖啡店林立。在夜市、步行街上，经常有大学生出售自己设计的商品，充满了创意。清迈附近的Pai县也成了文艺青年们的必游地，清幽的山林环抱着一个个度假村，留下许多情侣合影的大大的“love”标志矗立其中。

普吉岛、苏梅岛、龟岛等南部岛屿的热带风光已经是赫赫有名了，但身处其中还是恍如步入仙境。这里山峦起伏，热带植物密布，花朵繁密，空气清新。小街巷两旁挂满餐厅的招牌，街道中间不时有嘟嘟车或双条车通过。这里的海鲜肥美细嫩，价格公道。普吉岛上的不同海滩拥有着不同的气质，巴东海滩的热闹与喀伦海滩的幽静形成了鲜明的对比。普吉岛附近的皮皮岛（Ko Phi Phi）上阳光充沛，海水和天空能展现出世界上所有的蓝色。当浮潜在安达曼海中触摸小丑鱼的一刻，当坐在山崖餐厅赏夜景、品美食的一刻，当观看幻多奇声光演出的一刻，当坐在沙滩上吃着烤玉米任海风吹拂的一刻，没有人的心不被融化。

正如泰国旅游局的宣传语“Amazing Thailand”所形容的，泰国是个时时能令人惊奇的国家，这里既现代又传统，既有安逸的生活又有刺激的活动，无论你在旅行中渴望寻找什么，泰国都不会令你失望。

随身证件

护照

护照是出国后旅客的唯一国籍和身份证明，无论是出入境、住宿都需要提供护照才能办理相关手续。

●谁需要申请护照?

· 初次出国还未办理护照者
· 所持有的护照有效期不足6个月者

●谁管这事?

公民申请普通护照，应当由本人向其户籍所在地县级以上地方人民政府公安机关出入境管理机构提出申请。

●去哪办?

北京市	公安局出入境管理总队（仅限国家管理人员）
地址	东城区安定门东大街2号
时间	星期一~星期六（法定节假日除外）9：00~17：00
电话	010-84020101
网址	www.bjgaj.gov.cn
广州市	**公安局出入境管理处**
地址	广州市解放南路155号
时间	星期一~星期五8：30~12：00， 14：00~17：30
电话	010-84020101
网址	www.bjgaj.gov.cn
上海市	**公安局出入境管理处**
地址	上海市浦东新区民生路1500号
时间	星期一~星期六（法定节假日除外）9：00~17：00
电话	020-83115725
网址	http://www.gzjd.gov.cn

●怎么办?

材料准备：

（1）近期免冠照片一张以及填写完整的《中国公民因私出国（境）申请表》（以下简称申请表）；

（2）居民身份证和户口簿及复印件；在居民身份证领取、换领、补领期间，可以提交临时居民身份证和户口簿及复印件；

（3）未满十六周岁的公民，应当由其监护人陪同，并提交其监护人出具的同意出境的意见、监护人的居民身份证或者户口簿、护照及复印件；

（4）国家工作人员应当按照有关规定，提交本人所属工作单位或者上级主管单位按照人事管理权限审批后出具的同意出境的证明；

（5）省级地方人民政府公安机关出入境管理机构报经公安部出入境管理机构批准，要求提交的其他材料。

现役军人申请普通护照，按照管理权限履行报批手续后，由本人向所属部队驻地县级以上地方人民政府公安机关出入境管理机构提出。

资料来源于公安部出入境管理局

http://www.mps.gov.cn/n16/n84147/n84211/n84258/n398876/1272669.html

---

收费：200元/本。

取证：大约10~15个工作日可取证，具体请参考各地出入境办事大厅通知。办事大厅一般提供护照快递业务，但邮费需自理；也可到办事大厅自取。

护照有效期：

未满16周岁签发5年有效期护照；

16周岁（含）以上签发10年有效期护照。

签证

去哪办？

泰王国驻华大使馆签证处

北京市光华路40号

010-65321749

010-65321748

泰王国驻上海总领事馆

上海市威海路567号晶采世纪大厦15楼

021-62883030

021-62889072

领区（上海、浙江、江苏、安徽）

泰王国驻广州总领事馆

广州市环市东路368号花园酒店2楼

020-83858988 83804277

020-83858988 83804277

领区（广东、海南）

旅行资讯

● **所需材料**

护照：有效期超过6个的因私护照原件。

照片：2寸白底彩色近照1张；
照片尺寸要求35mm × 45mm；
请在照片背面用铅笔写上自己的姓名。

身份证：身份证正反两面复印件。

机票：往返机票复印件或确认过的机票订单。

存款证明：不少于1万元人民币的存款证明（仅限中国公民）。

担保信：由申请人本国单位或有关部门出具的担保信（英文或泰文），注明申请人的姓名、赴泰目的（仅限中国公民）。

签证申请表：填写完整的签证申请表。

交通指南

怎么去?

从中国到泰国，坐飞机是目前比较省时省力的选择。目前，中国各大城市都有飞往泰国的航班，而且班次较为频密。

如果目的地为曼谷，一般可以乘坐从北京、上海、广州、深圳、厦门、成都、昆明等地的直飞航班，也可以乘坐经中国广州、昆明、香港或国外的新加坡、马尼拉等地中转后到达曼谷的航班，上述航线可选择的航空公司比较多，如中国国际航空、泰国航空、东方航空、亚洲航空等。

如果目的地为普吉岛，一般可以乘坐从北京、上海、成都、昆明的直飞航班，可选择的航空公司有海南航空、上海航空、东方航空等；也可以乘坐经中国的广州、香港或国外的曼谷、首尔、吉隆坡、新加坡等地中转后到达普吉岛的航班，可选择的航空公司有泰国航空、南方航空、亚洲航空、马来西亚航空等。

如果目的地为清迈，目前国内只有昆明有直飞航班，航空公司为东方航空；从其他地方出发，需乘坐经中国的昆明、香港以及国外的曼谷、首尔等地中转后到达清迈的航班，可选择的航空公司有东方航空、泰国航空、港龙航空、大韩航空等。

如果目的地为泰国其他地区，可先到达曼谷再乘坐飞往目的地的航班。泰国航空提供到达泰国国内多地的中转联程航班。

北京（首都国际机场）——曼谷（素万那普国际机场）			
起飞	中转	到达	航空公司
北京	—	曼谷	中国国航
北京	—	曼谷	泰国国际航空
北京	吉隆坡	曼谷	马来西亚航空
北京（首都国际机场）——普吉岛（普吉国际机场）			
起飞	中转	到达	航空公司
北京	—	普吉岛	海南航空
北京	吉隆坡	普吉岛	马来西亚航空
上海（浦东国际机场）——曼谷（素万那普国际机场）			
起飞	中转	到达	航空公司
上海		曼谷	斯里兰卡航空
上海	—	曼谷	泰国航空
上海	昆明	曼谷	东方航空
上海（浦东国际机场）——普吉岛（普吉国际机场）			
起飞	中转	到达	航空公司
上海	—	普吉岛	吉祥航空
上海	—	普吉岛	上海航空

广州（新白云国际机场）——曼谷（素万那普国际机场）			
起飞	中转	到达	航空公司
广州	—	曼谷	南方航空
广州	—	曼谷	泰国航空
广州（新白云国际机场）——普吉岛（普吉国际机场）			
起飞	中转	到达	航空公司
广州	—	普吉岛	南方航空
昆明（长水国际机场）——清迈（素万那普国际机场）			
起飞	中转	到达	航空公司
昆明	—	清迈	东方航空

购买机票

机票您可以到航空公司柜台去预订，也可以选择在网上预订，后者当然更方便一些。票价一般受航线、季节和类型等因素的影响，方便的是这些都可以在网上搜索。除了去航空公司官方网站订票外，您也可以选择代理订票网站。以下推荐几个常用订票网站以供参考。

・携程网

携程网提供线上查询和订票服务，您可以在该网站上搜索和预定适合您的航班。

http://www.ctrip.com/

・去哪网

去哪儿网上汇集了各航空公司及代理机构的机票价格，您可以对各航空公司的价格和服务进行比对，然后选择适合您的航班。

http://www.qunar.com/

机场到市区

●机场轻轨

从机场到曼谷市区有两条机场轻轨线，终点站都是帕亚泰站（Phaya Thai），但时间和价格不同，可根据自己的需要进行选择。

http://airportraillink.railway.co.th/en

1.机场轻轨蓝线（City Line）：每站皆停，从机场至帕亚泰站（Phaya Thai）约30分钟，是进市区时不少旅客会选用的交通工具

6:00~24:00，每20~30分钟一班

45铢

2. 机场轻轨红线（Express Line）：至马卡山站（Mak-kasan）15分钟，至帕亚泰站（Phaya Thai）约18分钟

6:00~24:00，每30~40分钟一班

150铢

●出租车

从机场出发的出租车手续费为50铢，加上高速公路过路费25~70铢以及车费（一般约250~300铢），大致进入市区的总价为400~500铢。前往芭堤雅需1050~1500铢。

☎+66-2-1329199

●租车

有两种类型，一种是国际连锁租车公司，一种是泰国国内租车公司。请先在入境大厅的租车柜台办理，然后搭乘机场快速接驳车前往MTB的租车中心拿车。

●机场周围接驳巴士（免费服务）

有两种路线，适合一般旅客搭乘的快速路线，停靠巴士站、租车中心、旅客航站共3站。

国内交通

●航空

泰国地形狭长，若旅客采用陆路交通方式，到距离较远的地区会比较辛苦，建议搭乘国内航空，价格还算合理。泰国航空是最主要的航空公司，从曼谷到清迈、清莱、普吉岛都有航班。另外，国内主要航空公司还有曼谷航空、Nok Air、PB Air、Phuket Airline、ThaiAir Asia。

●铁路

泰国铁路拥有完整的系统，可从泰国搭乘火车前往马来西亚与新加坡。国内线共有4条铁路，包括北线、东线、南线及东北线。火车分头等、二等及三等，费用各有不同；特快车及普快车的卧铺费用另计。卧铺也分空调车厢及普通车厢。火车票可提前发售，最好提前购买。曼谷多从华蓝蓬（Hualamphong）火车站出发，购票营业时间为8:30~18:00。

www.railway.co.th/English/index.asp

●公路

泰国公路四通八达，加上票价便宜，为许多旅客所采用。不过，有关班次、时刻、票价等经常无预警地变动，乘客最好在搭车的前一两天到车站查询最新的状况，特别是热门地区的车票，建议提前一两日预约。

●水运

作为一个河流边的民族，泰国拥有具有民族色彩的各种渡船。优雅而修长的长尾船常常穿梭于岛屿之间，荡漾在运河或湖中。有时候还会使用色彩鲜艳的木制小船把游客摆渡到附近的岛屿或陆地上。渡船的班次和时刻不十分固定，受天气和水流的制约性较大，乘坐渡船需事先问清楚是否开航及相关班次。

酒店预订

怎么找?

住哪？请放心，这些网络都可以轻松帮你搞定。你可以在酒店预订网站上随意搜索直到找到适合您的酒店旅馆。以下我们帮您推荐几家中文国际酒店预订网站。

· 缤客网

http://www.booking.com

· 全球酒店联盟

http://www.hotelscombined.cn

必备常识

需要了解

●货币

泰铢，在泰国曼谷、清迈、普吉岛、芭提雅等有2000多台商店POS机可以使用银联卡刷卡。

●汇率

1人民币元=4.8682泰铢（2013年1月），可在银行、机场、酒店自由兑换当地货币。

●时差

比格林尼治时间早7小时，比北京时间晚1小时。

●电压

220V，采用美式两孔或三孔插座（需准备插头转换器）

常用电话

●中国驻泰国大使馆

57 Rachadapisake Road Huay Kwang, Bangkok 10310, Thailand
+66-2-2457044
+66-2-2468247
chinaemb_th@mfa.gov.cn
http://www.chinaembassy.or.th
http://th.china-embassy.org
http://th.chineseembassy.org

●中国驻宋卡总领事馆

No.9, Sadao Road, Ampur Muang, Songkhla
领事：+66-81-7665560; +66-81-9590885
商务：+66-81-7668312
秘书：+66-81-8766052
chinaconsul_skh_th@mfa.gov.cn
http://songkhla.chineseconsulate.org/

●中国驻清迈总领事馆

泰国清迈昌罗路111号（No.111,Changlo Road, Chiangmai 50000,Thailand）
+66-5-3276125

F +66-5-3274614

http://chiangmai.chineseconsulate.org

http://chiangmai.china-consulate.org

● 泰国服务电话

紧急电话：

报警电话 ☎191

医疗急救 ☎191

● 旅游信息办公室

曼谷

曼谷素万那普机场 ☎+66-2-1321888

曼谷旅游总局 ☎+66-2-2505500

清迈

泰国旅游局 ☎+66-5-3248604

注意事项

1. 国王和王室成员是非常受人尊重的，泰国法律有对王室不敬罪的处罚条例，即使外国人也不可触犯，不要随便谈论或议论王室。
2. 泰国每年要举行水灯节，在观看水灯时一定要注意，无论水灯多么精致美丽，都绝对不能拣起来。
3. 在公众场合不要做出过于亲昵的举动，如拥抱、亲吻等。
4. 当地人认为头部非常神圣，因此不要随便触摸别人的头部，尤其是小孩的头部。如果你无意中碰及他人的头部，应立即诚恳地道歉。
5. 进入寺庙要脱鞋，服装应整齐、端庄，不能穿短裤、短裙。女性避免碰触僧侣。
6. 每尊佛像不论大小、是否完好都是神圣物品，不要攀爬或踩踏在佛像上。
7. 在餐馆、饭店等地消费后，如果觉得服务得很好，应给予服务人员小费，一般为20—50铢。
8. 可登录泰国旅游局中文网站（http://www.tourismthailand.org/），查询景点、交通、美食、酒店、娱乐、购物等信息。

认识泰国

基本信息

国名 泰王国（The Kingdom of Thailand）

国庆 国王诞辰日，公历12月5日

面积 513115平方公里

人口 6740万。全国共有30多个民族。泰族为主要民族，占人口总数的40%，其余为老挝族、华族、马来族、高棉族，以及苗、瑶、桂、汶、克伦、掸、塞芒、沙盖等山地民族。泰语为国语。94%的民众信仰佛教，马来族信奉伊斯兰教，还有少数民众信仰基督教、天主教、印度教和锡克教

语言 官方语言为泰语

首都 曼谷（Bangkok）

地理 位于中南半岛中南部。与柬埔寨、老挝、缅甸、马来西亚接壤，东南临泰国湾（太平洋），西南濒安达曼海（印度洋）。北部多山区丛林，中部为平原，东北部为高原，南部半岛多热带岛屿

气候 属热带季风气候。全年分为热、雨、凉三季。年均气温27℃

自由国度

Thailand History

泰国历史悠久，其深厚的文化底蕴，可以追溯至青铜器时代。素可泰王朝的建立，揭开了泰国历史的崭新篇章。Thai在泰文中是“自由”的意思，而泰国也是东南亚自16世纪开始西方列强入侵进行殖民统治的那段时间里唯一没有沦为殖民地的国家。

©MOOK 王瑞芬摄

●公元前

有关泰民族的起源众说纷纭，根据考古史实，泰国第一个人类聚居地出现在泰国北方，和邻近的老挝共享土地。第二次世界大战时期，在泰国东北Udon Thani的万昌挖掘出相当丰富的文物，包括陶器皿、青铜器具等，经考证，这些文物至少制造于公元前3000年左右，也就是说，泰族文化最早应始于青铜器时代。

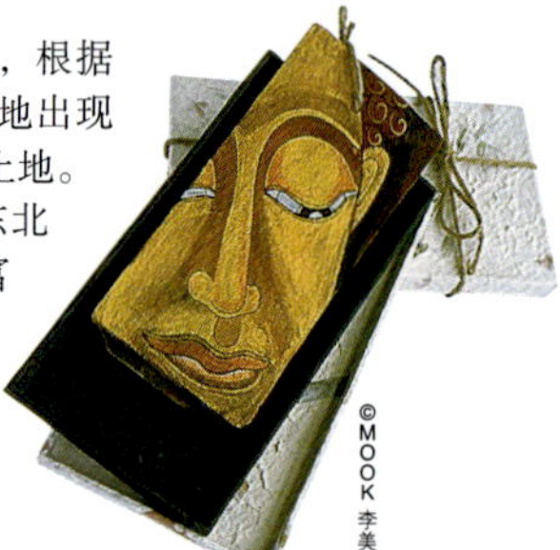

©MOOK 李美玲摄

©MOOK 王瑞芬摄

©MOOK 朱月华摄

©MOOK 朱月华摄

●素可泰王朝（1238～1378）

有关泰国的古代史文字记录很少，本书在此不予详述，下面介绍泰国历史上第一个王朝——素可泰王朝。1238年，泰族人建立了素可泰王朝，从此掀开了泰国历史的新篇章。

素可泰王朝的君主兰甘杏大帝被泰国人尊称为“泰国之父”。其最大的贡献，是将国内通行的真腊（即高棉）文字，改创成泰国自己的文字，约在1283年，泰文开始在全国流行。

兰甘杏大帝受人尊重的另一个原因，是他团结各族，以平等方式对待泰族以外的各少数民族。他本人崇尚佛教，并派信徒至锡兰（今斯里兰卡）学习佛经，让他们回国后宣扬小乘佛教教义。

素可泰王朝建立后，国泰民安。然而，随着兰甘杏大帝的辞世，这个一度非常强盛的王朝逐渐衰弱下来，以至终于被大城王朝所取代。

©MOOK 朱月华摄

●大城王朝（1350～1767）

©MOOK 王瑞芬摄

拉玛铁菩提一世(King Ramathibodi Ⅰ)，即乌同王(King U-thong)于1350年定都大城，开启了大城王朝的历史，共历经417年，其间更换了5个皇朝、共有33位君主，皆以大城为首府。

大城王朝自成立之始，就一直与缅甸有间歇性的战争，其间只有两次失败，一次是在1569年，此役中丧失了首都大城，但不到20年就收复了，第二次失败是大城王朝结束的时候，1767年，缅军再次攻陷大城，烧光市内的所有建筑。后来吞武里王朝的塔克辛王击退缅军，但大城已残破得不堪使用。

大城领土奠基于纳腊萱王(King Naresuan)时代，1589年纳腊萱王逐走缅军，继续大城的建设，并将领土扩展到南部半岛、泰北以及柬埔寨、老挝两地。泰国和其他各国的外交关系开始于16世纪中叶，首先是和葡萄牙签订商务协

©MOOK 朱月华摄

定，继而遣使荷兰，并在泰国成立一个荷兰商务站，再接下来与英国建立了正式联系。

1656年拿籁王(King Narai)时期，大城已经是拥有100万人口的都会。此时的大城逐渐将自己的地位提升为东南亚贸易运转中心，陶器、手工艺品、象牙、香料、矿石等都是大宗出口的商品。

●吞武里王朝（1767～1782）

大城王朝之后与却克里王朝之前，曾经出现过短暂的吞武里(Thonburi)王朝。具有汉人父亲、泰人母亲的郑信(又称郑昭，就是后来的塔克辛王King Taksin，中国人称郑王)在大城衰败时只是一位军官，却在大城灭亡后短短的7个月内重整军队，赶走缅军，自立为王，并在吞武里建立新都，这个王朝非常短命，仅仅维持了15年的时间。

©MOOK 周治平摄

©MOOK 朱月华摄

©MOOK Teresa Lee摄

●却克里王朝

公元1783～

1782年，郑王的部下却克里(Chakkri)推翻郑王，迁都到昭披耶河的东岸——曼谷(Bangkok)，自立为王，称拉玛一世(Rama Ⅰ)，却克里时代自此展开。

©MOOK 朱月华摄

拉玛一世在位期间，成功抵御缅军多次来犯，奠定今日泰国南部领土之疆界。同一时期，拉玛一世模仿大城皇宫在首都曼谷建造大皇宫、玉佛寺，并开发昭披耶河三角洲地带，促进农业发展，吸引了众多中国移民来此定居。

到了拉玛四世孟固王(King Mongkut，1851～1868)时，西方殖民帝国势力逐步入侵，虽然拉玛四世极具远见，颇受人民爱戴，但仍不敌外来势力的压迫，先后和英、美、法签订通商条约，丧失了司法独立及关税自主权。

拉玛五世朱拉隆功大帝(King Chulalongkorn)登基后积极致力于泰国现代化，他是第一位出国访问的泰国国王，回国后大力推行西化政策，并修改宪法、废止奴隶制度、建立工作薪给制、集城为府开始地方自治、设立大学及奖学金，使内政焕然一新；对外则以英制法，以领土割让换取部分领事裁判权的撤销，保住泰国在形式上的独立。

©MOOK 李美玲摄

●现代泰国

爆发于1929年的世界经济危机波及却克里王朝，导致农产品价格暴跌，工商行号纷纷倒闭，七世国王为了缩减国家经费，裁员减薪，引发军人等发动革命建立军政府，而原本就主张民主政治的七世国王就签署临时宪法，结束了700余年的君主制，将国家带入君主立宪时代。

1939年6月24日，当时的内阁总理銮披汶宣布，暹罗(Siam)正式改国号为泰(Thai)，并在第一次世界大战时采取亲日政策，此举引起国内人民不满，日本投降后，銮披汶也随之下台。

1974年，泰国颁布了新宪法，规定国王为国家元首，王位世袭，立法权属国会，行政权属国务院。

今天的泰国随着经济的发展，旅游业更为兴旺发达。此外，近些年来，泰国在时尚设计界崭露头角，大有吸引全球时尚界眼光的趋势。这个有着“千佛之国”美誉的国家，正在这个全球化的时代更加凸显自身的个性，敞开胸怀欢迎全世界朋友的光临。

©MOOK 王瑞芬摄

必游景点

惊奇无限

Thailand Hottest Spots

泰国旅游局提供

泰国巧妙地运用自身所拥有的丰富的自然与人文资源，在旅游推广上取得了相当显著的成绩。2008年，曼谷被英国颇具公信力的旅游杂志票选为全球最佳旅游城市。而历年来，泰国各地老字号的顶级饭店向来在全球最佳旅馆名单中榜上有名。随着旅游业的兴盛，泰国美食逐渐席卷全球。到泰国旅游，你有众多选择：可观秀丽的山川，喜爱冒险的人还可选择丛林或海底探险；可观人文胜迹，在每个重要的城市都有瑰丽的历史遗迹等待你的探寻；可参与南部离岛精彩的跳岛游；购物亦然，从周末市场到东南亚最大的购物商场，选择空间巨大，血拼乐趣无穷。而游览泰国的预算有很大的弹性，无论自助旅游的背包客还是准备登顶佛塔的超级玩家，都可以玩得尽兴。

1 曼谷大皇宫 | Grand Palace and Wat Phra Kaeo P.54

在艳阳下闪耀金光的大皇宫，是所有泰国人公认的必游景点。它仿照大城(Ayutthaya)的皇宫建筑样式兴建，是由拉玛一世规划的。大皇宫内有维持数百年的精巧的装饰和壁画、传说不断的翡翠玉佛、见证王朝传承的登基殿、泰国神话人物的塑像、瓷砖与琉璃墙面的马赛克拼贴等。所有这些无不兼具历史意义与艺术价值，值得您花些时间，细细品味。

2 郑王庙 | Wat Arun P.52

郑王庙和大皇宫分别位于昭披耶河两岸，是泰国历史建筑中绝对值得探访的景点。所有造访郑王庙的游客，几乎没有人不惊叹于其主塔的建筑之美。那精美的陶瓷马赛克、那转角处的托塔神和围绕塔周的中国武将塑像、那嵌在塔座上的女神像，无不引人由衷地赞叹。登上主塔，游人可远眺曼谷市区的景观，拥有绝佳的观光视野。

3 曼谷札都甲周末市场 | Chatuchak Weekend Market P.110

到泰国旅游，购物是绝对不能缺少的环节。曼谷有一个札都甲周末市场，大到让人迷路，货品种类齐全，吃的、穿的、玩的、用的一应俱全，价格更是便宜到不行，除了小吃，其余所有的商品都可以讲价。在这里，你还可见到许多独立设计师所精心设计的商品，但价钱却比专卖店里便宜好多。这里是个真正的购物天堂呢。

昭披耶河游船

每座城市都有一条生命之河，但持续到现在仍以其为交通要道的实在也不多见，昭披耶河就是曼谷市内仍为交通要道的生命之河。昭披耶河上的游船型制相当多，白天有观光交通船，乘载上下班及上下学的人。沿岸各家饭店也有自己的接驳船往返对岸，挂着饭店旗帜，很有顶级饭店的气派。晚上登场的是晚餐游轮和各家饭店、船公司的晚餐船，船只大小和供应的餐点都有不同，游客可边用晚餐边欣赏河岸夜景，夜风轻拂之下，感觉非常浪漫，同时也是用另一个角度看曼谷。

大城遗址 | Ayutthaya P.114

泰国中部的大城距离曼谷约两小时车程。大城鼎盛时期的建筑已经展现出泰国人兼容并蓄的个性。可惜的是，很多有代表性的寺庙或皇宫已经成为废墟。游人想要一窥大城的原样，可到曼谷的76府缩影主题公园里看看，那里已按25%的比例重建大城，将叱咤风云的王朝气势呈现于世人面前。

素可泰遗址 | Sukhothai P.170

泰国北部的素可泰遗址已被联合国教科文组织列入世界遗产名录。素可泰以百年政权造就泰国史上的黄金年代，当时所遗留的古刹遗址和佛像，经过有关单位的细心修复，现已对外开放，供来自全球的旅客欣赏700多年前的建筑艺术，遥想当年的灿烂文明。

清迈古城 | Chiang Mai P.141

清迈古城目前仍保存着几近完整的古城墙。城内外的寺庙都是早期蓝纳王国留存下来的建筑精品。由于古城范围不大，游客步行就可以逛遍市区景点，而且近年来沿着滨河边开设了许多家餐厅和个性商店，游客可同时沉浸在传统文化与新兴设计之中，轻易地就能规划一趟悠闲惬意的旅程。

曼谷暹罗剧院 | Siam Niramit P.107

想看精彩热闹的主题表演秀，你可以去曼谷最新的暹罗剧院。值得一提的是，暹罗剧院将水上市场和水灯节鲜活呈现，舞台上出现的河道和倾盆大雨的效果，令在场所有观众惊呼连连。

骑大象 | Elephant Trekking

在泰国传统文化中，大象被视作一种吉祥的神兽。大象几乎已经成为泰国的标志。在过去，象是与人一起工作的好伙伴，尤其是北部山区的木材运输，全都得倚靠象群们。时至今日，传统工业没落，大象从搬运工转职为最佳观光推广大使。游客可以骑乘大象，摇摇晃晃地在山林或海边游览，身边风吹树林沙沙作响，伴随泰国象夫随口哼哼的曲调，南国风情十足。

泼水节

泼水节是泰国的新年。泼水，是为了洗去过去一年的晦事霉运，迎接新的一年。过去泼水节是跟着泰历调整庆祝日期的，现在已经固定在每年4月13日前后展开泼水节庆。每个城市庆祝的时间长短不同，传统仪式是家中长辈向晚辈洒水，为其祈福后，晚辈再到寺庙祈福，并相互泼水，身上越湿，表示得到的祝福越多，在这一天没有人会因为被泼水而生气，就连站在路边的交通警察也不能免俗。

水灯节 | Loy Krathong

传说水灯节肇始于素可泰王朝的王妃Naang Nopamas。她为了解除低洼地区民众的水患之苦，在雨季过后，泰历12月月圆当天以放水灯来向水神祈福，希冀水患不再，并将坏运气一起带走。后来拉玛四世将水灯节定为国家法定节庆。

水灯以芭蕉叶和芭蕉树干为基座，在基座上用各色鲜花装饰，中央插上线香和蜡烛。放灯的人手捧水灯，默念祝愿后将水灯放入水中，使其顺水漂流。在泰国旅游局刻意推广下，水灯节目前已成为泰国重要的观光项目之一。

泰南离岛游 | Island Hopping P.179 / 202

在泰国南部的普吉岛(Phuket)和喀比(Krabi)之间的海域上，星罗棋布地散落着一些离岛，由于喀斯特地形的影响，每一座离岛都有各自精彩的景观。清透如水晶一般的海水，从船上都可以看到在水里游动的小鱼，细白沙滩则是潜水客的最佳休息处。当地有许多旅行社提供一日或半日游行程，面积比较大的如披披岛，岛上也有饭店和商家，可停留较长的时间。

水上市场 | Damnoen Saduak Floating Market、Amphawa Floating Market P.109

泰国因为水路发达，居民们习惯以船作为交通工具，市场中也一样，商贩们划着船将商品载到一定地点售卖。距离曼谷约两小时船程的欧式水上市场已经开发多年，市场中商品种类多样，以手工艺品和小吃最具特色。另一个市场位于沙慕颂堪府的Amphawa，水道两旁的木造建筑早已受到政府保护。热闹的周末水上市场是当地人的最爱。

普吉幻多奇 | Phuket Fantasy P.185

幻多奇乐园1998年年底正式开业，是普吉岛最受欢迎的旅游点。每晚幻多奇剧场都会表演精彩的节目，如歌舞、魔术、杂技以及大象表演，有英语和泰语讲解。这里以一座古老村落的形式出现，向游客展示泰国传统文化神秘的一面，尤其是最后十几头大象一起走到舞台上，气势十分壮观。

放松享受Spa

到泰国怎么能不来体验一次传统泰式按摩？通过按摩师精湛的手法，循着人体脉络，从脚至头逐一放松。喜欢手感轻柔一些的，可选择泰国Spa提供的精油按摩或美容按摩，使用的精油和身体敷料皆取自于当地香草、辛香料及新鲜水果。Spa环境布置得清幽舒适，且价格低于国内的平均水平，花小钱就能有贵妇人的享受，因此深受女性游客的青睐。

享用泰国菜

到泰国不用担心吃不饱，只怕胃不够装，从早到晚从街边到商场美食街再到观光饭店的餐厅，都供应各式精彩的美食料理，吃好吃饱任君挑选。路边摊烧烤加上青木瓜沙拉、糯米饭，45铢（约合人民币9.5元）就可吃得非常尽兴；高档餐厅也不辜负数百元起跳的价位，菜肴一样可口；而终极选择就在传统市场熟食摊，百来铢就能吃得极为满足。

泰国

世界遗产

Thailand World Heritage

世界遗产的标志外圆内方，外圈的圆象征着自然界，也有保护的意思，中间的方形则代表人类所创造的事物。这个标志象征着自然与文化遗产间的相互依存关系。

泰国名列世界遗产的地点共有五处，两处被列入自然遗产，素可泰、大城以及万昌遗址被列为文化遗产。素可泰和大城这两座古王朝遗址，是泰国相当热门的景区，大城提供骑乘大象游览古城的活动，对游客来说，是容易参观、亲近的世界遗产。

1.万昌遗址｜Ban Chiang Archaeological Site

【登录时间】1992年

【遗产类型】文化遗产

万昌遗址被发现于1966年，位于距离乌同他尼府(Udon Thani)约50公里处，经过多年的考古研究得知，在这里出土的陶器和工具可追溯至公元前3 500年，学者们经由这些器皿当中的遗留物和梨窝形饰纹推论，当时人们已有高度的文明，包括懂得种稻及畜牧。而且这些出土遗物和同时期中国或印度的文物毫无关联，这对于研究人类文明发展来说，有着极为重大的意义。目前泰国政府在该遗址附近设立了万昌国家博物馆(Ban Chiang National Museum)，并于馆内展示考古学家所挖掘的文物。

2.素可泰遗址｜Historic Town of Sukhothai and Associated Historic Towns

【登录时间】1991年

【遗产类型】文化遗产

13~14世纪时，素可泰是泰国历史上第一个纯粹以佛教立国的王朝的首都。当时，素可泰与中国大开交流之门，并引进印度、锡兰（今斯里兰卡）的文化与艺术，尤以弘扬小乘佛教的锡兰宗派为主，也因为佛教的兴盛，成就了素可泰的佛教艺术，此时所制作的行走佛就是经典之作。外来文化的引进，并没有阻断素可泰独立发展自己的特色，玛哈泰寺里莲花苞状的塔尖便是一例。

素可泰这座广纳佛教艺术的古城南北长1 810米，东西宽1 400米。和大城一样，素可泰经相关单位的专业修复，城内现有21座寺庙，城外5公里范围内有超过70座佛像或寺庙。素可泰不仅保存了实际文物，还是传统节庆水灯节(Loy Krathong)的重点庆祝地区。水灯节据传源自素可泰王朝的一位王妃，她为了让深受水患之苦的民众有一个精神寄托，便想出了这样一个放水灯的仪式，之后发展成为泰国传统节庆的一部分。素可泰古城前每年都会举行放水灯的活动。

3.野生动物保护区｜Thungyai-Huai Kha Khaeng Wildlife Sanctuaries

【登录时间】1991年

【遗产类型】自然遗产

整个Huai Kha Khaeng保护区约有5 775平方公里，范围跨越三个省份，其入选为世界自然遗产的理由是保护区内同时涵盖热带森林、山地森林、大草原、落叶和常绿混交林等林区，几乎涵盖所有东南亚地区会出现的森林形态。

保护区内森林茂密，成为野生动物的最佳栖息地。保护区内生活着大量的大型哺乳动物，包括野生大象、老虎、豹、亚洲野生狗等，也有数不清的各色鸟类，区内维持着多样而完整的自然生态。泰国政府特别规划出3条生态旅游线路，供游客深入保护区，一探原始森林的究竟，详情可咨询保护区管理中心+66-5-651-3527。

4.大城遗址｜Historic City of Ayutthaya

【登录时间】1991年

【遗产类型】文化遗产

大城(Ayutthaya)是继素可泰之后崛起的王朝的首都，1350年，拉玛铁菩提(Ramathipadi)在大城登基，宣告新朝代的开始。大城位于农耕区的中心，周边尽是稻田和河流，地理位置优越，以农产品和工艺品贸易为主要经济支柱。

从现在的大城遗址，我们不难想见它当时的富庶繁华。其佛殿融合了邻国建筑的风格，再加上泰式的特色而发展出自己的风格。虽然城市中心在一场泰缅战争中被一场大火焚毁，但仍能从目前存留的遗址细部了解当时的建筑，包括混合式的锡兰塔、繁复装饰的金佛、圆顶高棉塔等。因为长时间开放观光，加上连年水患，大城遗址受损严重。2007年，大城遗址被联合国教科文组织列入观察名单，并发出警告，若再不好好加以维护，它可能从世界遗产中被除名。

5.考艾森林区｜Dong Phayayen-Khao Yai Forest Complex

【登录时间】2005年

【遗产类型】自然遗产

整个考艾国家公园(Khao Yai National Park)面积涵盖6个省份，是泰国东北部面积最大的林区。被联合国教科文组织所认定的考艾森林区范围跨越230公里，指从与柬埔寨边境以东至考艾国家公园西部的区域。考艾森林区动植物资源丰富，有植物800余种，鸟类392种，另外，林区内还生活着很多稀有或者面临灭绝的动物。丰富而完整的自然生态，是考艾森林区入选为世界自然遗产最主要的原因。详情可至泰国国家公园网站查询：www.dnp.go.th。

风情1 千佛之国

许多人对泰国的第一印象就是寺庙很多，泰国人温暖的笑容，也多半会令人联想到以悲悯之心看待世间众生的佛陀。回头看看泰国历史上的全盛时期，如素可泰和大城王朝时期，虔敬的佛教信仰是丰厚国力的最佳推手，而且富庶强盛的皇族把寺庙建筑装点得更为精细讲究，传颂佛祖故事的壁画以及佛像的样式都有相当丰富且独特的风格展现，这不但造就了泰国佛教艺术的蓬勃发展，也给后世留下了相当珍贵的文化遗产。

风情 2

节庆尽情玩

节庆是认识泰国当地文化的最佳捷径。泰国人平日双手合十温柔有礼，但是参与玩乐却绝不输人。4月中的泼水节，人手一瓢，只要有水源之处，就可以轻易和大家打成一片，一声“新年快乐”就是水战的开始。而雨季过后的水灯节，气氛温馨同时又不失节庆的热闹，城市的河边聚集着放水灯、天灯祈福的人群，周边密集的路边摊是美食的大集合。河边有卖水灯或天灯的摊点，只要买上一盏你也可以加入祈福人群。

风情3 恬静悠闲

泰国从北到南有多样的地理景观。其东北部的考艾国家公园因为丰富的树种和生态，被列入世界自然遗产名录中；北部的清迈山林环绕，过去是林业发展的基地，现在则是游人们丛林探索的最佳去处。而最让游人们流连忘返的，就是泰国南部的诸多岛屿，如泰国湾的苏梅岛、安达曼海的普吉岛，以及邻近喀比海域星罗棋布的岛屿。这些岛屿景色优美，且岛上提供丰富的水上活动，如海上扬帆巡游、划独木舟等，游人也可以潜进深蓝的海洋里一探美丽的珊瑚礁。

©MOOK 李美玲摄

©MOOK

风情4 放慢步调

©MOOK 李美玲摄

到泰国旅游，你一定不能错过Spa和传统泰式按摩。从一踏进店内开始，空气中的香茅清香、室内的流水造景以及服务人员温婉的招呼，将逐步卸下你心中的焦躁和烦忧，一杯稳定心神的草茶之后，按摩或者Spa疗程才正式开始。舒适的环境、专业的手法，让你通体舒泰，达到身心的彻底放松。

风情5 拳霸，成功制敌

看过电影《拳霸》吗？你可能很难想象影片中那招招致命的拳法源自泰国。泰拳即泰国拳术，已有500余年的历史，作为泰国的传统搏击技术，堪称格斗技艺中的极品。其特点是拳师可以在极短的距离内，利用手肘、膝盖等部位进行攻击，杀伤力巨大。技术成熟的拳师，能将全身作为武器于瞬间击倒对手。泰拳师的决胜条件是技艺、气力、智谋及精神力量的总和，其最高境界为机巧圆通、变化无常，而不局限于任何拳术技法或招数。

©MOOK 王瑞芬摄

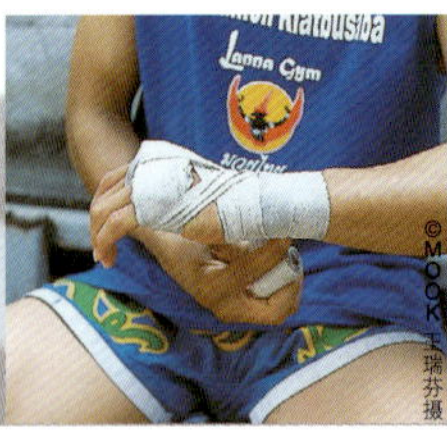

©MOOK 王瑞芬摄

风情 6

嘴角有幸福

吃的方面，泰国美食可谓独步全球，酸酸辣辣，早已成为泰国料理的标志性特色。厨师巧妙地运用本国盛产的辛香料，加上新鲜的当地食材，任谁都难以抵挡美食的诱惑。要吃泰国美味很方便，城市街角现做的泰式奶茶是消暑良伴，其隔壁的烧烤是物美价廉的最佳配菜，15铢(约合人民币3元)就能大快朵颐；而饭店大餐厅也不会令人失望，上桌的美味一样让人赞不绝口，不辜负昂贵的价格。

风情7 设计，广纳百川

在世界时尚设计圈久负盛名的英国杂志《Wallpaper》，进入亚洲的第一站，不是东京，不是香港，而是备受设计人关注的曼谷；从北欧红遍全球的Marimekko也选在曼谷开办品牌个展。近10年来，在泰国政府的大力推动之下，曼谷逐渐取代许多亚洲城市，成为一颗设计界的新星。

泰国的设计并不只大量地运用本地素材，而是兼容并蓄地吸收各国特色，加上泰国独到的美感与幽默的表达方式，转化成自身的风格并向世界时尚界宣告：还有更多充满创意的现代设计等着你去发掘！

©MOOK 陈昱安摄

©MOOK 王瑞芬摄

©Caysorn

泰国中部
The Central

曼谷

Bangkok

曼谷，是泰国却克里王朝的定都地、现今的首都，是个美丽的地方，它的泰文原意是“天使之城”。当时的拉玛一世也许有着先见之明，在几世纪之后的2008年，曼谷被全球知名旅游杂志票选为全球最佳旅游城市。

就在二三十年前，游客到曼谷还无甚可玩，除了逛庙就是到邻近的芭堤雅玩水看海。近些年来，泰国着力将曼谷打造成时尚之都，无论是旅游局主导的购物节、曼谷电影节还是由百货行业从业者和相关单位共同推动的时尚周，均意图鲜明地要将这座传统古都推向世界舞台。泰国还加速完成了工程延宕多年的大型国际机场，以求和邻近国家竞争亚洲航空转运中心的地位。

在这样积极的运作下，曼谷确实以相当惊人的速度蹿红于世界舞台——知名国际连锁饭店纷纷进驻、新兴设计品牌犹如雨后春笋般涌现，亚洲最大的札都甲周末市场更成为各国批发商的最爱。

值得欣慰的是，曼谷日新月异的城市发展并没有将其传统文化挤压殆尽，相反路边摊仍然维持着街灯下热闹的交易，皇宫、玉佛寺和中国城金饰街的样貌也不曾改变过，昭披耶河岸的水上人家仍如往常一样生活，整座城市就像泰国许多新兴设计师的作品一样，用一种容易让世界接受的新样貌，把蕴涵千年历史的传统包装起来，让造访者俯拾皆是新意和惊喜，蕴藏在深层传统中的优雅况味也同时被发现。

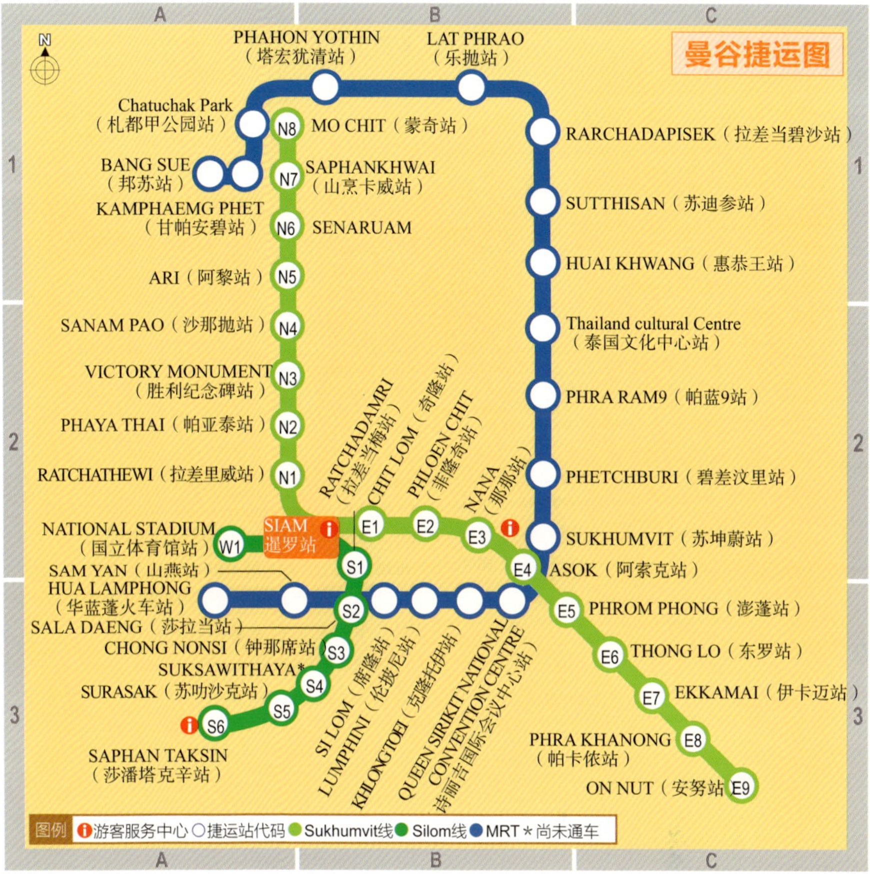

info.

如何前往

●飞机

目前国内很多城市如北京、上海、广州等每天都有直航航班往返曼谷，亦可选择从香港转机。航班资讯可查询：

泰国航空Thai Airways

www.thaiair.com

荷兰皇家航空Klm Royal Dutch Airline

www.klm.com

中国国际航空Air China

www.airchina.com.cn

意大利航空Alitalia

www.alitalia.com

机场至市区交通

素万那善国际机场起降曼谷所有的国际班机。机场有巴士往返于机场和市区捷运站之间，游人亦可到出租车招呼站搭出租车前往下榻饭店。搭乘资讯详见P.18。

市区交通

对游客来说曼谷市区的捷运和地铁是最便捷的交通工具，加上昭披耶河的交通船，其实游客不太容易被严重的塞车问题所影响。随手可招的摩托出租车和嘟嘟车可以穿行于小巷和车阵中，但建议您作短距离体验即可。

●捷运BTS Sky Train

曼谷市区的高架捷运分席隆线（Silom）与苏坤蔚线（Sukhumvit），捷运经过市区最主要的商业娱乐区。

©MOOK 王瑞芬摄

6:00~24:00　10~40铢不等

可以在暹罗（Siam）站两线互换，也可以在席隆线的莎拉当（SalaDaeng）、苏坤蔚线的阿索克（Asok）与蒙奇（Mo Chit）站转乘地下铁。

6:00~24:00，3~5分钟一班

依乘车区间分5种，票价分别为15铢、20铢、25铢、35铢和40铢。也可向服务台购买一日券100铢，可不限次数自由搭乘

www.bts.co.th/en/map.asp

●地铁MRT

曼谷只有一条地铁，于2004年7月正式启用，以曼谷对外交通枢纽华蓝蓬火车站（Hualamphong）和市中心北侧的邦苏（BangSue）为起始站，全线共经停18个车站，单程运行约需25分钟。

15~39铢不等

乘客可以在札都甲公园（Chatuchak Park）、苏坤蔚（Sukhumvit）和席隆（Silom）站转乘捷运线，也可以在华蓝蓬火车站（Hualamphong）转乘铁路。由于地铁和捷运为两家公司经营，转乘站并不相连，乘客得出站另觅捷运站搭乘。此外，曼谷地铁站没有洗手间，出门前请多注意。

6:00~24:00，3~5分钟一班　15~39铢不等

©MOOK 王瑞芬摄

www.bangkokmetro.co.th /en/home.asp

●巴士

国营巴士

由Bangkok Mass Transit Authority经营的国营巴士分为空调巴士和普通巴士两种，车上均设有售票员，乘客可在上车后向售票员购票，为防途中查票，记得将车票保管至下车。

5:00~23:00

空调巴士分奶油色车身加印蓝带及红带两种，票价依距离而定，一般的空调巴士票价在8~18铢之间，每年平均涨2铢；欧式巴士票价为10~22铢，普通巴士票价仅4铢，较空调车便宜许多

www.bmta.co.th/index.ht m（有英文版）

●私营

空调车票价约20铢，普通车票价约5铢

●出租车

出租车是通行曼谷市区相当便利的交通工具之一。大多数出租车上都有里程表，上车前除了先确认司机清楚你要去的目的地外，也要和司机说“Taxi Meter”，也就是要以里程表来计算；若司机不愿意以跳表方式计费，必须在上车前和司机谈好价钱，以免发生纠纷。如担心会有状况发生，建议可以选择在车门贴有GPRS全球卫星定位系统的出租车。

35铢起步

●嘟嘟车（Tuk Tuk）与摩托出租车

摩托出租车的司机身穿统一的背心，常在各个重要路口候客，同样您最好和“骑士”说明目的地和价钱后再搭车。摩托车轻巧灵活，可穿越于车阵和大街小巷之中，但基于安全考量，不建议您选择此种交通工具作长途体验。嘟嘟车就是马达三轮车，一般可承载2~3人。若您想体验一下搭乘的感觉，建议您避免交通高峰时间搭车，以免迎着满脸汽车废气。

最低票价从30铢起跳，最高票价不超过200铢

●中国城观光巴士

由曼谷市旅游局提供的“观光巴士”，可供国内外游人免费搭乘游览中国城。

为红色观光巴士，车身上印有龙图腾，呈现典型的中国城印象。观光巴士路线囊括天华医院、老市场、龙莲禅寺、广肇医院、金佛寺等景点，乘客可自由选择上下车的地点，车上还有导游小姐，虽以泰文解说，但有问题可以用英文询问。

从捷运站Hua Lamphong华蓝蓬站1号出口往前走，经过一座

桥后，你会发现位于河旁边人行道上的一座中国凉亭式造型的站牌，这便是观光巴士总站

每个周六、周日的11:00~22:00，平均每20分钟一班

免费

水上交通

曼谷拥有昭披耶河（Chaophraya）、善塞普运河（Klong Phadung Krung Kasem）、帕东卡伦卡善运河（Klong Saen Saep）、诺伊运河（Klong Bangkok Noi）及雅伊运河（Klong Bangkok Yai）等数条水道，而至曼谷必游的大皇宫和唐人街，都位于昭披耶河岸，水上交通十分便利。

●水上巴士（Standard Express Boat）

前往昭披耶河各处名胜古迹，最佳的选择就是在中央码头搭乘水上巴士，从南边的Tha Wat Rajsingkorn的停靠码头至北边的Nonthaburi，总共有30站。一般游客多选中央码头至13号码头的观光路线，走访大皇宫、卧佛寺、破晓寺、苏泰寺、翠弥寺、唐人街、考山路等景点。

购票方式跟搭巴士一样，有售票员拿着长圆柱形铁盒，看到客人就上前收费。上船前请留意一下每艘船所挂的旗帜的颜色，并看清楚目的地在哪一个码头，有哪几条线路可以到达，再上船。

搭捷运Silom线到Saphan Taksin站，中央码头（Central Pier）就位于捷运站旁

每天6:00~19:00，约20分钟一班

依停靠站多少分为白、黄、橘三个票价。白线——30站每站都停，分为6铢、8铢、10铢。橘线——停靠13个码头，票价10铢。黄线——特快船，仅停靠10站，分为15铢、25铢

●水上小型巴士

水上小型巴士走东西向的小水道，所以均采用狭长的长尾船作为交通工具。搭乘此船，何时下船纯凭记忆，船上不会主动告知码头站名，要下船也没有电铃提醒，虽然极不方便，但颇具当地风情及乐趣。搭乘水上小型巴士，可以到水门市场、曼谷最高楼Baiyoke Sky、Thong Lor、The Mall Bangkapi，这条路线与捷运Sukhumvit线平行，如果善加使用，也是相当方便的。若您在水门搭船可在码头边购票，若选择其他码头上船，直接在船上买票即可。

15铢

●渡轮（Cross-River Ferry）

昭披耶河每个码头都有往返两岸的接驳渡轮，搭至对岸只要3~5分钟。渡轮通常停靠在码头右边，要上船的游客，在码头入口处将费用交给收费员即可。这类渡轮船上空间开阔，中间没有护栏。由于每到上下班高峰时间，地面道路便难行，此时到各码头搭渡轮至对岸是最快的捷径。

3铢

●水上出租车（Longtail Taxi）

水上出租车以方便的长尾船为主。坐在船上，看到船家的小孩子愉快地在船舱内跳跃，你可以体验到真正水上人家的生活。在每个码头边，都可以看到长尾船家在岸边拉客，上前议价即可。曼谷的水路密布，几乎陆路可达的地方，水路都可达，是突破曼谷塞车困境的一个方法。

通常不论人数多寡，一小时漫游约500铢，最多可乘4～5人

●饭店专属客船

昭披耶河沿岸的大型饭店，如东方文华、半岛等，都有自己的渡轮往返捷运站，或安排游河行程，供房客选择。这类客船造型典雅独特，极富泰国古典味道。船上标示有饭店名称或旗帜，仅限饭店住客搭乘。

旅游咨询

●泰国旅游局总局

1600 New Phetchaburi Makkasan，Ratchatheewi，Bangkok

+66-2-2505500 www.toursmthailand.org

●参考刊物

想获取曼谷当地的旅游资讯相当容易。机场和各旅游区均提供免费地图；想知道最新的活动、餐厅特惠或是购物资讯，饭店或购物商场提供有免费英文报“BK”；曼谷邮报（Bangkok Post）每周四也有旅游版，提供各地旅游资讯或各地饭店促销信息。

住宿资讯

在曼谷住宿的选择很多，住房的价格粗分为两季。一般来说，每年5~10月是淡季，饭店房价低，也多有促销活动，旺季则从11~次年4月，房价是淡季的1～2倍。曼谷各区精选饭店的介绍详见各分区页面，更多饭店推荐如下。

●Urban House

近Saladeang捷运站，交通方便，干净舒适，房费中含早餐。房间数不多，旺季最好提早订房。

35/13 Soi Yommarat，Saladaeng Road，Silom，Bangkok

+66-81492-7778

+66-2636-3244 价格：双人房每房每晚1000~1300铢

www.urbanh.com

●The Davis Bangkok

靠近Emporium购物中心、家乐福超市，同一条街巷里有许多按摩店、Spa店、咖啡厅等。The Davis既有一般饭店客房也有度假村式的独栋别墅，提供曼谷市区相当少有的住宿享受。

88 Sukhumvit 24，Klong teoy，Bangkok 10110

+66-2-2608000 +66-2-2608100

www.davisbangkok.net

● Triple Two Silom Bangkok

饭店名字取自门牌号码222。饭店以现代时尚风格包装早期华人移民的复古风，有老照片当墙饰，在小小的中庭规划了一座花园，增加空间感也给予住客舒适的住宿氛围。饭店的客房宽敞。推荐一楼接待大厅旁半露天餐厅的泰式料理，味美、价格实惠。

222 Silom Road Bangkok 10500
+66-2-6272222 F +66-2-6272300
www.tripletwosilom.com

● Hotel Ibis Siam Bangkok

属欧系Ibis平价连锁饭店的一员，住房干净舒适，不是大规模的观光饭店，但设备齐全，房费中包含自助早餐。从饭店步行至Victory Monument捷运站约15分钟，途经Kingpower免税购物中心，傍晚沿途都是路边摊和小餐厅，用餐方便。步行至水门市场、Chit Lom捷运站路程需15~20分钟。

97 Rajaprarop Road Makkasan，10400 Bangkok
+66-2-2093888 F +66-2-2093890
www.ibishotel.com

美食街里找好味

在曼谷购物商场的美食街上吃饭，价格和一般路边摊上的相差无几，而且每一家小吃店都挂有英泰文对照的菜单，不用泰文也可以轻松点菜。

部分购物商场的美食街入口会有标着“Coupon”的小亭子，记得先在那里向服务人员购买票券，再以票券向商家购买食物。你可以先确认想吃的餐点的费用，返回亭子购买相同面额的餐券之后去点餐，若是有剩余的餐券，可到亭子处退还现金。

还有一种方式，即进场前发给每个人一张票卡，点选食物时将票卡交给服务人员，等吃饱喝足，最后走出美食街时会有一个结账收银台，刷过票卡就可以知道需付多少钱了！

大皇宫&中国城附近
The Grand Palace & China Town

有水才能孕育生命，全球各国首都的历史多半起源于河边。当年泰国却克里王朝的帝王以曼谷昭披耶河（Chao Paraya River）流域为建都中心，重要的皇宫、寺庙理所当然地就近兴建；最早移民泰国打拼的华人，也以河岸为据点发展；尔后各家老字号顶级观光饭店进驻，加上原来世袭居住在河边的平民人家，让这一区成为老曼谷的代表。

郑王庙
Wat Arun

7:30~17:30　休 无　$ 50铢
可从卧佛寺码头（No.8）搭乘公，共渡船，船程10~15分钟，每人3铢
No. 34，Arun Amarin Road，Kwang Wat Arun，Khet Bangkok Yai，Bangkok
www.watarun.org/index _en.html

坐落于昭披耶河西岸的郑王庙又称为破晓寺或黎明寺，其夕阳时分的建筑剪影一直是曼谷风景明信片的常见画面，泰国旅游局也取其为官方旅游代表标志图。

郑王庙的故事得从大城时代讲起，确切的建寺年代已不得而知，只知道郑王驱逐缅甸军后，带领部队顺水而下，军船经过寺前时，正好是黎明时分，郑王便令船停于寺前，上岸礼拜，后来郑王登上王位后，就下令重修佛寺，并根据当年情景将寺名改为黎明寺。郑王原本预备在昭披耶河南岸建造王宫，将黎明寺作为王室家庙，1778年还曾移请玉佛到黎明寺供奉。只是郑王朝短短15年便结束了。继起的拉玛一世决定在昭披耶河东岸建立新都，黎明寺就不再属于皇宫的范围之内。拉玛二世曾下令扩建黎明寺，兴建新的大雄宝殿、佛殿和讲经楼等，但还没动工，拉玛二世便驾崩了。

拉玛三世继承了拉玛二世的理想，于1842年开始扩建黎明寺，5年后完工。扩建后的黎明寺中央的大乘塔高67米，四角还有4座小高棉塔，塔上贴有许多彩色碎陶瓷，其中不乏中式的青花瓷，在阳光下绚丽夺目。塔中有猿猴、金那罗（神将）、金那利（女天神）等塑像。目前大乘塔的第二层对游人开放，站上去可眺望昭披耶河景。抬头望向塔中央，可见接近塔顶的三面神龛中各有一座因陀罗（Indra）骑着三头象神的雕像，加上4座小高棉塔上安有湿婆神的三叉戟，整座佛塔结合了泰国民间不同文化的传统信仰，值得多花点时间细细欣赏。

据说郑王晚年便是在此寺出家的，塔前的古佛殿里还有一张御床为证。大雄宝殿位于大乘塔的西北边，四周有走廊，里面供奉着120尊伏魔式泥塑雕像；四周的标志石亭之间一共陈列120只中国石狮，每只石狮的表情和动作都不一样。石亭周边还有很多貌似文官的塑像，和大乘塔周边身着战甲的武官像有非常明显的区别。

©MOOK 王瑞芬摄

曼谷国家博物馆

National Museum Bangkok

可搭乘空调巴士6路、7路、39路；普通巴士3路、15路、30路、31路、32路、33路、39路、53路、59路、64路、70路、81路、203路，在皇宫下，徒步约5分钟可达
Na Phra That Road，Bangkok 10200
+66-22-241404
9:00~16:00　40铢
周一~周二及节假日闭馆
www.bangkoksite.com/ NationalMuseum/index.htm

位于大皇宫旁边的曼谷国家博物馆是东南亚地区规模最大的国家级博物馆，创建于1874年的拉玛五世时代。该馆最初仅展示拉玛四世的文物与皇室收藏，到了1926年才改建为今日的国家博物馆，除收藏泰国传统文物外，该馆于1993年开始也收藏现代艺术作品。

如今该馆馆藏可分成三个主要的展示区：入口最前端的建筑以泰国历史上的不同王朝为背景，展示泰国历史上的艺术变迁；正中央是一栋货真价实的寺院，有许多泰国当地人会来此朝拜；在旧皇宫内，展出包括织品、陶瓷、木雕等在内的古董珍品。另外，博物馆内还有一个让人了解过去皇族生活的回忆馆。

除了文物展品，占地辽阔的博物馆本身也具有相当的历史价值。博物馆建筑以佛教风格为主，融合欧洲与中国建筑特色，值得细细品味。想要深入欣赏馆藏，可以参加以英、法、德、日语进行的导览行程。

大皇宫、玉佛寺

The Grand Palace、Wat Phra Kaeo

The Grand Palace，Bangkok

可从BTS "Siam" 站下，在MBK前搭乘巴士47路，或在MRT "Hua Lamphong" 站下，转乘巴士507路，车程约15分。也可以搭捷运至Saphan Taksin站，转搭游船（Express Boat）至9号码头下船，步行约5分钟可达

+66-2-6235500

www.palaces.thai.net

8:30~16:30（售票~15:30）

350铢　休 无

需注意服装仪容，不得穿短于脚踝以上的短裙、短裤、无袖上衣、拖鞋进入寺庙之中

©MOOK 陈昱安摄

去曼谷却没有进大皇宫，泰国人会说你根本没来过曼谷！在阳光下闪耀金光的大皇宫面积有218 400平方米，由拉玛一世亲自规划，兴建于1783年。原本郑王以昭披耶河的西岸作为皇宫根据地，拉玛一世将国都迁到东岸，也就是现在大皇宫的所在地。

现任泰国国王已不住在皇宫里，皇宫大部分区域对游客开放，为嘉惠自家人，泰国人入内是不用门票的。游人由玉佛寺进入大皇宫，左手边是泰国八世国王被刺身亡的所在地Boromabiman Hall，往右手边走，可以看到节基皇殿（Cakri Group），是拉玛五世于1876年访问新加坡和爪哇回来后兴建的，兼具欧式与泰式风格，三层的宫殿设计属于英国维多利亚女皇时的艺术风格。节基皇殿的最顶层存放各世国王、皇后的灵骨；中间层是谒见厅，是接待各国使节和臣民朝贺的地方，最重要的参观点是撑着九层华盖的御座；最下层是御林军的总部，目前为兵器博物馆。

节基皇殿的右手边有一个精美绝伦的小凉亭——阿蓬碧莫亭（Aphonphimok Prasat Pavilion）。在1958年比利时布鲁塞尔举行的万国博览会上，泰国文化艺术厅盖了一座该凉亭的复制品，得到各国人士的赞美，极大地提升了这个凉亭的知名度。

大皇宫的另一个参观重点——兜率皇殿（Dusit Hall）是一栋十字形的建筑，有7层尖顶，是纯正的暹罗风格建筑。殿内有一个御座，是拉玛一世指派工匠利用贝壳做成的，现已被列为泰国第一级的艺术品。

曼谷另一个地标性景点是玉佛寺。它位于大皇宫内，作为皇室举行宗教仪式的地方，是曼谷最重要的寺庙，由拉玛一世在兴建大皇宫时一并建造，并于1784年3月27日迎请玉佛到寺中供奉。每年换季时分，国王都会亲自来替玉佛更衣，玉佛前的两尊佛像分别代表拉玛一世与拉玛二世国王。殿内四面均绘有壁画，前后

两面为拉玛一世时完成，左右两面则是拉玛三世、拉玛四世时的作品。其门、窗都是方形尖顶状，框上贴满金箔，门板及窗板镶有贝壳，工法相当精致。围绕在寺庙边的大鹏鸟雕塑，是拉玛二世的徽记，大鹏鸟是代表皇室的图腾。

王佛寺大雄宝殿的北边有一个大台基，台基上有许多金碧辉煌的建筑，最东边的是碧隆天神殿（Prasart Phra Debidorn）。该神殿呈十字形外观，殿顶有一个高棉塔。神殿四周围绕着12根角柱，柱头皆以莲花装饰。它算是一座皇室宗庙，里面陈列着拉玛一世至五世的纪念像，并仅于每年4月6日开放。

玉佛寺藏经阁呈方形尖顶，屋檐呈特殊的锯齿状，四个门口都有夜叉雕塑驻守。藏经阁前有一些小亭子，里面陈列着代表每一世国王的白象雕塑及徽记。在藏经阁北边有一座吴哥窟模型，小巧逼真，是拉玛四世下令依照柬埔寨的吴哥窟而建的，对照近年两国为了争夺吴哥王朝遗址和边界上的世界遗产事件，总有点令人玩味。围绕整个玉佛寺的走廊上共有178幅图画与韵文，是拉玛一世时所绘，讲述的是一个神话故事。绘画的手法相当活泼。

在参观大皇宫时，不难发现许多建筑的外观是由细小、似琉璃材质的方块拼贴而成的，据传早年曾经有外国游客因为好玩，硬是剥了几块小琉璃回家，没想到回去后厄运不断，直到完璧归赵才解除灾难。传说毕竟是传说，尊重古物的基本旅游礼仪还是要多注意的。

©MOOK 朱月华摄

©MOOK 陈昱安摄

卧佛寺
Wat Pho

2 Sanamchai Rd., Pranakorn, Bangkok 10200
从大皇宫徒步约5分钟可达，或搭乘普通巴士1路、3路、6路、9路、12路、25路、32路、43路、44路、4路、51路、53路、82路、103路；空调巴士1路、6路、7路、8路、12路、44路。
+66-2-2259595　8:00~17:00　休 无　www.watpho.com
20铢，传统泰式按摩服务250铢（60分钟），草药按摩350铢（60分钟），足部按摩250铢（60分钟）

卧佛寺（Wat Pho，或称Wat Chetuphon）又称菩提寺，是曼谷最古老的庙，也是泰国最大的庙宇。这座从大城时代留下来的古寺很受却克里王朝国王的喜爱，从拉玛一世到四世都曾予以重修，加盖了三座塔及卧佛殿。

游人一进寺庙最先看到的是卧佛殿，其门拱及窗拱绘以花瓶及花束装饰，脱鞋进入佛殿之中便可看到一尊长46米、高15米、外面镀满金箔的卧佛，在其5米长的脚掌上面以贝壳镶嵌成108幅吉祥图案。佛殿四面墙壁上皆有壁画，每50年卧佛寺会邀请画师自愿入寺进行修复工作。

卧佛寺中有99座佛塔，其中最大、最显眼的一座是卧佛寺附近的四王塔，塔上以碎瓷盘装饰，别具中国风情。拉玛一世可以说是佛像保留的大功臣，他从大城遗址中寻得1200多个佛像，目前有689座保存在卧佛寺中，其中大部分都沿着大雄宝殿外两层走廊摆放，或放在塔顶。拉玛三世则是卧佛寺最大的施主，他努力将此寺改造成开放式的大学。寺中大部分的壁画都和战争、医疗、天文学、植物学、历史学等学科相关，介于四王塔与主殿之间的排亭里绘有泰式按摩的手法与文字说明，花园里也有多尊摆出不同按摩造型的人形塑像。此外，据说就连园中的菩提树，也是拉玛三世从印度引进的树种。

卧佛寺至今仍是曼谷研究草药及按摩的中心。寺院中的后方有一座传统医药学院及一间按摩房，有兴趣的可以入内参观或享受一下传统的泰式按摩。

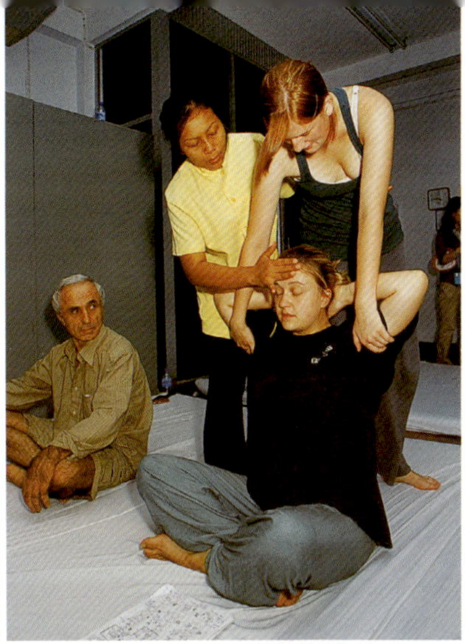

©MOOK王瑞芬摄

按摩学校

泰式按摩其实在泰国各地的手法都有所差异，一般认为由卧佛寺教授的按摩手法比较正宗。由于学习按摩的需求增加，目前卧佛寺的按摩教室设在寺庙之外，最靠近寺庙的校区位于8号码头附近。按摩基本课程为期5天，每天开课，最后一天由学校老师进行验收，通过者即可获得一张证书。

按摩基本课程学费为每人5800铢，开课第一天缴费，费用含教材、文具。平均每位师傅带4位学生，皆以简单的英语教学。课程从早上9点开始，中午休息，学员可到学校顶楼自费享用25~30铢的自助餐或面食，下午的课程至4点结束。

翠弥寺
Wat Traimit

8:30~17:30
搭乘游船在4号码头Tha Harbour Dept.下船，步行可达
20铢

相传在素可泰时期（Sukhothai），国王为避免缅甸军队入侵搜刮民财，便集合了国民的黄金铸成一尊金佛，外面再包上灰泥。最初这尊佛像被供奉在昭披耶河岸的帕耶该寺（Wat Phrayakrai），1931年被请到翠弥寺供奉。人们为其筹建了一座佛殿。

在很长一段历史时期内没人知道这尊泥佛的真正价值，直到1955年，在搬运佛像进殿的过程中灰泥剥落，里面的5吨重金佛才现出真身。现今黄金佛的左边还放有当年剥落的泥块，向游人诉说着泥佛金身的故事。

金山塔寺
Golden Mountain

从9号码头Tha Chang下船转搭Tuk Tuk行约10分钟，30铢；或从Phra Chan码头下船转搭Tuk Tuk行约10分钟，30铢
Mahachai Rd.和Damrong Rak Rd.交会路口
7:30~17:30　10铢

金山塔寺建于拉玛三世时期，至今已有300多年的历史。游人沿着塔边的323层阶梯可直接登到塔顶，鸟瞰曼谷街景。寺内供奉佛像的正殿墙壁上，绘有释迦牟尼修炼开悟的故事，精细的手工绘图，形象而生动地传达出佛陀训诫的教义。塔内有拉玛五世从印度请来的佛陀舍利子，原存于皇宫，后由拉玛九世迁至塔里供奉。正殿后方安放有7尊不同姿势的佛陀像，每尊代表一周7日的其中一天，信徒先从自己出生的那一天开始，逐一向各尊佛陀膜拜或贴上金箔以祈求平安。

中国城
China Town

搭乘游船至5号码头Ratchawong下船，循Ratchawong路前行，到与耀华力路交会的路口即是
目前每周六、周日皆有观光巴士，每20分钟一班

中国城（China Town）所在的耀华力路（Yaowarat Road）是曼谷交通繁忙、最有活力的街道之一，也是曼谷地价最贵的地方。一路望过去，满街挂着中文招牌的店铺让人忘了身在曼谷。大马路两旁连接着纵横交错的小巷，巷内的商店中陈列着中国人再熟悉不过的腌渍品、干货、糖炒栗子、茶叶、燕窝等，金饰店、钟表店鳞次栉比。夜晚，新鲜的海鲜料理在街角热闹登场。亚洲游客最爱的“林珍香”等售卖当地特产的老店也都在这里。中国城隔着一条街就是帕胡瑞市场（Pahurat Market）。

曼谷美食推荐（一）

在曼谷，吃的方面绝对是人人平等，无论预算多少，从路边摊、超市美食街到饭店餐厅都可以吃得满足又尽兴。下面将推荐几道必尝美食。记得到了曼谷，不用客气，敞开肚皮吃就对了！

酸辣虾汤 Tom Yam Kung

酸辣虾汤的味道好，口感层次多，烹煮材料却很简单，主要的香气来自于香茅（Lemon Grass）、泰国柠檬叶（Kaffir Lime Leaf），辛辣味来自于白姜（Galangal）和些许辣椒，其汤头清淡，吞入喉头是辛香酸辣，嘴里汤味却又回甘甜美，至于汤头是否加椰浆，那就见仁见智，由主厨决定。有些店家还会在汤料里加进草菇，多一个口感，也多一分香气。

哪里吃：Tom Yam Kung、Po、Mango Tree（P.72）、Manna（Siam Paragon 1楼P.80）、Baan Khanitha & Gallery（P.102）

烩炒米粉/粿条 Rad-Na

这里翻译为烩炒米粉也许不这么准确。这是一种平民小吃，在曼谷和普吉岛都有，主料是米粉或泰式粿条（Sen Yai）。米粉会稍用干锅煎，使其略呈金黄，再加上芥蓝、洋葱、肉片和蚝油拌炒，看起来有点像烩米粉。由于口感浓郁，就算很大盘，也能一口气吃光光。

哪里吃：Ching-Ki

椰汁鸡汤 Tom Ka Kai

别以为椰汁鸡汤的劲道会输给酸辣虾汤。这道汤品的辣度主要来自于白姜（Galagal），椰汁用来提香气，主要食材有鸡肉、草菇，再加上柠檬、香茅、些许辣椒，喝起来爽口清辣，带些微甜味，是泰国中部的经典汤品之一。

哪里吃：Po

©MOOK 李美玲摄

©MOOK 李美玲摄

©MOOK 李美玲摄

印度甩饼 Roti

印度甩饼到了泰国成了路边甜点，只见小贩将油面团揉好后擀平，然后靠手劲将面饼甩薄、下锅煎，顾客可选择包裹香蕉片、淋上巧克力，或单纯只加炼乳吃。煎过的饼，外脆内软，加上甜腻的配料，其实是一道特别容易饱足的小吃。

哪里吃：考山路或夜市路边摊

©MOOK 李美玲摄

泰式炒面 Pad Thai

这道从夜市路边摊到五星级饭店都供应的面点，就算不爱吃辣的人也可以吃得畅快。泰国的面条多用米来制作，快炒过后不容易软烂，吃起来比较有韧度。每家餐馆使用的面条宽度不同，有像客家面条的宽板面（Sen Yai），也有一般宽度的Sen Lek，使用前只要在水中浸泡数分钟，大火一炒就可食用。

Pad Thai看来简单，里面的材料可不少，花生、虾米、豆腐干、豆芽菜、蛋是必备，豪华一点的会加进新鲜虾仁，炒面的甜酱料以罗望子酱为主，加进椰糖、辣椒粉、鱼露炒过后，再和所有材料、面一起拌炒，盛盘时配上细葱段和柠檬就可以上桌了，传统一点的还会配上芭蕉花一起吃。泰式炒面吃起来味道较甜，挤上柠檬汁，嗜辣者可再加些辣椒粉一起食用，酸、辣、甜三味中和，一点也不腻口。

哪里吃：Tom Yam Kung、Thip Samai、Mango Tree、Celadon（素可泰饭店）

©MOOK 李美玲摄

Thip Samai

- 可从中国城搭Tuk Tuk前往Majacha Rd.，过Smaranrat十字路口快到Ratcha Domnoen Klang Rd.交叉口前ESSO加油站下车，8~10分钟可达；搭乘曼谷捷运Sukhumvit线至National Stadium下车，转搭Tuk Tuk或出租车前往，8~10分钟可达
- 313-315 Majacha Rd.，Bangkok（ESSO加油站旁，7-11斜对面）
- +66-2-2216280
- 17:00~03:00，每月轮休两日
- Pad Thai 25~60铢
- www.thipsamai.com

1966年开业至今的Thip Samai，以专卖泰式炒面闻名，共有两个店面相连，店门口立有三口大炒锅，特别引人注目。由于店家供应覆盖蛋皮的炒面，三位厨师必须分工合作，一个炒面入味，一个接着加豆腐干等配料拌炒，最后一个负责煎蛋皮，蛋皮煎好后，第三锅的厨师便将其反扣在炒面上，稍加装饰就可上桌。

©MOOK 李美玲摄

Ching-Ki

- 可从中国城搭Tuk Tuk前往，至Majacha Rd.上Soi Siri Chai下一个巷子下车，5~8分钟可达；搭乘曼谷捷运Sukhumvit线至National Stadium下车，转搭Tuk Tuk或出租车前往，8~10分钟可达
- Majacha Rd.上Soi Siri Chi下一个巷子拐进即是
- 02-2222473
- 6:00~24:00
- 休 周日
- Rad-Na 30~40铢

这家隐身在巷子里的小店非常不起眼，但是一到用餐时间，门外就会排起长龙，队伍几乎直达巷口。Ching-Ki只提供一种料理Rad-Na，顾客仅有的选择是加蛋或不加蛋，米粉或粿条。即便如此，只要是营业时间，店内总是宾客满座，门外总是有顾客排队。Ching-Ki最吸引人的地方在于Rad-Na中的煎蛋！趁着大火油热之际，将蛋打进锅内，这样煎炸出来的蛋呈现有趣的椭圆形，比起一般荷包蛋更有厚度，而蛋白的地方因为油温够热，还会有一点炸得焦脆的蛋白丝，蛋黄半熟，味香浓郁。

©MOOK 李美玲摄

Bar Lamphu

- 76/1-2 Rambutri Rd.，近考山路加油站
- +66-2282-2149、281-6914
- 11:00~02:00，现场演唱20:00~02:00
- Moo ma-now 80铢
- 菜单有英文、泰文

Bar Lamphu的外观在夜晚并不显眼，但它却是很多人夜生活的主要去处。其内部陈设简单，多用古物盘子作装饰，墙上挂着曼谷的老照片，整体上感觉简单而舒适。店里每晚都有当地歌手驻唱是其最大卖点，小小的舞台上有时是吉他手自弹自唱，有时是年轻的独立乐团卖力表演，泰文歌占大多数，若是台下观众兴起，也可以上台高歌一曲。店内除各式酒水外，也供应餐点。

©MOOK 李美玲摄

©MOOK 李美玲摄

Tom Yam Kung

+66-2-6292772、6291818、6292882

24小时

料理约45铢起

菜单有英文、泰文

要说泰国人最骄傲的料理，莫过于酸辣虾汤（Tom Yam Kung）了，而位于考山路上的Tom Yam Kung餐厅，就以这个响亮的料理为名。巷口挂了个Tom Yam Kung的霓虹小招牌，穿过骑楼进窄巷，两幢拉玛六世时代留下来的白色木房呈现于眼前。

餐厅提供250道泰国料理，最经典的就是同其店名的酸辣虾汤，另外泰式炒面和特色凉拌菜也有较好的口碑。

考山路路边小吃

考山路（Kao San Road）沿街

24小时

来到考山路，你唯一不需要操心的就是“吃”，只要15铢，就有香喷喷的热食在街边等着你。

在考山路，你可以找到24小时的餐厅，全天候供应泰式料理；路边不时热气蒸腾，泰式炒面摊是街上最多的路边摊，要吃甜点，有现甩现煎的泰式印度甩饼Roti，热腾腾一盘只要15铢起。而饮品，除了7-11之外，还有街头调酒，够酷吧？在考山路不仅可以露天喝调酒，还可以像拎着泡沫红茶一样边走边喝。

Po

搭乘曼谷捷运Chitlom线至Saphan Taksin站下车，从Central Pier码头转搭游船至8号码头Tha Thien下船，紧邻码头边　8号码头Tha Thien旁　+66-2-6223081　18:00~01:00　Chicken Soup with Coconut Milk 120铢、Seafood Salad 80铢　菜单有英文、泰文

“Po”在泰文里是“锅”的意思。店里虽不是专卖锅仔料理，但所有的汤品都是用中央空心、可加热的小火锅装盛。店内所提供的泰国料理口味地道，向您推荐一锅辣椰汁鸡汤（Chicken Soup with Coconut Milk）。此汤看来浓郁，喝起来却清辣爽口，伴着椰奶的香气，辣椒、姜、香茅的辛辣一起入喉，辣后嘴里回甘的口感相当特殊。

©MOOK 李美玲摄

箜剧

Khon

从Siam Square可搭乘73号巴士，从Lumpini Park或Suan Lum夜市可搭乘4路、46路、507路巴士

Sala Chalermkrung，Tri Phet Rd. 和Charoen Krung Rd.交叉口

2008年全年每周五、周六，19:30演出　1000铢、1200铢

www.salachalermkrung .com

2006年，为庆祝泰国国王普密蓬登基60周年，曼谷皇家剧院（Sala Chalermkrung）与泰国旅游局、泰国国家资产局（Crown Property Bureau）合作推出“皇家剧院泰国箜剧”的特别纪念演出，现在箜剧成为曼谷皇家剧院的常态演出节目。

©MOOK 陈昱安摄

曼谷皇家剧院（Sala Chalermkrung）位于曼谷皇宫附近，当初拉玛七世拨款900万泰铢，由受过法国建筑教育的Samaichalerm Kridakara王子负责工程，于1930年破土兴建。1933年7月2日开业时，以建筑师Chalerm之名命名的Sala Chalermkrung，是当时泰国第一座有空调的剧院。

现在剧院里上演的唯一剧目是泰国的传统舞剧“箜剧”（Khon）。箜剧是泰国一种传统面具舞，过去只在皇家演出，直到1910~1925年间，才流传到民间。将近两小时的演出表现的是拉玛国王的部属尽忠为主的故事。借以传达人民对国王的尊重。由于传统舞剧身段要求高，所有舞者需经8年以上训练才能上场，而关于箜剧的历史与简介都在开场前以影片的方式说明。泰国箜剧演员在演出时戴面具，没有对话，以舞蹈和肢体演出，搭配场边吟唱者和传统乐团缓缓述说整个故事。

©MOOK 陈昱安摄

考山路
Kao San Road

搭乘曼谷捷运Chitlom线至Saphan Taksin站下车，从Central Pier码头转搭游船至Phra Chan码头下船，转搭出租车或Tuk Tuk车；或搭乘曼谷捷运至National Stadium下车，转搭出租车或Tuk Tuk车，约15分钟可达

考山路全长不到300米，却是自助游者到曼谷的旅游资讯集散地。往来穿梭于街头的大多是来自于世界各地的游客，大大小小的便宜旅社林立街边，路边小店有各式纪念品、衣饰任君挑选，麦当劳、7-11、药店、Burger King、ATM提款机等一应俱全。

喜欢银饰或充满南洋风情的衣服鞋子，在考山路可全数买齐。街上的小店或路边摊有各色泰式宽绑裤、泰丝裙，价格从150 铢起；银饰有手环、项链、耳环等，有镶贝壳或纯银打造的各种样式可挑选，价格在250 铢左右。

考山路上商品的选择性很多，价钱随店家开价，除非真的中意，不然还是建议货比三家后，取一个中间值再进行杀价，价钱约可从六七折杀起。

©MOOK 李美玲摄

曼谷半岛酒店
The Peninsula, Bangkok

+66-2-8612888 F +66-2-8611112
333 Charoennakorn Road, Klong San, Bangkok 10600
4种不同等级的客房，200~2600美元
www.peninsula.com @ pbk@peninsula.com

©MOOK 李若姮摄

曼谷半岛酒店是一座“W”形的乳白色建筑，位于昭披耶河河岸，其370间客房都拥有面向昭披耶河的秀美景致，落地窗映照出一幅曼谷都市写意画。

半岛酒店是曼谷地区最大的一间酒店，370间客房平均每间的面积是46平方米。酒店偌大的空间内以米色等暖色为主要装饰基调，彰显沉稳而简练的成熟品位。

半岛酒店的服务堪称完美。自客人登记入住开始，客房内的时钟会自动调至与客人所来地同步；所有的室内设备如空调、灯光、电话、电视等均安装有智能系统，你可以一边在浴缸内享受芳香泡浴一边欣赏自己喜欢的电视节目，若此时电话响起，不必惊慌，只要你按动一个按钮即可进行通话，此时电视会自动静音，浴缸的水声等杂音也将自动被过滤。半岛酒店以超出你想象的无微不至为你提供最贴心的服务，让你知道什么叫做顶级的方便与享受。

©The Peninsula, Bangkok

曼谷文华东方宾馆

Oriental Hotel, Bangkok

48 Oriental Avenue, Bangkok 10500
+66-2-6599000　F +66-2-6590000
www.mandarinoriental.com
mobkk_enquiry@mohg .com

©The Peninsula' Bangkok

曼谷文华东方宾馆的前身是始建于1896年的海员旅馆，百年来，这里以它不曾褪色的殖民地风格、瑰丽的远东情调、细腻不矫情的妥帖服务，让所有来访旅客频频回顾，且年年荣登全球各大旅游杂志的最佳饭店排行榜。

该宾馆坐落在昭披耶河畔，总计有395间客房，工作人员却多达1200位，惊人的比例或许正是它数度被选为全世界服务最佳饭店的原因。已在这里任职超过30年的德籍总经理Kurt Wachtveitl表示，因为宾馆本身已成为曼谷标志性的存在，员工忠诚度极高，没有一个人不是怀着以工作为荣的心情勤谨工作的，同时，泰国人天性真挚纯良，再经过专业的训练，他们所提供的服务简直可用“无可挑剔”来形容。客人从踏进宾馆的那一刻起，就能感受到工作人员无微不至的对待。身着雪白制服的私人管家在客人Check-in后来到房内致意，之后便几乎是半隐形般的照料、打点着客房，出入时一声亲切问候、微冰的Evian与雪白的毛巾不知何时已被悄悄换上、午后回房小憩时轻轻送达的点心等，如此慎重的对待，包含的是对客人全然的尊重。

©MOOK

©MOOK Teresa Lee摄

席隆路一带&昭披耶河边
Sala Deang& Silom

这里的席隆路一带指的是从捷运Sala Deang站附近，横向延伸至Lumphini地铁站，往西经沙通区（Sathorn），直到昭披耶河边的整个区域。这一带有办公大楼、观光饭店、夜市、购物商场，还有令人食指大动的路边摊或豪华餐厅，以及最热门的百万夜景顶楼餐厅The Dome。

Silom / Patpong Night Market

BTS Silom线“Sala Daeng”站下，徒步约5分钟可达
Soi Patpong，Silom Rd.　依各家店铺有所不同
19:00~01:00
休 无

Silom夜市是曼谷市区比较早针对游客开设的夜市。这里白天只有一些路边摊或水果贩，傍晚，小贩们开始聚集在简单的塑胶棚子下，往木板陈列架上摆放T恤、工艺品、包包、饰品、仿冒运动用品、CD等各色商品，这里的商品和Suan Lum Night Bazaar里的比起来较为粗糙，如果你看上中意的东西，记得一定要狠狠砍价。

这附近还有一大特色，即平价泰式按摩店相当多，可谨慎挑选较为明亮的店家，尽情享受泰国的招牌文化。

往前走一点就是Sala Deang捷运站，站旁有Silom Complex 购物中心，还有Robinson、Central等泰国热门的百货公司。从出站口一直到Convent路之间，假日白天都有不少小贩摆摊，平时的晚上更是热闹，一只印度风情的小手袋只要100铢起，一件及膝裙也只需180铢，买多了还可以和摊主再讲价。由于附近有银行和众多公司，白天的路边摊生意火爆，尤其Convent路附近，不只有令人垂涎的泰国小吃摊，也有供应法国料理的小餐馆。

©MOOK李美玲摄

©MOOK王瑞芬摄

Suan Lum Night Bazaar

MRT"Lumphini"站下，徒步约1分钟即到 1875 Rama IV Rd. Lumphini, Pathumwan, Bangkok 10330 +66-2-2529690（服务管理中心） 15:00~24:00（依各店铺而异） 休 无

泰国传统木偶剧院

+66-2-2529683 19:30~20:45 休 无 成人900铢，儿童300铢（7~15岁） www.thaipuppet.com

©MOOK王瑞芬摄

Suan Lum Night Bazaar号称曼谷最大的夜市，共分为A、B、C、D、E 5个区域，夜市各大交会路口处立有方向指示牌，商品分门别类地归在不同的场区，各区域巷道还有自己的编号。

Suan Lum Night Bazaar的店家在布置上颇为用心，专卖手工艺的店家，一到夜晚便将店里的纸灯笼串全部打开，营造出不同于市场白天时的气氛。这里的商品重复率高，都可以讲价，记得一定要货比三家。夜市外围还有更具规模的店家，大型灯具、仿造欧洲现代风格的家具，通通可以看到，价格约为真品的1/5。

逛累了，夜市外围有许多酒吧、咖啡座、餐厅等，B区有专卖食物的饮食区（Food Center）。不想走太远，B区内有开放式的露天啤酒区，两旁一整列都是各国品牌的啤酒任君选择，只要随意找张桌子，马上就会有人递上啤酒单，建议可以试试泰国当地的大象牌啤酒（Chang Beer）；啤酒区中央还有现场乐团演奏，将夜晚的气氛烘托得更加美妙。

©MOOK李美玲摄

©MOOK王瑞芬摄

↑泰国传统木偶剧院 Traditional Thai Puppet Theater

Suan Lum Night Bazaar的这座木偶剧院，位于夜市外围餐厅区中。剧院的建筑外观是传统泰式风格，游人须穿过咖啡座才能进入剧院大厅。该剧院每天晚间只在7:30上演一场传统木偶剧，游人在夜市闲逛购物之后，可以到这里体验一下泰国传统戏剧文化。

这种木偶剧起源于20世纪初期，由舞者Legendary Khon和木偶操纵者Krae Saptawanitn创立，相当精彩，大获好评，早期只有皇室贵族才看得到，后来才逐渐普及化。木偶剧的内容主要是描述一个印度神话故事，每个木偶都由三个人共同操纵，操纵的人会穿着黑色服装，隐身于舞台之后，而木偶则穿上华丽而讲究的服饰登场，一旁有乐师现场演奏传统泰国乐器，音乐随着剧情、搭配声光效果，时而震撼，时而舒缓，整场演出扣人心弦。木偶剧演出的过程中，操纵木偶的演员们常会要求台下的观众配合表演，中场休息时也会带着木偶到观众区互动，台上台下其乐融融。游人在欣赏完剧目表演之后，可以买几个制作精良的木偶带回家作为纪念。

Tarntawan Massage & Spa

MRT "Sam Yan" 站下，徒步约10分钟或BTS Silom线"Sala Daeng" 站下，徒步约12分钟可达
117/1-2 Surawong Road Bangkok　+66-2-6370726　10:00~02:00　休 无
足部按摩300铢（1小时），泰式按摩330铢（1小时）、400铢（2小时）

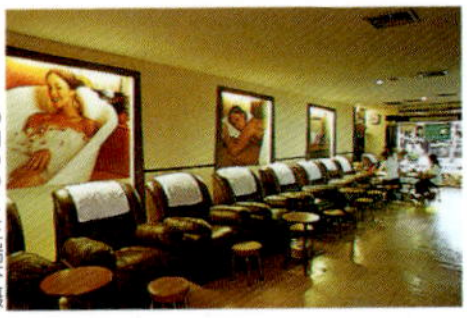

©MOOK 王瑞芬摄

Silom区是曼谷繁华的商业区，从傍晚开始，整条Silom路就会串成一个大型的夜市，聚集众多的便宜摊贩。同时，这里也吸引了许多泰式按摩店或平价的Spa店纷纷进驻，并集中于Tarntawan Plaza饭店附近，尤其是饭店对面的一整条小巷，大概就有超过20家店。

Tarntawan Massage & Spa是位于Tarntawan Plaza饭店旁的平价按摩店，仅在Silom区就有数家分店，服务项目众多。

该店的技师都穿着统一的制服。

你可以在摆满舒适按摩躺椅的一楼体验泰式足部按摩、头部肩颈舒缓、指甲护理或耳部清洁，也可以上到二楼，那里提供房间，提供传统泰式按摩与Spa服务。要体验泰式按摩，顾客须先更换较为舒适的衣服，进入仅存小盏灯光的房间内，然后按摩师会竭尽所能地帮你放松全身的筋骨，你所要做的只是闭起眼睛，好好体验这最泰国的享受。按摩店另有独立的房间设有浴缸，无论是全身Spa或足部盐浴或是脸部美容按摩，都是最受女性欢迎的项目。两小时的泰式按摩只要400铢，价格合理，可让你轻松一下午。

©MOOK 王瑞芬摄

The Dusit Thani, Bangkok

946 Rama IV Road，Bangkok　+66-2200-9000
F +66-2236-6400　Spa 9:00~22:00
US$188起。房价请依饭店网站公告为准　www.dusit.com　@ bangkok@devarana.com

很难要求一个地方，既紧临天堂之门，又近于尘嚣之地，但曼谷的Dusit Thani 饭店，就完全符合这样的想象。

The Dusit Thani地处曼谷繁华的市区，附近的商场、夜市和永不间断的车水马龙，把这里烘托得热热闹闹，它位于Sala Daeng捷运站旁，从这里到曼谷任何地方都非常方便。然而，一拐进饭店的Devarana Spa，你会立即进入一个别具一格的小世界，静谧的氛围，把人带入一个梦想中的乌托邦，所有的疲劳与烦躁，都会在这里化为乌有。

Devarana在泰文里意为"天堂上的花园"，该Spa所使用的产品皆由百分百天然素材自制，翻开Devarana Spa的紫色菜单，上头罗列着包括按摩、身体保养、脸部保养、浴疗等近40种服务项目，满足客人的不同需求，其中Devarana Massage是这里的招牌服务，结合了泰式与西方按摩的精髓。

然而顶着五星级旅馆的光环，仅有Spa的神奇魔力是不够的，气派的大厅和完善的设施，与国际接轨的企图不言而喻，典雅的套房和精致的家具、高档的室内用品，安慰每个旅人疲惫的心情，其中，柔软的羽绒被枕更是让客人一夜好梦的秘密。

©MOOK 王瑞芬摄

素可泰饭店
The Sukhothai

乘捷运Chit Lom线至Sala Deang站下车，步行15~20分钟可达
13/3 Sathorn Road，Bangkok
+66（0）23448888 +66（0）23448899
www.sukhothai.com reservations@sukhoth ai.com

取泰国素可泰王朝（Sukhothai）为名的素可泰饭店，与阿曼度假饭店出自同一位设计师之手。“优雅”是形容素可泰饭店的绝佳词汇，它极简的现代风格包裹着浓烈的泰式美学，所有细微的装饰都渊源自素可泰王朝的雕刻等艺术元素。饭店大门入口不设豪华的排场，只有一渠流水和一口铜钟引领客人进入城市的静谧空间。外观素雅、各自独立的住房区与餐厅之间，都有令人惊奇的景观设计。

素可泰饭店彰显的是高雅的品位，其设备用品自然也不马虎，客房内所有的织品都出自名扬国际的泰丝品牌Jim Thompson，所使用的木材也都是泰国上等柚木，以原色和银灰色为基调，稳重中透出时尚感。

饭店大厅的右手边，是Celadaon泰式餐厅。餐厅被一座莲花池一分为二，透过透明的落地窗可见莲花池景。室内长年以白色莲花为招牌布置，恰如其分地装点在餐厅每个角落。该餐厅连续多年由泰国餐饮杂志《Thailand Tailer》评选为泰国最佳餐厅之一。坊间常见的泰式炒面（Pad Thai Goong Sod）、咖喱牛肉（Panaeng Nuea Rue Gai）在餐厅主厨的巧手烹调下，通通华丽变身，色香味俱佳。饭店另设有法式、意式餐厅，满足客人不同的用餐需求。

©The Sukhothai提供

曼谷美食推荐（二）

在曼谷，吃的方面绝对是人人平等，无论预算多少，从路边摊、超市美食街到饭店餐厅都可以吃得满足又尽兴。下面将推荐几道必尝美食。记得到了曼谷，不用客气，敞开肚皮吃就对了！

©MOOK 李美玲摄

粿条 Kuay Tiaw

粿条对泰国人来说，就像担担面对四川人一样，是泰国最常见的饮食，水上市场、传统市场、夜市、超市美食街、自助餐厅里都点得到。将粿条煮好起锅后再加入豆芽菜、芹菜、细葱末与少许油葱。吃粿条可选择的配料很多，最常见的是鱼丸，也可选择牛肉丸或复合鱼丸；汤头有清汤，也有泰菜常见的酸辣口味（Tom Yam）。

除了酸辣汤面之外，若觉得一般清汤面的口味不够重，在所有面摊上，都有一个调料小篮子，里面分装有辣椒粉、糖、辣椒醋水、鱼露，这是桌上必备调味料，要酸要甜要辣，请自行斟酌添加。

哪里吃：Convent Road、Suan Lum Night Bazaar、Secret Recipe Cafe、周末市场以及各大购物商场美食街

异国美食

曼谷是热门旅游城市，也是各国商务人士往返频繁的国际都市，因此也是世界美食的荟萃之地。异国美味不只出现在大的观光饭店里，市区有许多小店的主厨也大有来头，提供的各国料理或糕点相当吸引人。

哪里吃：La Boulange、Secret Recipe cafe

©MOOK 李美玲摄

青木瓜沙拉 Som Tam

在曼谷路边摊常见的青木瓜沙拉其实是一道源自泰国东北的菜肴，具体做法是将青木瓜削成丝，拌上鱼露、柠檬汁、红葱、大蒜、辣椒、小番茄、虾米等材料，正统东北口味还会加上腌过的小生蟹，和所有的材料一起放进木臼里捣碎搅拌后盛盘。曼谷街道上有许多小贩现削现捣。很多餐馆也供应这道美食，还会加入海鲜或虾仁，口味更丰富。

青木瓜沙拉初入口时只有酸甜微辣的感觉，不消一会儿，一股热气就从头顶冒出，那份辣劲不只令人汗涔涔，还会泪潸潸，但对钟爱辣味的饕客来说，那入口的辛香也只有一个“爽”字可以形容。

哪里吃：Convent Road、Secret Graden、水门市场、周末市场、Tom Yam Kung（P.62）以及各大购物商场美食街

©MOOK 李美玲摄

路边小吃

要详细地说曼谷的路边摊，恐怕单出一个小册子都可以！从早到晚，随着时间的推移，曼谷街头的饮食也跟着改变。一个加入辣椒调味、现做的泰式蛋卷，或是一个煎蛋加上一份现炒小菜，盖在白饭上，就是一份美味的早点。上午的路边摊上，最常出现的是香蕉系列，有用椰子油炸的香酥的香蕉条、简单不加料的烤香蕉，或用椰奶煮的香蕉甜品。中午过后，路边的炭火架上换成浓郁的咖喱沙爹和搭配糯米饭的串烧，是上班族最常买回家的熟食。

正餐之后要解腻，路边水果摊随时提供现切水果，青芒果、芭乐、菠萝等，最特别的是青芒果，加进盐、辣椒等调味料一起吃，奇妙的滋味不可言喻。饮品除茶和咖啡外，还有椰子汁、柳橙冰沙、墨绿色的草茶等，都是消暑佳品。

哪里吃：Convent Road、水门市场、周末市场

©MOOK 李美玲摄

©MOOK 李美玲摄

泰式奶茶 Cha Yen、咖啡 Kaffe

泰式奶茶中透出可爱的橘红色，初次接触它的人请不用怀疑，它是你走在曼谷炎热街头时最好的消暑饮品。冲泡泰式奶茶的茶叶有点像印度茶叶，相当细碎，卖茶的小贩以沸水冲入冲茶器，在浓浓的茶汤中加进炼乳、牛奶，再倒进装满冰块的纸杯里就完成了。

哪里吃：Convent Road、水门市场、周末市场、Secret Garden

©MOOK 李美玲摄

©MOOK 李美玲摄

©MOOK 李美玲摄

Mango Tree

BTS Silom线Sala Daeng站下，徒步约15分钟可达
37 Soi Tantawan，Surawongse Rd.，Bangkok 10500
0-2236-2820　11:30~24:00
法定假日
酸辣虾汤160铢、Po Teun 200铢、Keaoy Tiew Pad Thai 100铢
www.coca.com/mangotree

Mango Tree是泰国火锅连锁店COCA集团旗下的一员，在东京和伦敦都有分店。曼谷的Mango Tree开在一幢近百年的老房子里，餐厅名取自庭园里一棵树龄近60岁的芒果树。

餐厅的餐桌上摆着别上干辣椒的餐巾，向客人清楚声明：本餐厅供应正宗泰国泰式料理。所以，来到Mango Tree一定要尝的料理就是国民汤品——酸辣虾汤（Tom Yam Kung）。餐厅经理Mathiya Kongintr说，这道泰国国民汤的汤头各家餐厅大同小异，区别就在于材料的新鲜程度，越新鲜的食材煮出来的汤就越好喝。Mango Tree的酸辣虾汤一端上桌，香茅与柠檬叶的香气就在桌边弥散开来，一汤匙下去捞起来的都是虾和草菇，用料实在，汤头也美味，算是店内的人气招牌菜。

Mango Tree的泰式炒面（Pad Thai）也别出心裁。厨师在炒好的面上，覆上一层蛋网。这蛋网制作不易，需用像刷子一样的工具，蘸了蛋汁，迅速在热锅上刷出交错如网的线条，再用钎子轻轻挑起蛋皮，就成了一张蛋网。处理这样的蛋皮，火候要注意，动作也要快，才能煎出漂亮的样子。Mango Tree的泰式炒面味道偏甜，建议食用时加上柠檬汁，味道比较适中。

此外，Mango Tree为更好地服务等位的顾客，特别在主建筑旁辟了一间休息室，室内以暗色调装潢，沙发与吧台有点像小沙龙，楼梯上有香花点缀，花香阵阵。顾客可在等候区吧台点一杯饮料稍坐片刻，从容舒适地等待服务人员领位。

©MOOK 李美玲摄

La Boulange

乘捷运Chit Lom线至Sala Deang站下车，步行3~5分钟可达
2-2/1 Convent Road，Silom，Bangrak，Bangkok
+66-2-6310355
8:00~19:00
Butter Croissant 26铢、Club Sandwich 85铢、Boudee A La Reine 160铢
可刷信用卡，菜单有法文、英文

白天Sala Deang站附近有许多上班族往返穿梭，距离最近的Convent路是各色地方小吃摊聚集的地方，街上的La Boulange法国餐厅在众多泰国小吃中显得比较特别。还没走进店里，店门右手边的蛋糕橱窗，以及摆满了各式新鲜面包的柜台，就已经紧紧抓住过路客的眼神与味觉。这家法国餐馆于1999年开张营业，主厨Michel Meca曾为曼谷数家顶级法国餐厅的主厨。这里不仅提供地道的法国料理，还供应新鲜的面包，一楼进门处立着一个大烤炉，3楼专制面包的厨房更是24小时烘焙，除了在店里供餐、售卖外，也供应曼谷其他饭店及购物商场的地下美食街。

©MOOK 李美玲摄

Homonique

乘捷运Chit Lom线至Saphan Taksin站下车，步行15分钟可达
22 Charoen Krung 34，Bangkok
+66-2-2348175、2-6306270
11:00~22:00
休 周日
Set of Appetizer 250铢（2人份）、Crab Curry 160铢
可刷信用卡，菜单有泰文、英文，附图

中国人走进Homonique，会有种熟悉的感觉。这家店有着中国风格的装潢，进门处的透明矮橱里摆着馒头、糕点、煎饼，全都是老板娘亲手制作的。在店内用餐前，店家会为每位顾客呈上一个老板娘在每日清晨按古法制作的手工麻花馒头，让顾客在大啖辛辣的泰菜前，先垫垫胃，作为辣菜下肚的缓冲。来到Homonique，别错过前菜拼盘（Set of Appetizer），5种前菜经常会更换菜色，分量依用餐人数而定。前菜中有蘸着梅酱吃的螃蟹，加入虾仁、椰奶、乳酪的蒸蛋，混着香茅的炸鸡肉块蘸绿辣椒，皆口感清爽不油腻。

有别于其他餐厅供应带壳烹煮的咖喱螃蟹，Homonique将蟹肉取出直接炒黄咖喱，放在烧热的铁板上，顾客不必沾得一手腥，就可以享受螃蟹美味。

©MOOK 李美玲摄

Convent Road

乘捷运Chit Lom线至Sala Deang站下车，步行3~5分钟可达
各家不同，汤米粉30铢、烧腊饭25~30铢、泰式奶茶15铢

也许是因为附近工商行号多，加上距捷运站近，Convent Road从11:00开始，沿街的路边摊像繁花盛开一样陆续将大伞撑起，各摊位炉火全开，食材佐料快速完成上桌，无论煎、煮、炒、炸，面、饭、甜点、冷饮、水果，整条街不必走完，就可以吃撑喝足。

小吃摊一直卖到很晚，但是周末摆摊的摊主较少。至于点菜，语言不通没关系，路边摊的好处就是可以用手指点餐，卖汤面的面柜里摆着可供选择的面条，点心都摆在摊子上，水果也在透明玻璃柜里，想吃什么指指就可以了。

路边摊可以说是城市脉动的鲜活反映。天气晴朗的时候走在Convent路上，阳光穿透路边树的浓荫洒在忙碌的小贩身上，看他们洗碗、端菜、收钱，将曼谷街边文化尽收眼底。

Secret Recipe café

BTS Silom线 Sala Daeng站下，徒步约1分钟可达
22 Silom Rd. Bangkok 10500
+66-2632-7812
10:00~01:00
休 无
香蕉巧克力蛋糕80铢
www.secretrecipe.com.my

Secret Recipe café是来自新加坡的餐饮集团。它的店面明亮，里面陈列着最新的世界级时尚杂志与旅游书籍，店外的展示柜中摆着刚出炉的各式蛋糕，让人无法抗拒甜蜜的诱惑。很多人即使已经在附近用过餐，却还是忍不住来上两块Secret Recipe café最出名的蛋糕满足口腹之欲。在它的巧克力蛋糕系列中，Brownies Walnut的上方淋着融化的巧克力，下层是厚实的蛋糕，带来实实在在的幸福感觉。另一种Cappuccino Chees则是在浓厚的料理美味中伴随着浓厚的咖啡香气。Secret Recipe café的料理也颇值得一尝，其充满浓郁泰式风情的酸辣虾汤面是在著名的酸辣虾汤（Tom Yam Kung）中加入新鲜的面条，让面条充分吸收汤汁的鲜美与辣味，吃起来很是过瘾。

©MOOK 陈昱安摄

©MOOK 陈昱安摄

Secret Garden

- 乘捷运Chit Lom线至Sala Daeng站下车
- 117/1 South Sathorn Rd，Bangkok
- +66-2-2862426
- 11:00~22:00
- Som Tam 85铢、绿咖喱配印度甩饼170铢、炸鱼400铢、炸乳酪180铢
- 可刷信用卡，菜单有泰文、英文，附图

虽然名为Secret Garden（秘密花园），其实这里一点也不秘密。Secret Garden位于一幢白色的木造建筑内，远远望去很有拉玛五世时代的风韵。Secret Garden室内草绿色的墙面，偏向英国下午茶式的情调，给人一种轻松舒适的感觉，这里供应泰国传统料理，包括酸辣虾汤、青木瓜沙拉、胡椒炒孔雀蛤、搭配香茅酸甜酱的炸鱼等，也有绿咖喱搭配甩饼、炸乳酪等新菜式。料理的单价从85铢起跳，适合三人以上同餐。

©MOOK 陈昱安摄

©MOOK 陈昱安摄

Ban Chiang

乘捷运Chit Lom线至Surasak站下车，步行8分钟可达

14 Soi Sri-vieng，Surasak Rd.，Silom Bangkok

+66-2-2367045、2-2666994

午餐11:30~14:00，晚餐17:50~22:00

周日

可刷信用卡，菜单有泰文、英文

Deep fried crab cakes 120铢、Sauteed Prawns with garlic & white pepper 180铢、Lemongrass Tea 30铢

餐厅主建筑是一栋已有70多年历史、带点殖民风格的泰式木造老房子，周围有茂密的热带植物围绕。室内除挂有曼谷旧照片、泰国木雕以及拉玛五世的家族合照外，收银台附近还有许多可口可乐的旧招牌，这些都是店主Supapol Buakaen旅居英国时的收藏品。Ban Chiang最受顾客欢迎的是以海鲜为主的泰国中部菜肴。其中Sauteed Prawns with Garlic & white pepper相当受食客青睐，大火炸过的红艳大虾，拌入大量炸过的大蒜片、红葱、香茅、柠檬叶等调味料，香脆的配料加上鲜美的虾肉，油亮的外观令人垂涎。另一道常见的海鲜料理Deep fried Crab Cakes，是将蟹肉取出和葱末、香茅等香料混合后再塞回蟹壳去炸，其中，将蟹黄混拌进馅料里，是其特色。而一般熟食摊常见的咖喱鱼，店家也不用香兰叶调味，改以椰子壳装鱼肉馅料去蒸，馅料味道不变，同时多了些许椰子的香气。

©MOOK 李美玲摄

©MOOK 李美玲摄

The Metropolitan

MRT Lumphini站下，徒步约8分钟可达；BTS Silom线Saradang站下，徒步约15分钟可达 +66-2-6253333
27 South Sathorn Road Tungmahamek Sathorn Bangkok 10120 res.bkk@metropolitan.como.bz
+66-2-6253300 240美元起，价格可能因季节有变动，请上它的网站查询 metropolitan.como.bz/bangkok

©MOOK 王瑞芬摄

从South Sathorn Road上转进绿荫满布的巷弄，曼谷街头喧嚣的车声逐渐消失，颇具现代设计风格的The Metropolitan出现在眼前。该饭店于2003年10月开业，隶属以精品设计闻名全球的国际饭店管理集团COMO旗下，其风格时尚简约、设计感十足。

该饭店以明快的棕色、黑色、白色为统一基调，服务人员清一色穿着知名日本设计师山本耀司设计的服装与鞋子，凸显出饭店的“有型”。

饭店客房中的每个细节都有令人感动的设计。柚木床座、泰丝靠垫、马赛克与大理石组合的卫浴空间，清爽而别具风格。仅有的4个楼中楼套房为经常旅行的顶级商务人士打造一个让身心都能够尽情放松享受的避风港。

饭店健身俱乐部Como Shambhala位于2楼，不仅有独立的Spa房间，还有瑜伽教室，住客们可以直接拿房间内的瑜伽垫来上课，若喜欢各种Shambhala最自然的精油、香氛等护体用品，也可以直接选购。别担心沟通问题，这里有一位中文服务人员会帮你解答各种疑问。

©MOOK 王瑞芬摄

©MOOK 王瑞芬摄

Lebua

BTS Silom线 Saphan Taksin站下，徒步约7分钟可达　State Tower，1005/111，Silom Road，Bangkok
+66-2-6249999　F +66-2-6249998　www.lebua.com　@ resvn@lebua.com
1-Bedroom Suit 190美元起；2-Bedroom Suit 美元390；3-Bedroom Suit 550美元，价格可能因季节有所变动，请上它的网站查询

Lebua的顶级服务，是从曼谷机场开始的。当旅客抵达曼谷机场，Lebua的驻机场服务人员就会拿着牌子迎接你，并引导客人从礼遇窗口通关，从领取行李一直到坐上前往饭店的交通工具，服务人员都会悉心照顾客人的需求，让人倍感尊荣。

位于曼谷第二高建筑State Tower中的Lebua是2006年1月开业的新兴饭店。Lebua意指“莲花”，因此，Lebua所有的客房中都可见到最优美自然的花卉。Lebua最吸引人的就是提供住客最多享受的客房。总监自豪地表示，从51~59楼，Lebua所有的房间都是套房，通通拥有客厅、卧室、厨房，并提供洗衣机、烘衣机等设备；房间内坚持使用450针以上的高品质床组；全套卫浴用品选用展现独特香氛的BVLGARI。

56楼的餐厅Mezzaluna精选欧洲各地顶级的食材，让人有如亲临欧洲，品尝最正统的风味。拥有半户外空间的Distil Bar则提供许多经典的酒品。选择Lebua还有一个最重要的因素，位于63楼的Sirocco是曼谷人气酒吧之一，经常人满为患，但Lebua的客人只要提前两小时预约即可。虽然Lebua提供各种顶级服务，但价格却合理得令人心动，还会不时在自己的网站推出许多优惠组合。

©MOOK 王瑞芬摄

hu'u

BTS Silom线Chong Nonsi站下从1号出口徒步约10分钟可达
1&2 F The Ascott 187 South Sathorn Road Yannawa Bangkok 10120　+66-2676-6672
17:00~01:00　甜点190铢起，主餐550铢，鸡尾酒240~300铢
须着正装

这个有着怪怪名称的hu'u（发音与Who相同），是来自于新加坡的老板引用他曾到印尼旅游时所发现的小岛名称。它于2005年在曼谷颇具知名度的精品公寓式酒店Ascott中开业。

hu'u的内部空间规划耗时一年，无论是吧台还是沙发座位区，全部选用高级泰丝作为装饰材料。hu'u里近两层楼高的酒藏区，不仅是酒吧的重要资产，在灯光映射之下，更成为视觉中最美的装饰艺术品，也因此吸引了许多如发布会、服装秀等曼谷重要的时尚活动在此举办。

在周末，店家会邀请DJ驻店，从傍晚的现代爵士乐到晚上的House音乐，都以不破坏安静气氛为主，让在曼谷寻求一个静谧角落的顾客，能够保有放松的心情。

hu'u被称为鸡尾酒lounge，这里的酒单上有150种以上的鸡尾可提供选择，同时也有80余种香槟。如果你想尝试不同滋味，这里还有季节性商品Durin cheese蛋糕，保证让你有全新的味觉体验。

©MOOK 王瑞芬摄

The Dome at State Tower

BTS Silom线“Saphan Taksin”站下，徒步约7分钟可达 +66-2624-9555
63 Floor，State Tower Bangkok 1055 Silom Road，Bangkok 10500 18:30~01:00
无 鸡尾酒310铢起，辣番茄橄榄意大利面1450铢 www.thedomebkk.com 须着正装

© MOOK 王瑞芬摄

State Tower是曼谷第二高的建筑物，位于贯穿市区的昭披耶河河畔，登上State Tower高处向下俯瞰，能够尽览曼谷全景。若想欣赏这般美景，位于拥有优良服务品质饭店Lebua楼上的The Dome，绝对是首选位置。

The Dome拥有3个不同的餐厅，包括提供绝品醇酒的Distil酒吧、自称是曼谷唯一供应正宗意大利菜的Mezzaluna餐厅，还有颇具人气的Sirocco。2005年The Dome被全球知名旅游杂志《Nast Traveler》评选为全球年度最佳餐厅，是排行榜上唯一的亚洲代表。而它近年频频在国际媒体上曝光，则是因为主办每年一次的国际首席名厨大会，聚集全球米其林厨师于此，共同打造奢华飨宴。

2003年12月，位居63楼的The Dome Sirocco率先开业，为客人提供了一个认识曼谷的最佳展望台，餐厅入口即呈圆弧状，而这也是The Dome（圆屋顶）的名称由来，走出户外，圆拱空间在灯光投映下，成为整座建筑物最醒目的标志。拾级而下，仿意大利广场而建的台阶与喷泉，营造出尊贵荣宠的氛围，让人仿佛置身于欧洲。

© MOOK 王瑞芬摄

© MOOK 王瑞芬摄

暹罗&水门区
Siam & Pratunam

这一区介于捷运暹罗站（Siam）和奇隆站（Chitlom）之间，在Central World Plaza Siam Center的Siam Paragon开业之后，这里成为购物商场的一级战区。对游客来说，这一区是最有趣的购物商圈，不仅有精品旗舰店，往北走还有传统的水门市场。这里有的吃有的买还有全亚洲最大的城市水族馆Siam Ocean World，怎么玩都很精彩。

四面佛
Erawan Shrine

Rajadamari Rd.

搭乘曼谷捷运Sukhumvit线至Chit Lom站下车，从出口2步行约5分钟可达

这尊四面神佛没有华丽的庙宇供奉，却全天候都有信众参拜，周围香烟缭绕，进献的鲜花不曾停过。据说四面神佛相当灵验，虔诚参拜的信众往特定方向供奉几炷香都有一套参拜秘诀，然后诚心许愿就能心想事成。

不过，当地人建议，若你在神佛前许下心愿得以成真，切记回来还愿。从整日川流不息的国内外信众看来，无论信不信神佛，宗教的影响力还真是无远弗届。

©MOOK 朱月华摄

Siam Paragon

BTS Silom线、Sukhumvit线“Siam”站下徒步约1分钟即达
991 Rama 1Road, Pathumwan, Bangkok 10330 +66-2-6108000
10:00~22:00 休 无 www.siamparagon.co.th

©MOOK 陈昱安摄

宣称自己为亚洲最大购物中心的Siam Paragon于2005年12月盛大开业，让原本就热闹非凡的Siam站更添精品风潮。该购物中心占地50万平方米，是由拥有Siam Center和Siam Discovery的Siam Piwat与拥有Emporium的The Mall Group斥资2 500万美元共同兴建的。Siam Paragon是一个足以代表曼谷（Siam）经济发展的购物胜地。

Paragon在泰文中有“钻石”之意。该购物中心紧邻捷运站的入口，以16米高钻石般的玻璃帷幕迎接游客，游客最先进入的Main Floor里无论是名号响亮的世界名牌如Chanel、Burberry或稀有的顶级精品Harry Winston、Frank Muller等，通通到齐，当然价格也与世界同步。GF为泰国最大的美食街，里面以合理的价格供应各国风味美食。地下2楼为东南亚最大的都会水族馆Siam Ocean World。3楼的纪伊国屋则是泰国最大的外文书店。4楼有很多彰显泰国风格的精选家居用饰。顶楼展示区常会举办各种活动。

©MOOK 王瑞芬摄

©MOOK 王瑞芬摄

©MOOK 王瑞芬摄

暹罗海洋世界
Siam Ocean World

BTS Silom、Sukhumvit线“Siam”站下，徒步约1分钟可达
B1-B2 991 Rama 1 Road，Pathumwan，Bangkok 10330
+66-2687-2000　9:00~22:00　休 无
门票包含4D影片，成人900铢、儿童750铢，门票单售，成人850铢、儿童650铢
www.siamocean world.co.th

位于Siam Paragon地下2层的暹罗海洋世界于2005年12月开业，号称“东南亚最大的都会水族馆”。由于位于曼谷繁华热闹的市中心Siam地区，这里曾经创下过短短两周就有10万人次参观的纪录。

暹罗海洋世界的兴建耗资1.22亿铢，占地1万平方米，其水族馆约有两个足球场大，里面有一个200吨容量的大水族箱，箱内生活着约30000只海洋生物，种类多达400余种，导游解说有英文和泰文两种。

水族馆内分为7个主题区，包括奇妙生物区、开放海洋世界区、深海暗礁区、热带雨林区、岩石海岸区、生动海洋世界区和水母区。其中，最受游客瞩目的是深海暗礁区与奇妙生物区。深海暗礁区展示少见的深海生物，另有七彩珊瑚，让游客一探深海生物的奥秘；奇妙生物区则展示特别的海洋生物，如蜘蛛蟹、水獭以及海狗等。

游客们还能够亲近、触摸多种海底生物。主题区里有开放式的海星、海胆、海参展览区，可让游人伸手触摸。另一处现场喂食区，每天有两场鲨鱼喂食秀。

在这里，游人可进入几可乱真的热带雨林区，和鲨鱼一起潜水，背着简单的潜水装备悠游在鲨鱼身旁，绝对是永生难忘的体验。另外游人还可搭乘玻璃船遨游在巨大的水族箱中，25分钟的航程，让游客们可以更贴近地欣赏海洋生物的真实生态。2008年水族馆内新建4D电影院，以地球生物为题的4D电影生动有趣，从椅子后面不时喷出的水花更添真实感。

Calypso Carbaret

BTS捷运Sukhumvit线 Ratchathewi站下，徒步约1分钟即达
Asia Hotel1F，296 Phayathai Rd.，Rajthevee，Bangkok 10400
662-653-3960（9:00~18:00）；+66-2-2168937（18:00~22:00）
20:15、21:45各一场 休 无 $ 1000铢（任选一杯饮料） www.calypsocabaret. com

©MOOK王瑞芬摄

©MOOK王瑞芬摄

©MOOK王瑞芬摄

人妖秀是很多人对泰国的第一印象，Calypso Carbaret即是曼谷最知名的人妖秀之一。Calypso Carbaret已有超过20年的演出历史，现在每天晚上的两场演出，仍是座无虚席，正式开演之前Asia Hotel一楼大厅里就已挤满了候场的观众。在此工作数年的德国总监表示，Calypso Carbaret所要提供的是一场有如百老汇的高级歌舞秀，只是表演者通通都是人妖，为求完美的演出效果，即使是上演相同的剧目，演员们每天还须经过多次排演才能上场。这里提供各种舞蹈的精彩演出，从曼波舞到夏威夷草裙舞，每一幕都牵动着观众的视线。

Gaysorn

BTS Sukhumvit线 Chit Lom站下，徒步约5分钟可达
999 Gaysorn，Ploenchit Rd.，Bangkok 10330 +66-2-6561149
10:00~20:00 休 无 www.gaysorn.com

©Gaysorn提供

在泰文中，Gaysorn有“齐聚花蕊”的意思，事实上这也是创办人的曾祖母美丽的名字。Gaysorn位于曼谷知名的四面佛对面，里面入驻有许多国际上最具知名度的品牌，在繁忙喧嚣的热带都会中提供了一个能够舒适逛街、悠闲购物的好去处。

Gaysorn圆柱体的玻璃帷幕上，小写的g面对着曼谷最热闹的交叉路口，精致的玻璃橱窗中，一件件最新款的名牌精品以最奢华醒目的印象，吸引过往的行人。如果想在曼谷买Louis Vuitton，Gaysorn是唯一的选择，这里可是这法国精品的泰国旗舰店，另外，Prada、Christian Dior、Celine，也都是Gaysorn内的人气名店。建筑物中央特意保留最舒适的挑高空间，从天井流泻而下的自然光线，洒入了每一个环绕中央空间的精品店，也让逛街的人群倍感舒适。

Gaysorn的GF汇集了众多精品门面，齐聚顶级世界名牌；2楼则是Gaysorn的重头戏，所有泰国最时尚的服饰品牌可一次逛个够；3楼侧重于家居精品，包括泰国最热门的Spa精油等。

Gaysorn还提供另一种极致奢华的享受，游人逛累了，有多种美食料理可以选择，从法国餐厅、意大利餐厅、泰国料理餐厅、中国餐厅到时尚的咖啡厅，每一家餐厅提供的不只是美味，还有悠闲的空间氛围，为你增添一段关于曼谷的美好回忆。

©MOOK王瑞芬摄

金汤普森宅邸暨博物馆

Jim Thompson House and Museum

BTS Silom线“National Stadium”站下徒步约5分钟可达 6 Soi Kasemsan 2 Rama 1 Road，Bangkok +66-2-2167368 9:00~17:00（最后入场16:30） 休 无 成人100铢，学生50铢 www.jimthompson house.com

Jim Thompson总店

BTS Silom线“Sala Daeng”站下徒步约5分钟可达 9 Surawong Road，Bangkok 10500 +66-2-6328100 9:00~21:00 休 无 领带1 700铢、丝巾1200铢起、化妆包550铢 www.jimthompson. com

©MOOK 王瑞芬摄

丝绸，在中国传统文化中是富贵、美丽的象征，只有贵族才能享有，在泰国亦然，一般平民百姓只能穿简单耐用的棉布衫。泰丝起源于泰国东北的民间村落，是村民以手摇纺织机织出来的。时至20世纪，泰国手工丝织业出现一个响亮的品牌“Jim Thompson”，整个改写了泰丝的历史。

出生于1906年的Jim Thompson是美国人，他在第二次世界大战之前是一名建筑师，由于志愿服役随军队来到泰国，无可救药地爱上这里，退役后选择长居泰国。Jim Thompson非常热爱亚洲的历史文物，手工丝织品更深深吸引着他，于是他开始深入钻研泰丝的设计与纺织，选用泰国东北部的真丝，制作出许多顶级的泰丝织品。目前Jim Thompson拥有世界上最大的手工丝织品生产线。

Jim Thompson当然不是泰国唯一一家生产高级丝的公司，不过它的名气却是最响亮的，目前在曼谷举凡有商家进驻的五星级饭店，都有Jim Thompson的专柜，Central World Plaza地面层也设有门市。

©MOOK 王瑞芬摄

©MOOK 王瑞芬摄

Central World Plaza

+66-2255-9500　10:00~21:00
BTS Sukhumvit线 Chit Lom站下，可经天桥步行进入购物中心
4 Ratchadamri Rd.，Bangkok 10330　休 无
www.centralworld.co.th /centralworld/

©MOOK陈昱安摄

耗资7亿铢改造，于2006年7月重新开业的Center World Plaza的前身是曼谷的世贸中心（World Trade Center），其面积达83万平方米，内部规划为6个区域，里面有50家餐厅、众多时尚品牌店。Central World Plaza与另外两家百货Zen和Isetan合作，形成Chit Lom站旁最大购物商场。

Central World Plaza巨大的玻璃帷幕前，立着一只日本艺术家奈良美智笔下的小狗的雕塑，吸引着过往行人的目光。迎合各种年龄层顾客需求的商品都可以在这里找到。这里较特别的是，有超过六成的复合式商店，让逛街的人可一次满足所有的购物需求。而最让人高兴的是，这里有一个引进各国书报杂志的区域，是你了解更多时尚资讯、开阔眼界的好地方。

这里有众多国际知名品牌如Charles Jourdan、Jurlique、Vivienne Tamru及Chanel的专柜。另外由政府出资创立的流行时尚中心（简称FTC）则进驻在Central World Plaza6楼。该中心以白色为基调，分有3个展区，以展示服饰、珠宝等人身穿戴的物品为主，其中不乏彰显泰国时尚文化的设计。

而在Zen百货公司的二楼，也特别独立出一个名为Thai Designer's Gallery的区域，集合多位泰国独立设计师的成衣作品，款式独一无二，若出门怕撞衫，这里是最佳选择。

©MOOK陈昱安摄

Erawan

BTS Sukhumvit线Chit Lom站下，徒步约5分钟可达
494 Ploenchit Road，Pathumwan，Bangkok 10330
662-250-7777　10:00~21:00　休 无
erawanbangkok.com/

©MOOK王瑞芬摄

曼谷的四面佛闻名遐迩，每天前来参拜的信众络绎不绝。Erawan位于四面佛的旁边，是曼谷最优雅时尚的购物中心，它紧邻着顶级高档饭店Grand Hyatt Erawan Bangkok，和正对面的Gaysorn为良性竞争对手，虽然拥有的品牌不多，但个个都名声响亮，如Coach、Burberry等。而比较与众不同的是位于二楼的Club 21，这是一个来自于新加坡的精选品牌，包括Alexander McQueen、Comme des Garcons、Helmut Lang、三宅一生等，另外Club 21也提供非常有特色的家居饰品。Erawan中的各家餐厅以都市厨房的方式呈现，不仅提供美味，还有文化、音乐相伴，就算特地来一趟也值得。

©MOOK

曼谷时尚潮牌推荐

这几年在相关单位努力推广下，泰国许多自创品牌越来越受到世界瞩目，成为亚洲时尚的新生力量。有许多非常受欢迎的品牌都进驻在上述几家购物中心，逛一圈商场就可找到许多泰国本土的设计品牌。

©MOOK王瑞芬摄

Jaspal

BTS Silom线、Sukhumvit 线“Siam”站下徒步约1分钟可达
Siam Paragon1F
+66-2-6108000
10:00~22:00 休 无
外套2 595铢，裙子1295铢，男鞋3 975铢，绣花包鞋2 495铢
www.jaspal.com

©MOOK王瑞芬摄

这个符合世界时尚潮流的服装品牌，在泰国相当知名，可别小看它只是由泰国本土设计师创作生产的，Jaspal以充满个性化的剪裁线条与质感，加上合理价格，让亚洲甚至来自全球的游客，不约而同地爱上它。

位于Siam Paragon2楼，于2005年12月开业的店是Jaspal的第25个据点。由于该品牌大多数的店铺都设于百货公司或购物中心内，拥有许多让游客了解的机会，因此使品牌的时尚与设计感从泰国不断向世界延伸。致力踏上国际舞台的Jaspal特地邀请凯特·摩丝、吉赛儿等名模担任品牌形象代言人，此举等于直接向好莱坞敲门。

1947年创立的Jaspal是以寝具和卫浴用品起家的，1976年开始发展服装系列，但依然保留家居品牌的产品线，也是知名意大利品牌Sisley的寝具生产商，并同时生产鞋类配件等。

Jaspal的服装风格类似于目前热门的西班牙品牌Zara，顾客群锁定18~35岁的青年男女，Jaspal运用来自意大利、日本等优良等级的织品原料，但价格仅定在千铢上下，品位高贵而价钱不贵。

©MOOK王瑞芬摄

Fly Now

BTS Sukhumvit线 Chit Lom下，徒步约5分钟可达
Gaysorn 2F、Central World Plaza 1F
+66-2-8800813（总公司）
10:00~20:00
休 无
www. Flynow.co.th

Fly Now是泰国第一个撼动世界时尚界的品牌。主掌Fly Now整体风格的设计师为Chamnan Pakdeesuk，他以“优雅”为概念，将强烈的奢华设计感注入每件作品，每一季都会有所创新，因而打入欧洲时尚界。位于Gaysorn购物中心2楼的Fly Now是产品线最为齐全的旗舰店。在这里，Fly Now陈列的是这个品牌最经典的设计，虽然是成衣，却有着高级定制服的质感。在Central World楼的Fly NowⅢ，则主打年轻族群，服装的样式和价格均平易近人许多。

©MOOK 王瑞芬摄

Sretsis

- Gaysorn 2F
- 交通与营业时间同Gaysorn
- www.sretsis.com

Sretsis创立于2002年，设计师是Pim Sukahua。该品牌创立的时间虽不长，却早已跃上曼谷时装周的舞台，成为泰国时尚界的新宠。Pim Sukahua还将Sretsis打入中国香港以及美国纽约与洛杉矶的时尚界，他本人也成为泰国颇具国际影响力的设计师。Pim Sukahua擅长将印花与泰丝相结合，所创作的服饰能充分体现女性的柔美。Gaysorn2楼的Sretsis专柜于2002年8月开业，里面宽敞的圆形沙发区悬挂着当季最热门的商品，而精致的橱窗内则展示着Pim Sukahua的另一项创作——首饰。

曼谷包 Naraya Sukhumvit 24

- BTS Sukhumvit线“Phrom Phong”站下徒步约1分钟即达
- 654-8 Corner of Sukhumvit 24，Sukhumvit Rd.，Klongton，Klongtoey，Bangkok 10110
- +66-（0）-2504-3361
- 04:00~22:00
- 休 无
- 旅行收纳包70铢，化妆包45铢
- www.naraya.com
- Central World Plaza，Room GF，No. B106-B107
- 交通与营业时间同Central World Plaza

©MOOK 王瑞芬摄

“曼谷包”又被昵称为“空姐包”，起初因日本空姐人手一只而得名。曼谷包由于质地轻盈，好看不失庄重，价格又实惠，成为很多女性游览泰国时争相购买的时尚包包，而Naraya就是生产曼谷包的品牌之一。

Naraya创立于1989年，虽然称为“曼谷包”，却在普吉岛、芭堤雅等地设有连锁店。Naraya的产品种类繁多，有各种尺寸的手提包、背包、化妆包、晚宴包、小钱包等，颜色、款式让人眼花缭乱，单价20~400铢。位于Central World Plaza的分店经重新装修于2006年7月再度开张，明亮精致的店面吸引了更多人潮疯狂抢购。

©MOOK 王瑞芬摄

©MOOK 王瑞芬摄

©MOOK 王瑞芬摄

©MOOK 王瑞芬摄

Fashion Society

Gaysorn 2F

交通与营业时间同Gaysorn

喜欢泰国时尚品牌的人绝对不能错过位于Gaysorn2楼的Fashion Society，事实上它是Gaysorn于2005年开设的精选名品店（Selects Shop），店内严格挑选最能代表泰国时尚的7个顶尖品牌，一次性提供最典型的泰国风格给国内外的顾客。

Greyhound创立于1980年，该品牌的街头样式非常时尚，简单却拥有故事性，注意细节的设计线条创造令人惊讶的话题，旗下以“简单、潮流、休闲、叛逆”为品牌概念的Playhound锁定20~28岁注重艺术创意的年轻族群，以最前卫的潮流吸引新生代的注意。

展现时尚质感的Sarit同样走休闲路线，主设计师Sarit Ratanavadi曾经在巴黎时装周崭露头角，也曾为Moschino等许多世界级的时尚大师设计居家生活空间。

充满民俗风的Issue创立于2001年，以“永不放弃爱与热情”为创作理念，设计出一系列融合南亚风情的服装，混搭风格是该品牌的重点，旗下的单品最能呈现画龙点睛的效果。

Good Mixer是泰国知名设计师Chaichon Savantrat的个人品牌，他采用各种质感不同的天然织品，以创新而简单的剪裁，领导着一种曼谷时尚男性的生活意识形态，更因而受到泰国时尚媒体的注意。相对于以刚毅形象为主的男装品牌Good Mixer，其姐妹品牌Muse则以浪漫女性为对象，强调纯手工缝制而成的柔美线条，休闲又颇具质感。

致力于发展泰国居家生活用品的Muung-Doow特别喜欢运用泰丝和本地素材来制作服饰、家具以及家居品等，其产品具有奢华的质感。Muung-Doow擅长泰国传统花色与现代风格印花相融合，挑战缝制与刺绣的技术，同时将色彩搭配得更加缤纷，为顾客提供时尚而优雅的服装选择。

Habitat

BTS Silom、Sukhumvit线“Siam”站下徒步约1分钟即到

Siam Discover Center 4F

+66-2-6580400

周一~周四11:00~20:00；周五~周日11:00~21:00

休 无

Manolo Blahnik书架2950铢，编织手袋550铢（6色），杯子45铢，盘子75铢

www.habitat.net

Habitat源于英国最负盛名的居家生活达人Terence Conran爵士的构想，而这个构想由他的朋友予以实现。一开始Habitat的产品只是一些装饰厨房空间的杯盘器皿，逐渐地其产品系列拓展到生活中的其他方面。1998年英国知名设计师Tom Dixon成为指导Habitat设计的创意顾问，此后陆续发展出更多深受欢迎的用品。1997年9月在Siam Discover Center开业的Habitat是这个家居生活品牌在全球76个分店中，唯一设于亚洲的店面。

Propaganda

Siam Discover Center 4F、Emporium 4F

+66-2-6580430

交通与营业时间同Siam discovery Center和Emporium

www.propagandaonline.com

热爱设计精品的人，对于Propaganda这个可爱的Mr.P应该不会陌生，Mr.P总是以自己的身体或重要部位为卖点，时而变成钥匙圈，时而躺在门边成为门吸，时而是蜡烛燃烧自己照亮别人，时而还化身为一盏桌灯，开关的地方就是Mr.P的重点部位。

至于可爱的Mr.P是如何诞生的，Propaganda这样解释道：其实每个人心中都有一个想偷懒、想玩乐、喜欢恶作剧的一面，而Mr.P的出现揭示了人们想要隐藏的这一面。这样的幽默不仅在泰国受到欢迎，在全球超过30个国家都可以看到Mr.P的踪影。Mr.P获得过许多设计奖项的肯定，包括日本的Good Design、全球最大的设计奖Red Dot Award等。

©MOOK 王瑞芬摄

Room interior products

Siam Discover Center 4F

+66-2-6580410

抱枕1 900铢，咖啡杯盘1 900铢，烤箱3900铢

交通和营业时间同Siam Discovery Center

©MOOK 王瑞芬摄

这个来自于澳大利亚的家居品牌创立于1994年，最开始由于创办人难以找到符合理想中的现成生活用品，因此有了精心原创的想法，要设计制作出自己想摆放在房间内的物品，因此创办者以Room为名规划并创立了自己的品牌。

位于曼谷Siam Discover Center的Room店空间相当开阔，每一件商品都充满新颖的创意，叫人惊喜连连。这里的商品种类繁多，从寝具、服饰、家具到卫浴用品、家电，一应俱全，但凡和生活有关的商品都可以在这里找到。

©MOOK 王瑞芬摄

The ETC

Siam Center 3F

+66-2-6581171

彩色便利夹1 200铢，便利夹1 100铢

www.etcbangkok.com

交通与营业时间同Siam Center

创立于1998年的The ETC，虽然仅占据Siam Center的一小间，却能够持续受到泰国本地人与各国游客的喜爱。ETC的设计师大量使用不锈钢、玻璃等现代素材，设计出最适合放置于家居空间的摆设精品，如烛台、便条纸夹等，每一件作品都有让人意想不到的设计，新颖而独特。设计师每年大约能够创作出5~10件作品。ETC的商品中又好玩又颇具动感的一件是以多支不锈钢夹固定许多同色系的彩色塑胶片，中央放置蜡烛，在烛火的照耀之下，便会在墙壁上呈现出鲜艳的光影变化，为居家生活增添浪漫的气氛。

Siam Center

BTS Silom线、Sukhumvit线Siam站下，徒步约1分钟可达
989 Siam Tower, Rama 1 Rd., Patumwan, Bangkok 10330
+66-2-6581000
10:00~21:00（依各家店铺有所不同）
休 无 www.siampiwat.com/p hp/eng.php

Siam Center在与Siam Paragon相对的立面上贴有大片清透的玻璃帷幕，位于中央的广场有喷泉跃动的水舞景观，成为逛街的人潮最喜欢驻足的地方。商场一楼有许多全球化的Starbucks（星巴克）咖啡店、UCC等轻食餐厅；1楼、2楼主营年轻族群的衣饰，包括国际知名服饰品牌Esprit、Nike、U2、G2000及泰国本土休闲品牌Soda等；3楼则以独具创意的泰国设计师设计的服装品牌为主，如Fly Now、Kloset、Greyhound等，从橱窗就可看到那些充满原创精神的服饰。另外，这里也有主营创意生活用品的商店，如Aesthetic Shop有许多塑胶制的桌上创意文具用品，THE ETC有许多造型奇特的留言夹。

©MOOK 王瑞芬摄

Siam Discovery Center

+66-2-6581000 休 无
BTS Silom线、Sukhumvit线Siam站下，徒步3~5分钟可达
989 Siam Tower, Rama 1 Rd., Patumwan, Bangkok 10330
10:00~21:00（依各家店铺有所不同）
www.siampiwat.com/p hp/eng.php

和Siam Center相连的Siam Discovery Center空间开阔，所进驻的商店更年轻化，且极具现代休闲风格。该建筑物内最吸引人的是中央的挑高空间，营造出更大的开放性效果，1到6楼有超过100家国际及泰国品牌进驻。

1楼主要进驻的是国际连锁的休闲服装品牌，还有一家日本自助餐厅OISHI Grand，提供各式日本料理。

3楼占据最大面积的商家是来自日本的Loft生活杂货，从3C商品到文具商品一应俱全。这里还有泰国文具杂货设计品牌Propaganda（详见P.88），此处分店比The Emporium要大，商品种类更丰富，选择更多样。

©MOOK 王瑞芬摄

Siam Square

+66-2-6941222（消费者服务）
BTS Silom线、Sukhumvit线Siam站下，徒步约3分钟可达
Siam Square，Patumwan，Bangkok
11:00~20:00（依各家店铺有所不同） 休 无

©MOOK 王瑞芬摄

事实上，Siam Square并不是购物中心，而是曼谷非常知名的购物商圈，与Siam Center隔着高架捷运相望，在Phaya Thai Road和Henry Dunant Road之间。Siam Square已有30余年的历史。这里不仅可以购物，还可以看电影、吃饭，傍晚时分，经常可见穿着校服的中学生穿梭其间。该商圈里的服饰多适于青少年以及年轻上班族群。

该商圈大致可分为Center Point和后方的Siam By Pass。离开捷运站从Soi 4往南走可直达Center Point，曼谷年轻人流行的服饰、饮食，多半可在这里找到。与Siam By Pass接壤的小广场上，经常有电视台举行影迷或歌迷活动。商圈里的店铺大多较为新颖，无论是泰式料理店、水果店或服饰店，都可看出经过特别的规划，而从交错其间的小巷弄中，则可以看到许多泰国人真实的生活景象，中午，很多上班族会在路边摊解决午饭，虽然谈不上舒适享受，却可以找到不少庶民好味。

©MOOK 王瑞芬摄

BIG C

Rajadamari Rd.，Bangkok
曼谷捷运Sukhumvit线至Chit Lom站下车，可从出口1或从捷运站连接Gaysorn百货公司的入口出来，步行5~8分钟可达
+66-2-6550777 10:30~20:00 可刷信用卡

BIG C是泰国两大连锁超市之一，进驻在许多购物商场内，而位于Rajadamari Road上的BIG C尤为特别。这一处独门独栋的6层楼大卖场，5楼、6楼有电影院，1~4楼涵盖了几乎所有日常生活需要的饮食用品。BIG C比较像家乐福等大卖场，价格比一般商店更低，先不说生鲜蔬果，仅是成衣的价格就可与邻近的水门市场相抗衡。2楼是生鲜超市与生活杂货区，可买到包装好的熟食、称重的蔬果沙拉等。若想买一些泰国料理中常用的酱料、辣椒粉、虾酱等，可在这一层精心挑选。

©MOOK 李美玲摄

水门市场
Pratunam Market

依各家店铺有所不同　10:00~18:00　休 无
BTS Sukhumvit线"Chit Lom"站下，徒步约18分钟可达
搭乘曼谷捷运Sukhumvit线至Chit Lom站下车，在Erawan的转角处沿着Rachaprarop路往北步行约15分钟可达
Pratunam 区内，Rachaprarob Road与Phetburi Road交叉口

水门市场位于曼谷最高饭店Baiyoke的前方，是曼谷最大的外销成衣市场。弯弯曲曲的市场巷道内，藏着许多家成衣店铺，以简便样式的成衣居多，要价非常低廉，还可以和店家再讲价。

水门市场历史悠久，至今仍吸引无数人造访。市场内传统的店铺均为开放式的空间，在曼谷炎热的天气中逛起来不是特别舒服。2004年，一栋崭新的商场Pratunam Centre开门迎客，吸引了众多厂商进驻，主要以批发业务为主，商品种类繁多，从服装到手工艺品一应俱全，顾客也可用较为便宜的价格单买。2006年年初，Pratunam Centre对面又开了一栋专门批发流行服装及饰品的Pratunam Fashion Mall。

©MOOK 李美玲摄

MBK（Mah Boonkrong Center）

BTS Silom线"National Stadium"站下，徒步约1分钟可达
444 Phayathai Road，Wangmai，Patumwan，Bangkok10330
+66-2-6209000　10:00~22:00（依各店铺有所不同）
休 无　www.getmetombk.com

从天桥上俯瞰，一栋像是即将前往外太空的大型玻璃船型建筑，就是MBK购物中心。1985年开业的MBK是一个巨大的商城，8层楼的建筑内，有超过2 000家商店，其中有不少迎合年轻人需求的平价专柜，走道间的花车，将公共空间挤得满满的。在这里还可看到各种仿冒的名牌商品，选购时切莫以假当真。MBK的商品种类丰富，然而却没有分层分区进行规划，因此建议游客以游逛方式购物，这里每家店都是个体，所以也可试着讨价还价，记得货比三家。据当地年轻人说，MBK虽不是专卖手机的卖场，但多数年轻人一说到买手机，多半都会想到这里。

©MOOK 李美玲摄

曼谷四季饭店

Four Seasons Hotel, Bangkok

155 Rajadamri Road, Bangkok 10330, Thailand
+66-（0）2126-8866
每房250~2200美元
www.fourseasons.com/b angkok

曼谷四季饭店位于曼谷的闹市区，紧临捷运站，它所在的Rajadamri路上有泰国鼎鼎大名的四面佛以及复合型的购物商场，无论是观光或是商务都十分便利。

承袭着四季饭店一贯的高雅品位，曼谷四季饭店的接待大厅天花板上乃是用手工描绘的泰国佛教画，显得气质华美且落落大方。走道间穿梭着水道，利用源源不绝的流水将原本生硬的建筑空间予以活化。饭店房间以象牙白、金棕和枣红为主要色调；床头的手绘佛画每幅都有不同的主题；所有的家具都是采用高级的柚木制成；窗帘、椅垫和床枕以顺滑的泰丝为主要素材，营造出温暖的居家感。

曼谷四季饭店除了豪华舒适的客房外，在洒满阳光的空中游泳池畔还有8间别墅造型的Cabana Rooms & Suit，白色的圆柱撑着如华盖般的独栋屋顶，里面摆设的家具皆以柚木和藤蔓制作而成。Cabana Rooms & Suit左右两边可通往游泳池和Spa芳疗中心，气氛之美使人有身在郊区度假村里的错觉，都市中所有的车水马龙等喧嚣都被屏蔽在外。

穿过饭店大厅，Spice Market餐厅就位于阳光洒落的中庭旁，这家餐厅提供曼谷人公认的最地道的泰式料理。

Centara Grand at Central World

999/99 Rama 1 Road, Patumwan, Bangkok www.centarahotelsresorts.com 搭乘捷运Sukhumvit线至Chit Lom站下车，经由天桥可从Central World Plaza购物中心进入饭店。饭店位置就在Isedan百货后方 +66-2-769234 定价为每晚8800铢起，依季节和房型而异。房价请以饭店网站公告为准

Centara Grand at Central World位于曼谷最繁华的商业购物中心区，是泰国本土饭店集团Centara在曼谷的最新成员。该饭店结合Central World Plaza购物中心，提供9种房型总计503间住房，可说是曼谷目前最新颖的大型复合式商务饭店，且邻近精品购物商圈、捷运站，交通、购物都便利。

Centara Grand饭店于2008年10月正式开业，很快便因为承办了曼谷电影节、泰国旅游局旅游人鸟奖等年度重大活动而受到瞩目，目前该饭店已经接待过不少来自全球各地的客人。饭店刻意设计一整面圆弧形的玻璃帷幕，从23楼明亮的接待大厅就可眺望曼谷市区，加上刻意挑高的空间、淙淙水幕，让旅客瞬间忘却饭店外炽热的温度。由于饭店主打商务旅客，51楼以上都属于行政楼层，53楼的行政中心是所有房客洽商或办公的交谊中心，全天候提供轻食餐饮及网际网络设备。

在Centara Grand饭店里共有9家餐厅，提供不同的餐饮服务，其中最有趣的要算是55楼的55餐厅了。该餐厅沿用玻璃帷幕的优势，将葡萄酒藏放在设有温度控制的透明酒库中，酒库将近两层楼高，服务人员在取酒时，还得以升降梯在酒库里移动，是噱头，也可为用餐时间增添不少乐趣与话题。饭店的Spa中心与集团下所有的度假饭店一样采用自家品牌Cenvaree Spa，游泳池和健身中心也都在同一楼层。

苏昆维路
Sukhumvit

曼谷的苏昆维路近年有许多新的饭店和精致的Spa按摩店陆续开张；Emporium是最早进驻该区、走精致路线的购物中心；潮流夜店也以此区为标的；而这里因为标榜设计概念的H1所造成的曼谷设计热潮并没有因为它的衰退而消失，成为一个创意汇集之地，想体会一下曼谷的设计发展，泰国创意设计中心（TCDC）是不错的选择。

Emporium

BTS捷运Sukhumvit线Phrom Phong站下，徒步约1分钟可达
622 Sukhumvit Rd., Klongton, Klongtoey, Bangkok, 10110
+66-2-2691000 10:00~22:00 休无 www.emporiumthailand.com

©MOOK 李美玲摄

Emporium分为百货楼与购物中心楼，两栋建筑内的商店均呈环状排列，两楼相互连接，形成一幢大型购物商场。两边商家品牌不同，但同样都属精品系列。GF入驻的都是世界名牌，包括Chanel、Hermes、Cartier等。1楼经营流行名品服饰，举凡是Gucci、DKNY、Moschino、Prada等名牌的收藏迷们，都可在这层楼逛个过瘾。2楼有价位趋近年轻人的Esprit、Jaspal、Nautica等品牌。热门的Asia Books书店、CD WAERHOUSE唱片行、纪伊国书屋、SONY集中在3楼。4楼主营泰国精品，包括手工艺品、纯正香精油、薰香、瓷盘等。5楼则是美食街。

这里比较特别的是2005年11月在6楼开业的泰国创意设计中心（TCDC），这个创意设计中心可分为多个部分，在其收藏了近1500册设计书籍的阅览区内摆放着许多设计别致的座椅；在其以设计为主题的独立视听室内可借阅DVD欣赏；还有亚洲最大规模的“材质”展场，随时提供620种以上材质，每个月还会展示最新的创意材质；另外有随时更新的展览区，想认识泰国最新设计的人一定不能错过。

©MOOK 李美玲摄

Palm Herbal Retreat

搭乘捷运Sukhumvit线至Thonglor站下车，沿着Soi 55步行至Soi Thonglor 16右转即达
522/2 Thonglor Soi 16，Sukhumvit 55 Rd.，Klongton Nua，Wattana，Bangkok
+66-2-3913254、2-3811373，需预约 10:00~22:00 www.palmherbalspa.co .th
Chinese Crushed Pearl BodyPolish（60分钟）1500铢、Four ElementsAroma Massage（60分钟）1200铢

曼谷的特色Spa俯拾皆是，Palm Herbal Retreat就是其中一家。它坐落在曼谷新兴设计街苏坤维路55号巷内，古朴的木造建筑营造出城市中闹中取静的精巧与雅致，虽然规模不大，但服务项目应有尽有，从最基本的泰式按摩、精油按摩，到全身保养、脸部美容等都有，其中最特别的就是珍珠粉去角质的项目（Chinese Crushed Pearl Body Polish）。

珍珠粉素有美白和柔润肌肤的功效，历来受到女性顾客的青睐。店家以天然珍珠粉自制身体敷料，经过芳疗师轻柔按摩后，让敷料在身体上静置一会儿后再冲洗，建议搭配精油按摩疗程，Palm Herbal Retreat的芳疗师手法精道，确实有舒缓放松之效，且在去角质后加上精油按摩，护肤效果更好。

©MOOK 陈昱安摄

Asia herb association

BTS Sukhumvit线Phrom Phong站下，徒步约5分钟可达
20/1 Sukhumvit Rd.，Soi 24，Klongton，Klongtoey，Bangkok 10110
+66-2-2617401 9:00~02:00 休 无 www.asiaherbassociation.com
全身精油按摩600铢（60分钟）、背部精油按摩300铢（30分钟）、泰式按摩350铢（90分钟）

来自日本的老板Yumiko Kase表示，自己曾经有严重的腰痛问题，遍寻不着最佳药方，来到泰国之后，接触到了泰国传统的草药疗法，每天都以融合印度、中国、泰国的草药按摩身体患部，一周后居然情况大大改善，因此他希望能够将这种神奇的疗法介绍给更多人，于是经过多方学习与筹备在曼谷开设了这家店。

为了能够延续泰国传统草药疗法的神奇功效，Asia herb association使用百分之百新鲜有机草药，还拥有自己的草药田。平常该店将新鲜草药放置于冰箱，要为顾客使用时才取出，而且使用一次即丢弃。Asia herb association的3号店拥有两栋建筑，由于强调亲近环境，共20个房间的空间摆设在手工灯具的映照之下，充满了自然情趣。

该店开业后大受欢迎，短短几年的时间就拥有3家分店。若您想周末去建议先打电话预约，别担心语言问题，柜台有精通广东话、普通话以及英文、日文、泰文的接待经理，能够为顾客解答疑问。

©MOOK 王瑞芬摄

©MOOK 王瑞芬摄

S Medical Spa

+66-2-2531010
2/2 Bhakdi Building，Wireless Rd.，Lumpini，Pathumwan，Bangkok
基本精油按摩60分钟2000铢起，一日疗程6小时13500铢起
www.smedspa.com　info@smedspa.com

©S Medical Spa

位于曼谷市中心的S Medical Spa，强调对身心同时进行调理，以传统Spa和现代医疗相结合，让所有进门的消费者都能在改善自己身体状况的同时，享受五星级的Spa服务。

S Medical Spa的总监Pakpilai Thavsin博士在美国棕榈泉美容中心研修多年，她将自己在美国学习的现代美容科技结合泰国传统医疗，将S Medical Spa的功效定位在医疗美容上，不用动刀、缝针，让顾客重拾健康与美丽。

S Medicaal Spa中的“S”不是任何英文字的缩写，而是取自东方人所相信的太极图的中线，强调阴阳调和之意，相信人要变美或改善身体症状，一定要身心同时进行改造。

为了照顾每位顾客的特殊需求，Pakpilai Thavsin博士请来8位包括妇科、内科、精神科等不同专业领域的医生，备有28位治疗师，针对顾客的不同需求，提供适当的服务。在对顾客正式展开疗程前，Spa中心一定要经过医师诊断建议，就算是简单的肌肉酸痛，也会根据顾客身体的实际状况建议合适的按摩种类。

S Medical Spa不但秉持新颖的理念，在硬件部分也做得十分到位。该店融合现代科技与传统泰式风格的装潢，十分别致，希望给予顾客五星级的享受。在仪器部分，店里备有以香草为材料的蒸气室、泰国唯一一座七合一功能的按摩池，以及借着水的浮力，由治疗师带着顾客随水流移动的水中漫步池。

©S Medical Spa

bed supperclub

BTS Sukhumvit线Nana站下徒步约5分钟可达 须着正装，需带护照入场
26 soi Sukhumvit 11. Sukhumvit Rd., Klongtoey -nua, wattana, Bangkok 10110 www.bedsupperclub.com
+66-2-6513537 Bar 19:30~02:00；餐厅 19:30~02:00（最后点餐23:30） 休 法定假日
套餐1250铢起（周日~周四价格），Bar入场费（含两杯饮料）周日~周一,周三~周四500铢（22:00~02:00）；周二、周五~周六600铢（19:30~02:00）

提到曼谷人气第一的夜店，几乎这里所有的时尚达人都会向你推荐bed supperclub，即使它位于一条狭窄的巷弄中，仍然每天吸引络绎不绝的人群。该夜店独特的椭圆形外观有如一艘从天而降的太空船，搭配从底部投射的彩色光源，让人第一眼就留下深刻的印象。

bed supperclub认为，当遇见一项出乎意料的创新事物时，能够展现包容、尊重的态度，才是真正拥有品位的人。所以，bed supperclub创造了一个前所未有的空间，摩登、时尚且颠覆了人们传统的经验，为曼谷注入一股新的魅力。

bed supperclub于2003年开始营业。它是夜空中的发光物，从其椭圆体主体建筑延伸出来的金属阶梯，将其分为左侧餐厅与右侧热闹的Bar，推开餐厅门，你将开始一段崭新的体验。

将近250平方米的弧状空间内，6成的面积是留给顾客的，纯白是唯一色调，在不断转换的彩色光线投射下，室内呈现出不同色系。室内两侧座位区是符合名称概念的床铺，一整排的白色抱枕靠垫，吸引人或躺或卧，尽情享受最愉悦的幸福。

©bed supperclub

©bed supperclub

Q Bar

BTS Sukhumvit线Nana站下从3号出口徒步约10分钟可达　需着正装
34 soi sukhumvit 11. sukhumvit road，klongtoey-nua，wattana，Bangkok 10110
+66-2-2523274　20:00~01:00　休 法定假日　www.qbarbangkok.com
Q汀尼250铢，曼谷冰茶240铢，入场费周一~周四400铢，周五~周日600铢（含两杯饮料）

©MOOK 王瑞芬摄

Q Bar是曼谷少数同时受到泰国本地人与外籍人士喜爱的酒吧，它位于Sukhumvit11巷中，虽然地点不甚起眼，但只要一到晚上，大大的Q字招牌闪烁，让人很容易找到。

这里没有电视荧屏、没有游戏，有的只是220余种威士忌与其他各式酒品，这里拥有曼谷最丰富的藏酒及雪茄。

Q Bar的当家DJ会配合情境播放各式音乐，包括House、嘻哈音乐、Lounge与灵魂爵士乐。这里还是曼谷唯一提供雷鬼音乐的酒吧，迷上夜色的男女可在此尽情舞动。Q Bar也会不定期邀请世界级的DJ前来驻场，无论你喜欢哪种类型的音乐，都可以在此获得满足。由于这里的价格合理，吸引了曼谷各阶层的人士前来，商务人士、学生或服务生，一同在舞池欢乐，成为曼谷最国际化的酒吧。

©MOOK 王瑞芬摄

自诩为鸡尾酒吧的Q Bar最受欢迎的当然是鸡尾酒，其独家自创的Q汀尼，灵感来自于马汀尼，你只有来Q Bar才能品尝得到。另外一种曼谷冰茶，同样来自知名的鸡尾酒长岛冰茶，也是Q Bar的热门饮品。

Q Bar楼上悠闲的Lounge空间令人放松，另外还拥有名为Wasabi的日本餐厅，聘请专业的日本料理厨师为主厨，让曼谷的人们也可品尝正宗的日式料理。

曼谷美食推荐（三）

©MOOK 李美玲摄

素食

关于素食这件事，在泰国，虽然有很多所谓的拌菜料理（Yam），看起来也是一大盘蔬菜水果，如青木瓜沙拉（Som Tam），但是主要调味的酱汁还是鱼露等荤料。曼谷目前有部分饭店餐厅提供少量素菜，倘若要吃纯正的素菜，在泰国唯一连锁的Whole Earth是不错的选择，其素菜选用大量的时蔬加上自制泰式调味，风味独具。

哪里吃：Whole Earth

©MOOK 李美玲摄

咖喱 Kaeng

咖喱其实是用许多辛香料捣出来的酱。以泰国常见的咖喱来说，其基本材料包括干辣椒、白姜、香茅、泰式柠檬叶（Kaffir Lime）、红葱、大蒜、虾酱、盐、胡荽等，若加进绿辣椒就成为绿咖喱，接着用捣制的方式把所有材料混合成酱，就成为烹制咖喱料理的重要酱料。红咖喱酱可用来烧螃蟹、鸭肉或者是牛肉，绿咖喱则多半搭配鸡肉使用。

哪里吃：Baan Khanitha、Secret garden（P.74）、Celadon、Mango Tree、海鲜市场等

©MOOK 李美玲摄

咖喱鱼 Ho Mok Pla

在传统市场中卖的咖喱鱼有着可爱的外观，肉红色的馅料用叶子折成的墨绿色叶碗兜着，上头有白色的椰奶，看来十分诱人。其做法是将虾酱、柠檬叶、白姜、九层塔和入鱼肉做成馅料，底部先垫上高丽菜丝，一起放进香兰叶折成的容器，再淋上椰奶，摆上辣椒配色，蒸熟后食用。吃时咖喱和九层塔的香气浓郁，是曼谷市场熟食摊必备菜色。一般餐厅则将容器升级，把材料放进椰子或蟹壳一起蒸煮。

哪里吃：传统市场、Ban Chiang、Smooth Curry（Plaza Athne Bangkok）

©MOOK 李美玲摄

柚子沙拉Yam Som O

这道热沙拉使用清爽的柚子拌进用椰奶、红咖喱酱、辣油、糖混煮的酱料，再加进虾仁或鸡丝，有些餐厅还会再加上烤过的椰丝或碎花生。口口包含柚子的清甜微酸、椰奶的香浓、红咖喱的呛辣，吃来爽口又具浓郁的南洋味，值得一试。

哪里吃：Smooth Curry（Plaza Ath n e Bangkok）、Baan Khanitha、Spice Market（Four Seasons）

海鲜市场 Seafood Market and Restaurant

BTS Sukhumvit线Phrom Phong站下，从Sukhumvit 路上的Emporium 货转入24巷（Soi 24）徒步约10分钟可达

89 Sukhumvit Rd.，Soi 24，Klongtoey，Bangkok

+66-2-6612071　11:30~23:30

依料理菜色选择不同　www.seafood.co.th

开业已近40载，可同时提供数百人用餐的海鲜市场从停车场就可看出它受欢迎的程度。餐厅最重要的厨房区位于入口位置，开放式的空间内有20多位厨师们一起烹煮出各种料理，厨房区不时飘出阵阵香气，让人食指大动。

在海鲜市场享用美味可是有步骤的哦！顾客先挑选各种喜欢的食材，可请服务人员直接装袋，如果是硬壳类海鲜，吧台内的工作人员也会为顾客处理。种类丰富的蔬菜与水果紧接在后，而可作为主食的面包、寿司还有各式饮料，全都是自助式挑选，等所有材料选定之后，送至收银台，完全以合理时价计算，然后向服务人员说清楚自己想要的烹饪方式之后，整台推车内的食材就会被送至厨房，没多久就可以享受自己挑选的海鲜美味了。

©MOOK 王瑞芬摄

甜点 Kanom

曼谷街头最漂亮、最色彩缤纷的小吃就属一个一个可爱的小点心了。最常见的是蛋黄椰丝小饼（Kanom beung），这道点心在各个市场路边摊都见得到。其具体做法是将面糊在烤锅上摊平烤成一层薄薄小圆饼，在未完全熟透之前放上椰丝或蛋黄加糖的蛋丝，并将面皮对折就完成了。还有用南瓜制成的小发糕、用薄糯米皮制作的咸味小点心，在超市还可以买到金黄可爱的蛋黄甜点（Thong Yod）、椰子糕以及做成水果形状、包着绿豆沙的Luk Chop。

哪里吃：Emporium、Central World Plaza超市（P.84）、Convent Road（P.73）等

Whole Earth

- 素咖喱、春卷等约80铢起跳
- 搭地铁至Rochadamri站下车，往Lang Suan Rd.方向步行约15分钟可达
- 93/3 Soi Land Suan Ploenchit Road Bangkok
- +66-2-2525574　11:30~14:00，17:00~23:00
- 菜单上标有英文、泰文、日文

位于Lang Suan Rd.上的Whole Earth 店面并不起眼，白色小木屋的上方挂着蓝底图案衬着粉色莲花的招牌，内部空间不大，陈设简单。该餐厅已有20多年的历史，在曼谷、清迈市区都设有分店。这里强调用料新鲜，制作过程也不使用人工添加物。他们的素菜料理没有假装荤菜的形状，他们保留了食物的原样加上一点巧思，味道也很好，像是Sauteed Spicy Special Whole Earth Vegetarian Dish就是简单的泰式辣椒炒蔬菜，除一般时蔬，还加进炸过的海苔裹竹笋；而Vegetarian Curry Served in Banana Leaf Bow，是将各种蔬菜、豆腐烩上椰奶，以及和咖喱蒸鱼Ho Mok Pla一样味道的咖喱香料一起烹制，豆腐的口感滑顺、椰奶更添浓郁，但总体味道偏甜。

Baan Khanitha & Gallery

- Baan Khanitha，36/1 Soi Sukhumvit 23，Bangkok Baan Khanitha ＆Gallery，69 South Sathorn Rd. Sathorn，Bangkok
- Baan Khanitha +66-2-2584181、Baan Khanitha & Gallery +66-2-6754200~1
- 每天11:00~14:00、18:00~23:00
- www.baan-khanitha.com
- info@baan-khanitha.com
- 可刷信用卡，菜单有英文、泰文，附图

结合画廊和餐厅的Baan Khanitha & Gallery从Sukhumvit搬到了Sathorn区，与从前一样拥有小庭园造景，多年来一直被泰国各项美食评鉴肯定的料理依旧美味。餐厅最招牌的就是咖喱料理，包括咖喱螃蟹、加入青葡萄调味的鸭肉咖喱等。此外，这里最有趣的是上菜前服务人员除送上菜单外，还会端上一份可爱的前菜，中间是用砂糖与椰肉制作的甜酱（Miang kam），四周围着碎虾米、碎姜、柠檬碎片、烤过的椰肉丝、辣椒、葱，吃时将这些馅料放在小圆形的Cha Pu叶菜上，加上蘸酱一起食用，辣椒和着椰子的浓郁香甜，口感层次多，吃来清爽开胃。

©MOOK 李美玲摄

©MOOK 李美玲摄

Dream Hotel

10 Shkumvit Soi 15，Kloeng Toey Nua，Wattana，Bangkok
1-866-464-2321 www.dreambkk.com

©Dream Hotel

2006年9月在曼谷开业的Dream Hotel，是该集团继在纽约开设分店之后，在亚洲的第一家连锁饭店。饭店设计新潮，附设酒吧的用色和装饰相当夸张，现在是曼谷时尚界和音乐创作者最爱逗留的地方。

Dream Hotel坐落在曼谷市区Sukhumvit路的巷子里，白色建筑的外观不如一般观光饭店醒目，但步入接待大厅，便可以感受到饭店主打的超现实主义设计基调。

该饭店大厅灯饰的外形，源自泰国大城（Ayutthaya）时期的佛塔，内部挖空、外面拼贴瓷砖。泰国白虎和非洲豹模型分坐在电梯口和饭店酒吧门口。吧台以英国品牌 Paul Smith的经典彩虹线条为背景，夸张地从墙上一路延伸到地毯，坐椅上却摆放着以传统泰丝为材质的椅垫。这些看来不太搭调的东公元素，被饭店大胆地融合在一起，营造出迷离梦幻的氛围。

Dream Hotel目前约有100间房，每个房间皆以白色为主要色调，布置简单，但有趣的是床底都打上蓝色光，当灯一打开，整张床好像悬浮在空中，有点冷调也带些梦幻的意味。因为客房摩登的设计风格，泰国歌手Tatayang曾在此饭店为年度新歌MV取景。

饭店所有客房的床单均以埃及棉为材质，枕头以羽绒为枕芯，细心挑选的寝具让住客都能有个好梦。服务人员总计有120位，住客与服务人员几乎一比一。建议到饭店酒吧时，无论如何一定要去一趟洗手间，男女厕所以水族箱隔开，洗手时不妨和对面的先生、女士打个招呼。

©Dream Hotel

Plaza Athénée Bangkok, A Royal Méridien Hotel

www.starwoodhotels.com/lemeridien/
乘捷运Sukhumvit线至Phloen Chit站下车，步行约5分钟可达
Plaza Athenee Hotel, Wireless Rd., Bangkok +66-2-6508800

©MOOK 陈昱安摄

Plaza Athénée Bangkok, A Royal Méridien Hotel接待大厅的两边均有直达2楼的回旋梯，使饭店显得气度不凡。饭店的客房以深色木色为主，没有繁复的木雕装饰，整个房间舒适温暖，着力为住客提供一个完美的休憩处，据说就连入住的泰国公主都相当满意。饭店游泳池特别向外延伸至露天中庭，可在池中央的传统泰式凉亭享受泰式按摩。饭店所设的Spa也是自创品牌。

饭店里的泰式餐厅Smooth Curry供应传统泰式料理，以中部菜色为主，遵循传统调味再加进些许新意。如Panaeng Pla Salmon，就是以红咖喱Panaeng烹煮鲑鱼，采用的是泰国味十足的酱料和食客非常熟悉的食材，对于不了解泰国料理的顾客来说，这里较容易点菜。

在这里还可以品尝到美味的Muk Kai Tod，这是用花枝卵填进小花枝（透抽）里，然后整尾下锅油炸，起锅后撒上已经炒香的大蒜，香气十足。此外，餐厅提供的Yam Som O柚子沙拉是用辣椒酱拌上油葱、椰丝、柚子，味道比较浓重。将蟹肉取出，加上咖喱和椰奶后，再放进蟹壳一起蒸的Hor Mok Poo也是该餐厅的推荐料理之一。

©MOOK 陈昱安摄

©Millennium Sukhumvit Bangkok

曼谷千禧素坤逸饭店
Millennium Sukhumvit Bangkok

搭乘捷运Sukhumvit线至Asok站，出站步行3~5分钟可达

30 Sukhumvit 21 （Asoke）Road Klongtoey Nua，Wattana，Bangkok

+66-2-2044000

约6499铢起，共有5种房型，费用各异。房价以饭店网站公告为准

hotel@grandmillenni umskv.com

2008年新开业的曼谷千禧素坤逸饭店，隶属于千禧饭店集团，由于建筑外观风帆形的玻璃帷幕颇似迪拜帆船饭店，不仅掀起一阵讨论话题，也被昵称为曼谷帆船饭店。该饭店位于热闹的Sukhumvit路上，近捷运Asok站，离Emporium购物商场只有一站，观光或购物都相当便利。饭店共有325间客房，皆以金、银、棕、白四色为基调，风格倾向于利落高雅的现代设计。饭店拥有Spa、小高球场、泳池等配备，另有接待大厅的爵士酒吧，以及提供日、意、泰等各国料理的6家餐厅，可满足来自各地住客的不同需求。

©Millennium Sukhumvit Bangkok

©Millennium Sukhumvit Bangkok

©Millennium Sukhumvit Bangkok

Sheraton Grande Sukhumvit

250Sukhumvit Road,Bangkok,10110
+66-2-6498888 +66-2-6498000
每晚125~1020美元，房价以饭店网站公告为准
www.starwood.com/bangkok

©MOOK 李美玲摄

Sheraton Grande Sukhumvit为喜来登连锁饭店集团的一员，位于曼谷市中心，是以商务人士为主要客源的都会型饭店，其内部布置优雅大方，大厅、餐厅和客房都刻意挑高，让住客身处其间能全然放松，没有一般商务饭店的狭小与局促感。

每间标准客房都有45平方米，透过落地窗可见市区街景。房间内以木质暖色系为主要基调，以泰式装饰为布置重点，由于住客多为商务人士，房间内都配置有高速上网设备。饭店大厅中有阅览室，除了提供住客阅读书报外，还可出借DVD电影到客房观赏。饭店最让人惊艳的是被热带植物层层包围的宝蓝色游泳池，躺椅、棕榈树、椰子果、鸡尾酒吧台等海边度假村该有的配备一样也没少，若非拨开棕榈树叶看到隔壁的高楼大厦，还真以为自己是在海边度假呢！

此外，饭店内提供脸部、全身护肤，传统按摩的The Grande Spa也是客人舒缓旅途劳累的好去处。芳疗室内以大量的柚木为建材，摆放着泰国当地艺术家的作品当点缀，并在随处可见的水钵内浮着一朵莲花，清雅的设计让客人浮动的心绪能慢慢沉淀下来。

©Sheraton Grande Sukhumvit

曼谷周边
Around Bangkok

三头象神博物馆
Erawan Museum

可搭乘25路、142路、365路巴士，102路、507路、511路、536路空调巴士前往，邻近海军博物馆 99/9 M.1 Muang Samut Prakan，Samut Prakan Province +66-2-3713135 每天8:00~18:00 成人150铢、儿童50铢 www.erawan-museum .com

©MOOK陈昱安摄

三头象（Erawan）是印度神话里的天神坐骑，它在天堂里的形体共有3个象头。博物馆会以三头象为建筑主体，不仅源自关于它的神话传说，大象在泰国传统文化里的重要象征意义也是原因之一。

整幢建筑从外面看可分为两部分。上半部是由手工艺师们以纯铜片打造的三头象，头部重量约150吨、象身重100吨，高度29米，前后长度39米，宽12米。下半部是支持象身的粉红色欧式、泰式混搭风格建筑。建筑总高度为43.6米。建筑内部则分为地宫、人间、天堂三部分。

地宫里展示着创办人所有的私藏古董，由其地面出口可进入精彩的“人间”和“天堂”。“人间”就是支撑象身的粉红色建筑，主体设计是以传说中的守护鱼神围绕大厅，第一层阶梯两端是以景泰蓝瓷拼贴的三头象，第二层阶梯两端是金那利人鸟神；大厅的四座柱子，皆由制锡师傅按古法，亲手敲捶出伊斯兰教、印度教、佛教、基督教的宗教故事；其中央角亭虽是泰国样式，供奉的却是中国隋朝的观音像。沿着回旋木梯往上走，即可进入“天堂”。“天堂”中有数尊佛像以及12星宿，呈现出一派肃穆祥和的氛围。

暹罗剧院
Siam Niramit

MRT Thailand Cultural Centre站下，在1号出口搭乘免费接驳巴士即可抵达 19 Tiamruammit Road，Huay Kwang，Bangkok 10320 +66-2-6499222 18:00开放园区，20:00开场演出 www.siamniramit.com 休 无 1 500铢 进场前所有的摄影器材（相机、录影机、手机）、随身物品都需寄放

©Siam Niramit剧院

2005年12月开业的暹罗剧院，绝对是造访曼谷不容错过的景点，这里不仅是一座剧院，更是一个传承泰国历史与文化传统的互动式主题博物馆。Siam Niramit剧院除了主要表演场地外，外围还有展现泰国传统村落样貌的Thai Village，另有纪念品店以及可容纳700位顾客的餐厅。游客们可以在此体验各种充满着泰国传统风情的活动。

剧场中表演的节目分为三部分，第一部分讲述泰国历史和文化；第二部分表现泰国信仰与神话传说；第三部分则将泰国节庆活动呈现在观众面前。演出的剧场拥有2 000个座位，节目共动用150位演员与超过100位的技术人员，几乎都是由泰国人设计与规划。

80分钟的演出，只听见观众惊呼连连。前一幕还赞叹于舞台上出现活生生的大象等动物，刹那之间，竟下起倾盆大雨，舞台上随即出现一条小河，演员更邀请现场观众上台在河面上放象征祈福的水灯。为表现泰国神话的天堂，12位演员吊钢丝，在舞台上交错飞舞，再加上特殊声光效果和上百场景，整场演出可谓竭尽豪华精致之能事。

古城七十六府
The Ancient City

从南部巴士站（Southern Bus terminal-Paknam）搭乘511路空调巴士，回程改搭36路巴士。若搭出租车，须告知司机，往Bangpoo方向，Sukhumvit路33公里处

The Ancient City，Samut Prakan，Sukhumvit Rd.，Bangpoo

+66-2-7091644　每天8:00~17:00　www.ancientcity.com

成人门票350铢、儿童200铢，停车费每辆100铢。门票含自行车租借，另付75铢可搭乘游园车，租高尔夫球车须两人搭乘，每小时200铢

古城七十六府（The Ancient City）位于距曼谷市区约40分钟车程处，整座主题公园占地超过320公顷，园区按泰国国土形状规划，目前重建或模拟的116个古迹景区，都按照原址方位，分别设置在公园里，走一遍园区如同翻阅一部立体的泰国历史书，所有泰国古迹和传统生活形态尽收眼底。

这些景物重现的方式可分四种，一是模拟原建筑物；二是将毁损的残垣断壁带回整修；三是遗址早已夷为平地，园方依据历史记载按图索骥予以重建；四是将传说故事以实体雕塑呈现。其中包括泰、老边境那座世界遗产Khao Pra vi Harn寺庙，按原尺寸25%比例缩小重建的大城皇宫，以及素可泰遗址、曼谷大皇宫等，甚至连水上人家也复制在园区里。

整个重现工程比较考究，没有旧物新料的不真实感，所有遗址基本按原本样式重塑。创办人规划广大主题园区的原意不仅希望重现传统艺术之美，也希望借由重现历史而引发人们更深层的思考。

安帕瓦水上市场

Talat Nam Yam Yen Amphawa

从曼谷搭乘经Ratchaburi道丹能沙朵（Damnoen Saduak）的巴士，并在Amphawa下车即可到达。或在考山路的旅行社可以购买一日行程，费用约250铢，包括来回路费，搭游船须另付100铢

每周五、六、日傍晚16:00~21:00

若想要自己预订行程，可至www.s5-amphawa-tour.com网站查询

©MOOK 陈昱安摄

水上市场之所以让游客趋之若鹜，可以贴近泰国传统的以水路交通为主的庶民生活是最大原因。在丹能沙朵水上市场日趋商业化之后，想要体验更有当地风味、且具规模的水上市场，距离曼谷约1.5小时车程的安帕瓦（Amphawa）是最佳选择。

曾经获得泰国旅游局最佳旅游景点奖项的安帕瓦水上市场，之所以可以维持传统水上市场的样貌，一个是因为当地发展速度慢，20年前才发展陆路交通，366条自然水道，理所当然是当地人最佳的交通要道。总长500~600米的水上市场，河道两旁的木造建筑已为泰国政府保护，成为不得任意改建的历史建筑，部分屋主不动外观，将内部整修为民宿或商家。

每周五至周日的傍晚水上市场是最热闹的时候，河道上有许多现煮小吃的船家，岸上也有小夜市，供应各式当地美味。如有节庆或地方活动，木屋群后方还有一块规划完善的市场区，纪念品摊、甜点摊都有。由于消费者多数为当地人，因此这里价位也偏低，饱餐一顿百元铢有找。必买商品就是当地盛产的椰子用品，包括椰子油和椰糖等。

因为这里开发较晚，周边环境还算干净。在安帕瓦最常见的游程就是傍晚先去逛市场，吃饱喝足后，搭船往河道深处走，离开市场区，慢慢地就可以在河道两边Lanphum树丛上，看见成群的萤火虫聚集，船家会将马达和灯光都关闭，让萤火虫在不被打扰的状况下引导游客欣赏最近距离的自然生态。

©MOOK 陈昱安摄

札都甲周末市场
Chatuchak Weekend Market

BTS Mo Chit旁札都甲公园内（Chatuchak Park）
+66-2-2724440（综合办公室） 8:00~18:00
周一~周五（依各店家有所不同，部分店星期五开始营业）
BTS Sukhumvit线“Mo Chit”站下，徒步约5分钟可达，或MRT“Chatuchak Park”下，徒步约1分钟可达
www.jatujakguide.com

札都甲周末市场是现在曼谷最热门的购物区域，每个周末，无论捷运或汽车，前往札都甲的各路线总是拥塞得动弹不得。面积约14公顷的札都甲周末市场，是东南亚最大的周末市场。

这里为半开放式的卖场，乍看起来似乎有规划地将不同的商品分区，但实际走入其中，市场内部巷道纵横，直走、拐弯，左顾右盼地再回头，发现又是不同的店家商区，游逛起来别有趣味。市场大，集结的商品种类也多，从服饰、手工艺品、陶瓷器皿到家具摆饰、古董、书籍等都可以看到，甚至还有园艺植栽与宠物用品区，逛累了，商店之间都可找到小吃店。

由于地方太大，管理中心为体贴游客，会在各个入口发放地图；如果和朋友一同购物却失散，可以中央醒目的钟塔为集合地点；如果体力不佳，周末市场内还有如高尔夫球车一般的交通车可以乘坐，随招随停，相当方便。

在札都甲周末市场购物，一定要记得杀价，由于部分摊贩也可接受顾客们批发，如果购买数量足够，店家还可能以更便宜的批发价出售，绝对让你满载而归！以下推荐几家小店，提供购买参考。

©MOOK 王瑞芬摄

Latino

Chatuchak Market Section 8 Soi 18 row1
+66-1443-5008（公司）
8:00~18:00

店主人Sunida是一位鞋子设计师，她的店内所经营的鞋子多种多样，从凉鞋、拖鞋到适合温带国家的人所穿的短靴都可找到，而这些通通是她的原创作品。追求环境永续理念的设计师，仅选用麻绳、棉线等来自大自然的材质制作鞋子，经过编织的手法，在鞋面上展现各种色彩的融汇，异国风情十足！

D-RAY

Chatuchak Market Section 6 Room 271 Gate 2
+66-1837-7701
9:00~18:00

有别于札都甲内其他开放式的闷热店铺，D-RAY干脆将空间围起，并加装空调，让前来寻觅美国商品的人，能够有最舒适的购物空间。D-RAY窄小的空间内，商品琳琅满目，除了从各地搜罗而来的20世纪五六十年代的东西之外，也可以看到许多已经无法找到真品的复制品，如充满美国味的招牌、霓虹灯等，每一样小物件都令人爱不释手。此外老板也可以代客定制各种大件商品，例如复古的自行车等。

©MOOK 王瑞芬摄

©MOOK 王瑞芬摄

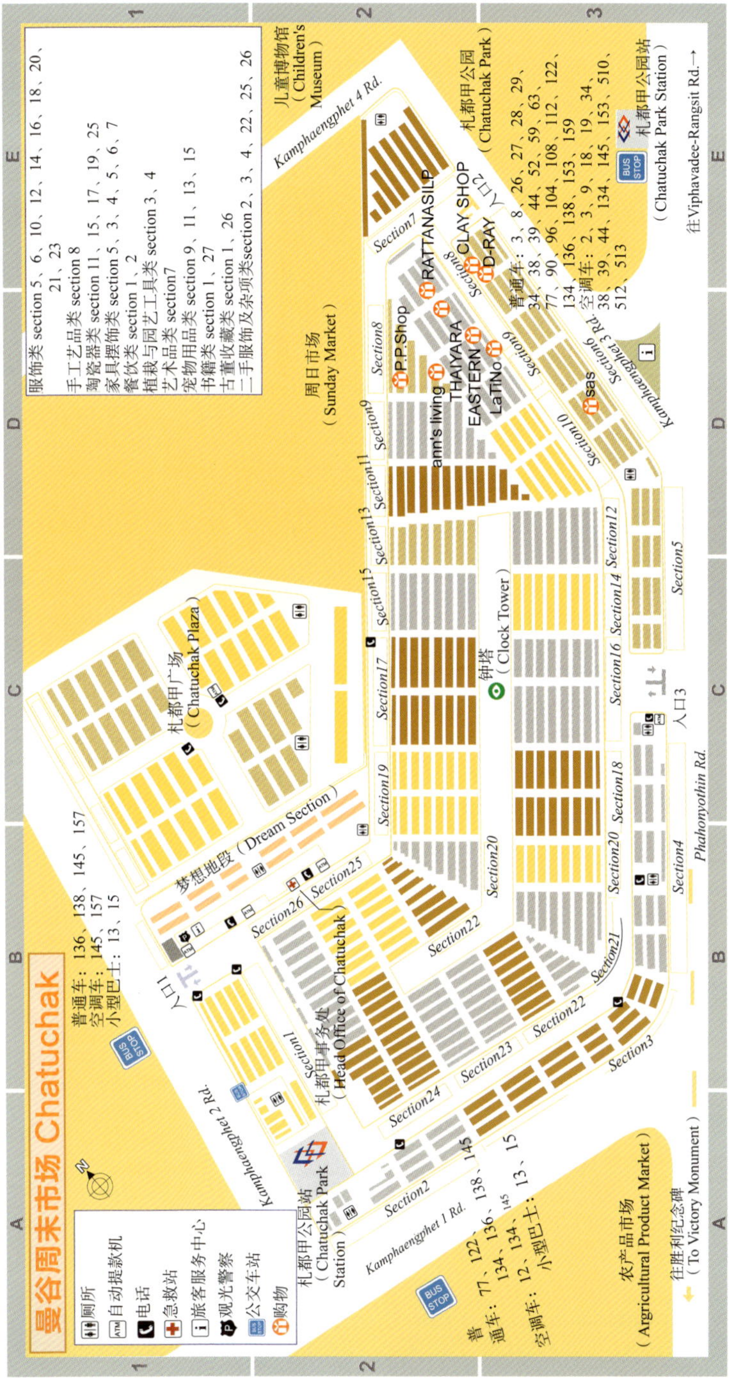

曼谷周末市场 Chatuchak
厕所
自动提款机
电话
急救站
旅客服务中心
观光警察
公交车站
购物
服饰类 section 5、6、10、12、14、16、18、20、21、23
手工艺品类 section 8
陶瓷器类 section 11、15、17、19、25
家具摆饰类 section 5、3、4、5、6、7
餐饮类 section 1、2
植栽与园艺工具类 section 3、4
艺术品类 section7
宠物用品类 section 9、11、13、15
书籍类 section 1、27
古董收藏类 section 1、26
二手服饰及杂项类section 2、3、4、22、25、26
普通车：136、138、145、157
空调车：145、157
小型巴士：13、15
入口1
札都甲广场（Chatuchak Plaza）
梦想地段（Dream Section）
周日市场（Sunday Market）
儿童博物馆（Children's Museum）
Kamphaengphet 4 Rd.
札都甲公园（Chatuchak Park）
入口2
普通车：3、8、26、27、28、29、34、38、39、44、52、59、63、77、90、96、104、108、112、122、134、136、138、153、159
空调车：2、3、9、18、19、34、38、39、44、134、145、153、510、512、513
札都甲公园站（Chatuchak Park Station）
往Viphavadee-Rangsit Rd.→
P.P.Shop
RATTANASILP
ann's living
THAIYARA
EASTERN
LaTiNo
CLAY SHOP
D-RAY
sas
Kamphaengphet 3 Rd.
钟塔（Clock Tower）
入口3
Phahonyothin Rd.
札都甲事务处（Head Office of Chatuchak）
札都甲公园站（Chatuchak Park Station）
Kamphaengphet 2 Rd.
Kamphaengphet 1 Rd.
普通车：77、122、134、136、138、145
空调车：12、134、145
小型巴士：13、15
农产品市场（Agricultural Product Market）
往胜利纪念碑（To Victory Monument）

↓→ Clay Shop

©MOOK 王瑞芬摄

Chatuchak Market Section 6 Soi 2
+66-2-9005595（总公司）
8:00~18:00

这家Clay Shop卖的是家居生活用品及园艺植栽用品，其商品皆是独一无二的！原来这家小店的主人是兄妹档，妹妹Chantarampai Hanmathe曾经到英国伦敦学习设计。店内的商品呈现简单现代的风格，有些是通体单色，有些则彩绘上可爱的图案，均很有创意。

©MOOK 王瑞芬摄

©MOOK 王瑞芬摄

©MOOK 王瑞芬摄

↑ RATTANSILP

Chatuchak Market Section 8 No.403 Soi 15/3
+66-2-4345106
8:30~18:30

佛教是泰国给人的印象之一，因此经常可见许多泰国的艺术品上出现宗教的意象，泰国人的美学品位与设计感就在这些工艺品中展露无遗。RATTANSILP卖的主要是由工厂大量制作的与佛教相关的工艺品，但都拥有细腻的质感。这里最特别的是咖啡画，将各种图示纹样以咖啡汁液绘制而成，画出怀旧的感觉，不知情的人还会误以为是古董画作。

← Eastern

Chatuchak Market Section 8 Soi 17
+66-2-5064239（公司） 8:00~18:00

Eastern卖的是女性最喜欢的包包，有华丽印度风的，有日本绣花风的，还有温暖的毛线手艺风的，无论穿哪种服装，都可以找到适合搭配的包包。种类丰富、数量众多的包包，将Eastern小小的摊位挤满。老板说各国人士喜欢的包包风格不大相同，因此各款包包都有热卖的可能，就等有缘人买回家。

©MOOK 王瑞芬摄

ann's living

Chatuchak Market Section 8 Soi 14/5

+66-6504-1594（移动电话）

周五14:00~17:00，周六~周日9:00~18:00

休 周一~周四

位于角落的ann's living从外观上就与众不同，入口处摆放的各色灯罩，搭配上悬挂着的竹帘，使店面充满了东南亚的民俗风情。店内商品只有一种，就是灯具，从灯罩到灯座，皆以华丽的亚洲风格为主，因此可以看到加入泰丝图样或是相当热情大气的灯罩，底座也有多种选择，色彩均较为丰富。

©MOOK 王瑞芬摄

Thaiyara

Chatuchak Market Section 8 Soi 16/3

+66-2-9227515

9:30~18:00

Thaiyara的全部商品皆以泰丝或泰国竹子制作而成，最显眼的就是运用泰丝制作的抱枕、相框和盒子。为了使更多人认识泰丝制品的特色，Thaiyara在商品内加入些许聚酯纤维（polyester），因此能够降低成本，从而使价格更为亲民；储物盒和各种尺寸的相框，都有着亚洲宫廷的味道；以竹子制作的花瓶让空间更添品位质感，因此吸引了许多欧美人士前来选购。

©MOOK 王瑞芬摄

Sas

Chatuchak Market Section 6 Room 017 Soi 59/1

+66-7048-6373（移动电话）

8:00~18:00

休 周一~周五

札都甲是泰国二手衣的最大供应地，这里不仅有一般人穿过的服饰，还有很多收藏家朝思暮想的梦幻佳品。Section 6之中，有一块集中经营二手服饰的区域，仅是专卖二手球鞋的店家，随手一数，就有10家以上，Sas就位于这一整列之中。店内有各种品牌的收藏款，也有新品，稀有的特别款绝对会让球鞋迷疯狂！

大城

Ayutthaya

即便在王朝成立之初就一直和缅甸有数次间歇性的战争，但虔诚的佛教信仰、成功的中央集权统治与发达的贸易，使大城王朝维持了417年，并将泰国推向空前的繁荣！

大城位于泰国中部，距离曼谷约76公里，总面积为2 556平方公里，划分成16个县。目前已列入联合国世界遗产的古城，原本是昭披耶河（Chao Phraya River）、洛布里河（Lopburi River）与帕萨克河（Pasak River）交汇的小平原，河道成为古城天然的护城河。当时的都市规划善用地利，将渠道和运河互相联结，一方面防水患，更重要的是促进贸易运输。由于土地肥沃，这里也曾作为重要的林区。

1350年乌同王（King U-thong）选择此地建都，使之成为全国的政治经济文化中心，并于17世纪一跃成为东南亚最大的国际都市之一。大城曾有两次落入缅甸人之手，其所有的建设都完成在第一次中断统治之前，这也是目前大家所见到的遗迹。

大城王朝昌盛的国力，推动了泰国艺术文化的发展。大城时期的佛殿融合了各种建筑形式，再加上泰国传统样式，发展出大城独特的艺术风格，堆砌工整的砖墙、精雕细琢的屋顶，加上彩陶和釉砖装饰，使古城显得气势磅礴，因此古城被联合国教科文组织列为世界遗产。只可惜，近年来由于迅速的旅游开发，古迹区受损严重，加上连年的水患直逼古城区，严重时，卧佛就快要躺在水上，因此联合国教科文组织已将此地列入观察名单，若保护状况不佳，就有可能被剔除在世界遗产之外。

到大城参观，主要都是在古城区游逛，或是搭古米木船游护城河，若不知道怎么前往，曼谷许多观光饭店都提供有半日的大城行程，建议跟着导游参观，就不会雾里看花。此外，古迹群在晚上会打上灯光，营造出一种慑人的气势，迥异于白天的景致，值得一探。

info.

如何前往

●火车

从曼谷Hualampong火车站出发，80分钟到班帕因，90分钟到大城。

每天从4:30~23:25每小时一班

02-223-7010

●巴士

从曼谷Phaholyothin路上的北部巴士转运站（Northern Bus Terminal）出发，车程约90分钟。

空调车每天6:00~19:00每30分钟一班

02-272-5299

市区交通

●巴士

从火车站到城内可搭乘迷你巴士。

车票每人5铢

●渡船

从火车站到城内亦可搭船。

船票每人2铢

●巴士或嘟嘟车

迷你巴士或嘟嘟车一天300~500铢，自行车一天50铢

旅游咨询

泰国旅游局为推广不同主题的游览行程，自2008年起，开通了涵盖各地游程和住宿推荐信息的官方网站，从历史遗址到自然生态都有涉及，若不清楚该怎么参加大城的相关游程，可至官网查询。

amazingthailand.tourismt hailand.org

搭乘资讯详见 P.18

古城内

©MOOK 朱月华摄

帕蒙空博碧寺
Wiharn Phra Mongkhon Bophit

P.115B2

周一~周五8:30~16:30；周六、周日、法定假日8:30~17:30

在大城早期并没有一个固定的火葬地点，当国王去世时，就会选择一个地方举行火葬仪式，然后在该处建一座寺庙，只有宋当王（King Songtham）是事先就选好帕蒙空博碧寺这块地，作为死后火葬之用的。据史籍记载，1610年，宋当王命人将一尊高12.45米、宽9.55米的巨大坐佛——孟扣波琵佛像（Phra Mongkhonbophit）从奇昌寺（Wat Chichang）搬来至此。苏瓦王（King Sua）在位时（1697~1706），寺庙遭雷击毁坏，苏瓦王便下令重建成僧院，当大城沦陷时，此寺被烧毁殆尽。1955年重建时，在佛像的左手臂上发现了许多小佛像。

帕席桑碧寺 Wat Phra Si San Phet

P.115B2　6:30~18:30　50铢

从1350年起，大城的皇宫就在现今的帕席桑碧寺（Wat Phra Si Sanphet）所在地，直到1448年包若玛特罗卡纳王（King Borommatrailokanat）将皇宫移至他处，此地才开始作为僧院之用。他的儿子拉玛铁菩堤二世（King Ramathibodi Ⅱ）在1492年下令建造两座塔，就是今天看到的三座塔的东边及中间的这两座，东边那座存放父亲的骨灰，中间那座存放哥哥的骨灰。西边那座则是1532年，拉玛铁菩堤二世的儿子为存放父亲的骨灰下令建造的。自此，帕席桑碧寺就成为皇室宗庙，围绕着的小塔都存放着皇族的骨灰，所以本寺的地位堪比曼谷的玉佛寺。帕席桑碧寺的名字由来是因为1500年，拉玛铁菩堤二世下令铸造一尊高16米的立佛并敷以黄金，这尊Phra Si San Phet佛就成了皇室宗庙里最受尊崇的佛像，只是他现在已被请到曼谷的涅槃寺（Wat Po）了。

除了三座可观的大塔外，从东边残破的僧院中，仍可看见有莲花柱头装饰的支柱，以及具有大城特色的条状窗与方格窗。每年1～2月间这里还有大城军队与缅甸军队作战的声光表演。

©MOOK 朱月华摄

拉嘉布拉那寺 Wat Ratchaburana

P.115C2　09:00~17:00　50铢

1424年，因他拉恰提洛王（King Intharachathirat）去世，他的两个儿子为争王位，自相残杀导致双双死亡。第三个儿子召善菩雅（Chao Sam Phraya），即包若玛拉嘉二世（King Borommatrailokanat Ⅱ），便接掌王位，并盖了此寺，将父亲及两位哥哥在此举行火葬，再建两座塔埋藏哥哥的骨灰。1957年9月，偷盗者挖开了主塔，偷走许多贵重的宝物。后来，泰国文化艺术厅与联合国教科文组织开始积极地修复古迹，在主塔中又陆续挖出了许多金制的佛像及手工艺品，并且修了一条阶梯，让游客可以顺梯而下欣赏塔中的壁画。

游人一进入主塔会先看到在此出土的宝物的幻灯片，沿着陡峭狭窄的楼梯下去，可以进入主塔的核心——一个小小的四方台子，三面有凹槽，凹槽的墙壁及顶部都绘满了色彩丰富、图案细致的图画。

罗卡雅苏塔寺 Wat Lokaya Sutha

P.115A2

依照目前的情况，罗卡雅苏塔寺（Wat Lokaya Sutha）应该不能算作寺，因为这里除了一座塌了一半的塔及最著名的大卧佛外，只剩一片蔓草，没有任何建筑物存在。因为这尊仅存的卧佛，当地人称罗卡雅苏塔寺为帕依寺（Wat Pa No），即卧佛寺的意思。

罗卡雅苏塔寺位于古皇宫的后方，约建于大城中期，仅剩的卧佛睡在莲花座上。

©MOOK 朱月华摄

©MOOK 朱月华摄

©MOOK 朱月华摄

玛哈泰寺 Wat Mahathat

P.115C2
09:00~17:00
50铢

还没进入玛哈泰寺，就可以看见寺墙上一颗巨大的佛像头，它被偷盗者不知从哪一尊佛像身上砍下来，孤零零地放在这里，看着游客进进出出。

从1374年（有一说为1384年）开始，包若玛拉嘉一世便下令建造玛哈泰寺（Wat Mahathat），以作为Kamavasi派首领的住处，但直到拉密苏王（King Ramesuan，1388~1395年）在位时才落成。

玛哈泰寺的主塔是一座高棉式的佛塔，第一次在宋当王时倒塌，帕萨通王（King Prasatthong）在重修时将塔的高度增加，但是盖好后又觉得太高可能会倒下来，就在塔的外面加了木头支撑，加了木头之后又觉得破坏了塔的美观，最后决定再用灰泥敷起整个外观。大城落入缅甸军之手时，此寺同样被焚烧一空，之后就一直保持着残破的样貌。

1911年，主塔又倒了下来，偷盗者闻风而来，洗劫了大批宝物。直到1956年，泰国文化艺术厅才接手管理玛哈泰寺，并在寺中陆续挖出由7层圣盒装着的佛陀舍利子、金佛、宝石、戒指等，现在都陈列在昭善菩雅国家博物馆（Chao Sam Phraya National Museum）。

©MOOK 朱月华摄

帕兰寺 Wat Phra Ram

P.115B2
8:00-18:00
50铢

帕兰寺（Wat Phra Ram）建于1369年，是乌同王火葬之处。寺内有许多塔结合了高棉塔、锡兰塔等的特征。主塔上的行走佛与立佛已残破不堪。寺前有一座大池塘，在莲花开放的季节分外美丽。若没有赶上莲花季，也可以骑大象过过瘾，寺外有大象骑乘服务，沿着马路绕一圈一个人需400铢。

古城外围

邦芭茵夏宫Bang Pa-In Summer Palace

自大城南方车程约半小时，距曼谷61公里汽车程、58公里火车程、2小时船程。可至曼谷北方巴士站搭乘巴士直达

8:30~17:00　100铢

www.palaces.thai.net/day/index_bp.htm

邦芭茵夏宫始建于大城王朝时，巴萨通王（King Prasat Thong）在这个濒河的小洲上盖了一座寺庙及夏宫，之后历任国王都来此度过炎热的夏季。1782年，泰国的首都迁到曼谷，这里荒废了80年，直到却克里王朝的拉玛四世又来此地盖了一个小住所。

拉玛五世朱拉隆功大帝（King Rama V，Chulalongkorn）非常喜欢这里，每年都会来三次，一连串的整建工程便都完成于此时。行宫中有各式各样的建筑：泰式凉亭、欧式行馆、中国式书房等。

帕南琼安寺 Wat Phra Chao Phanan-choeng

P.115C3

8:30~16:30

帕南琼安寺约建于1324年，位于昭披耶河与楠巴沙河（Nam Pasak）交汇处，这个地区是早期华人聚居的地方，所以相传此寺尊奉的是中国明朝的三保太监——郑和，虽然寺中并没有任何郑和的塑像，只有一尊高19米、两膝间距14米的巨大坐佛，但是这里的华侨都认为他是三保公的化身。每逢过年时，寺内人头攒动，特别是很多华人都来拜三保公佛。

©MOOK朱月华摄

柴瓦塔那兰寺 Wat Chai Watthanaram

P.115A3　8:00~18:30　50铢

柴瓦塔那兰寺的壮丽直逼玛哈泰寺，尤其是在夜晚灯光的映衬下，庄严肃穆的气氛令人凛然。白天的柴瓦塔那兰寺同样撼人心神，象征须弥山的塔群最能吸引游客的目光。塔群的中间是一座高棉式的大塔，四周有4座小塔，再外围则有8座更小的塔及门，全部位于同一座台基上。柴瓦塔那兰寺属于皇室宗庙，所以几乎每位国王都修过此寺，很多国王在这里举行火葬，大城沦陷后，这里还曾作为军营。因此，这里鬼魅传说不断。不过，若是夜晚来此欣赏古迹，多注意身边的虫、蛇比害怕魑魅魍魉更为重要。

©MOOK朱月华摄

纳菩梅汝寺 Wat Na Paumaen

P.115B1

纳菩梅汝寺（Wat Na Paumaen）的意思是须弥山寺或火葬台，它位于大城城外的北边，面对着古皇宫，最早可能是为某位君主举行火化大典的地方，也是在战争中唯一没有被缅甸军队占领的寺庙。纳菩梅汝寺的大雄宝殿是大城王朝最大的大殿，以及最好的建筑艺术展示品。大雄宝殿长50米，宽16米，殿内有两排绘着莲花的方柱，每排8根，回廊中的支柱更为高大，很是壮观。

崖差蒙空寺 Wat Yai Chaiyamongkhon

P.115D3

乌同王于1357年建成的Wat Pa Kaeo，就是现在的崖差蒙空寺（Wat Yai Chaiyamongkhon），以迎接一群到锡兰师法高僧Phra Vanarat Maha Thera而学成归国的和尚。这个支派称为Pa Kaeo，最重要的功课就是从事冥想，乌同王将之称为右派，并自封为此派的首领，以相对于另一注重经典研究的“左派”。

©MOOK朱月华摄

芭堤雅

Pattaya

有“东方夏威夷”之称的芭堤雅，于1960年代开始发展旅游业，游客们主要集中于芭堤雅海滩一带，许多高级的休闲饭店聚集在芭堤雅的北方，南方则是繁华热闹的商业区。

近年因为曼谷国际机场迁址，从曼谷至芭堤雅的交通时间比过去缩短了将近40分钟，许多高档休闲饭店纷纷进驻芭堤雅。芭堤雅最佳的度假方式，就是选择一家让人尽情感受休闲自在的饭店，轻松拥有完全属于自己的假期。

© MOOK 王瑞芬摄

info.

如何前往

●飞机

可由国内诸多城市搭机直飞曼谷，再由曼谷搭车前往芭堤雅。

●巴士

从曼谷搭乘巴士约需2小时可到，30分一班。

- 东线巴士总站（Ekkamai，Sukhumvit Rd.）
- 曼谷客运+66-2391-9829
- 空调巴士5:00~22:00；普通巴士5:00~21:00
- 空调巴士票价约90铢，普通巴士约77铢。另外也可从曼谷国际机场搭乘机场巴士前往，约3小时可抵，票价1500~2250铢

●火车

从曼谷搭乘火车到芭堤雅，约需3.5小时。

- 曼谷华蓝蓬火车站（Hua Lampong）搭乘东线（Eastern Line）
- 6:55，一天只有一班
- 仅有3等普通车厢，票价31铢
- www.railway.co.th/Englis h/Time_HTML.asp

市区交通

在芭堤雅可搭Tuk Tuk车或双条车，另有观光巴士供游客选择。

●市区观光巴士

黄线（19公里）、红线（30公里）、绿线（约13公里），停靠芭堤雅市区主要旅游景点。

- 6:00~02:00
- 单程30铢，一日券90铢，三日券180铢，购买乘车券可自由搭乘3条路线巴士

旅游咨询

●泰国旅旅局

- 382/1 Mu 10 Chaihat Rd.，Pattaya City，Amphoe Bang Lamung，Chon Buri 20260
- +66-38-427667
- www.toursmthailand.org

住宿资讯

●Sheraton Pattaya Resort

- P.121A3
- 437 Phra Tamnak Road.Pattaya
- +66-38-259888
- +66-38-259899
- 165美元起
- www.starwoodhotels.com /sheraton/index.html

●Siam Bayview

- P.121B2
- Beach Road，Pattaya Cholburi 20260
- +66-38-423871~7
- 70美元起
- www.siamhotels.com

●Montien Hotel Pattaya

- P.121B2
- Montien Hotel Pattaya，Pattaya 2nd Road，Pattaya City（Central），Chonburi 20150
- +66-38-428155~6
- +66-38-423155、428311
- 2 800铢起
- www.montien.com

芭堤雅公园塔

Pattaya Park Tower

P.121A3

距泰国旅游局旅客服务中心（TAT）约5分钟车程

345 Jomtien Beach Pattaya

+66-38-251201　11:00~18:00

外国人300铢

芭堤雅南方的海岸线被称为中天海滩（Jomtien Beach），来到这里远远就可以看到芭堤雅最高的建筑物"芭堤雅公园塔"。事实上，这是一家拥有718间海景房的度假饭店，楼高55层，高240米。芭堤雅公园之所以受人瞩目，就是因为这座高塔，55楼的高度可以360度展望芭堤雅的全区美景，眺望整个海滩。其52~54楼是旋转餐厅，游客可在此尽情享用欧式自助餐，在美食与绝景的相伴之下，度过最悠闲的时光。

芭堤雅公园塔提供一项冒险刺激的活动——高空滑降（Tower Jump），参与者在做好万全准备之后从塔顶一跃而下，身体快速俯冲向地面，非常刺激，具有冒险精神的人不妨一试。芭堤雅公园内，同时拥有水上乐园及游乐区、单轨电车、云霄飞车和大型滑水道等各种娱乐设施，可使一家大小都能够陶醉其中。

©MOOK 王瑞芬摄

©MOOK 王瑞芬摄

格兰岛

Koh Larn

P.121A2 距芭堤雅10公里 9:30、11:30

从距泰国旅游局旅客服务中心（TAT）约5分钟车程的观光港搭乘渡轮，约40分钟船程

观光渡轮250铢（含午餐）、100铢（不含午餐）；交通船20铢，来回40铢；包船费用1 000~ 3 000铢

©MOOK 王瑞芬摄

©MOOK 王瑞芬摄

格兰岛是一个珊瑚礁离岛，与邻近的萨岛被称为双胞胎岛屿。游人来到这里可以进行滑水、冲浪、拖曳伞、水上摩托车、潜水、游泳、搭乘香蕉船等水上活动，或者只是悠闲地在纯白沙滩上享受日光浴。岛上有多个沙滩，游客可以搭乘岛上巴士，前往游客较为稀少的沙滩游玩，或者可以坐上摩托出租车，来趟环岛之行。

如果你喜欢充满野趣的户外活动，可以前往岛上的最高点——爬上陡峭的多层阶梯之后，便可来到岛上地势最高的寺庙。这里平常就会有信徒前来朝拜，因为这里流传着一段僧侣神迹的故事。不过最吸引人的是其居高临下的视野，让人能够尽览整个岛上的景致，碧蓝的海水与洁白的沙滩，交织出最美丽的海岸风光。

芭堤雅大象村

Pattaya Elephant Village

P.121C2　距泰国旅游局旅客服务中心（TAT）约20分钟车程
54/1 Moo 2，Tambol Nong Prue，Pattaya　休 无
+66-38-249818　8:00~19:30；大象表演14:30
90分钟大象表演秀，每人700铢；60分钟骑大象体验，每人1200铢，丛林探险+骑大象+泛舟+餐点，每人2 000铢
www.elephant-village-pattaya.com

©MOOK 王瑞芬摄

©MOOK 王瑞芬摄

芭堤雅大象村于1973年对游客开放。当初泰国乡下的农人，为了改善生活，会到山林中抓小象来工作，而一生只认一位主人的大象，不论主人境遇好坏，都会不离不弃，但一只成年的大象每天就要花费65 000铢，许多象夫由于经济拮据养不起大象，只能带着大象流浪街头或任凭它饿死。老板因为不想再看到大象如此凋零生命，于是开设了芭堤雅大象村，提供一个让大象能够表演，象夫也能够获得温饱的地方。

每天进行表演的大象聪明可爱，不仅能够依照指示搬运木头、踢足球，甚至会做简单的算数。观众们还可以看到一场重现泰国古代骑着大象战争的剧目。看完表演，游人可以乘坐大象游逛村落。村子内不仅有泰丝工厂，还有将近500米长的湖水。游客们会先坐上大象进行一小时的骑象之旅，接着由导游带领深入丛林，听导游详细介绍泰国的植物。另外村内也供应餐饮，并提供船、牛车等交通工具，游人可在此进行一次深入户外的旅游探险。

©MOOK 王瑞芬摄

银湖葡萄园

Silver Lake

位于七珍佛山旁　www.silverlakethai.com
周一~周五9:00~17:00、周六~周日8:00~19:00
游园车20分钟每人60铢；脚踏车30分钟50铢；ATV1分钟10铢。新鲜葡萄1公斤200铢起；葡萄原汁一杯50铢、一瓶（750cc）110铢

©MOOK 陈昱安摄

泰国水果种类繁多，产量丰富，最常见的美味有红毛丹、山竹、榴莲、椰子等，而在欧洲地区常见的葡萄园，居然也出现在炎热的芭堤雅地区，这真让人意外。

泰国东北部近年种植葡萄且自酿美酒卓有成效，部分地区起而效尤，坐落在芭堤雅郊区的银湖葡萄园（Silver Lake）就是一例。葡萄园老板是泰国明星Supansa，她看到朋友在泰国东北部的葡萄园经营成功，而自己在芭堤雅刚好有一块总面积200多公顷的土地，于是便试种葡萄，成就了今天的银湖葡萄园。

银湖葡萄园内共种植了White Malaga、Shiraz及Crimson Seedless三个品种的葡萄。农场行销经理Thanakorn Oangprabpram表示，葡萄园约占园区总面积的1/3，每年两收，以12月至次年1月的葡萄品质最佳，其次是5~6月。

银湖葡萄园所出产的葡萄，个头不大，风味却相当独特。园区除出售新鲜葡萄外，另有罐装葡萄汁、果酱、葡萄干以及葡萄作馅的饼干点心等出售。

葡萄园区内有个天然湖，每当夕阳西下，湖面波光粼粼，犹如银光闪烁，这便是“银湖”的命名由来。园方以自家景致为傲，虽然未向游客开放采摘活动，但备有游园车，可带游客四处参观，并有四轮传动车、自行车可供租借。

©MOOK 陈昱安摄

Walking Street

P.121B2
距泰国旅游局旅客服务中心（TAT）约5分钟车程

有泰国黄金海岸之称的芭堤雅以一条长约4公里的海滨道路为中心，沿着这条路往南，一路上旅馆、酒吧、餐厅与购物商场林立，道路的另一侧则是最知名的芭堤雅海滩。在斜阳的照射下，漫步在充满浪漫南洋风情的婆娑树影中，这样的度假体验绝对值得你一生回味。

海滩步道的尽头是芭堤雅最著名的Walking Street，游客们可以在这条街上找到各种露天酒吧。要提醒你的是，彩色霓虹灯光让不计其数的小酒吧显得更加迷人，但部分这类酒吧会提供钢管舞的表演，如果不喜欢这类表演，请尽量选择灯光明亮的酒吧。

©MOOK 王瑞芬摄

©MOOK 王瑞芬摄

蒂芬妮人妖秀

Tiffany's Show

P.121B1 距泰国旅游局旅客服务中心（TAT）约5分钟车程
464 Moo 9 Pattaya 2nd Road, Pattaya 20260 +66-38-421700
每天三场，每场约75分钟，18:00、19:30、21:00。旅游旺季可能加场
休 无 $ VIP800（1~8排）、Deluxe700（9排起）、Mezzanine600B（2楼）
www.misstiffanyuniverce.com

蒂芬妮人妖歌舞剧院于1974年成立，是泰国乃至整个东南亚地区首创的人妖秀场。一开始仅是由3位天赋异禀的歌舞演员，模仿美国纽约著名的百老汇歌舞剧，将好莱坞演员玛丽莲·梦露的唱腔与优雅动作模仿得惟妙惟肖，受到许多游客的喜爱，名声渐渐传开，成为造访芭堤雅的游客们一定要欣赏的歌舞剧，被称为泰国的“丽都秀”。蒂芬妮人妖歌舞剧院更被世界知名的旅游杂志评选为世界十大歌舞剧院之一。

蒂芬妮人妖歌舞剧院目前拥有110位人妖演员，其表演剧目多样，场地采用先进的灯光、音响设备，加上华丽的舞台设计与紧随世界潮流的演员服装，都为歌舞剧增色不少。除了常规演出，剧院每年都举办选美活动，年度皇后必须肩负起泰国旅游推广的责任。

©MOOK 王瑞芬摄

皇家花园广场购物中心
Royal Garden Shopping Plaza

P.121B2
距泰国旅游局旅客服务中心（TAT）约10分钟车程
+66-38-710294
11:00~23:00
休 无

©MOOK 王瑞芬摄

芭堤雅虽小，却拥有许多高级饭店与购物中心，还有折扣颇多的Outlet购物中心。皇家花园广场购物中心就是位于芭堤雅海滨道路上的一栋大型购物中心，空间明亮宽敞，逛起来舒适，商品的价格自然也较路边小摊上的为高。在购物中心选购一些有品牌的商品如PUMA、曼谷包Naraya等品质更有保障，若是看上一些泰国特产的小物件，建议你先在外面的小摊上多方询价后再决定在哪里购买。

由于华歌尔、黛安芬等女性内衣品牌在泰国进行贴牌生产，卖场的价格相对便宜，因此，内衣也成为很多女性游客到泰国的必买物，只是泰国女性身形娇小，店家提供的款式和尺寸往往没有国内的选择这么多。美食楼层和国内的百货大楼大同小异，提供多种餐饮选择。

此外，你还可在这里挑选泰国近年风行全球的设计商品，其中位于商场2楼的独立品牌Be Yourself就是不错的选择。

©MOOK 王瑞芬摄

Be Yourself

©MOOK 王瑞芬摄

这家品牌店是由Roje Mekhsobhon与Wittaya Daorueang共同创立的，主要经营自家设计的金属摆设品，目前全泰国也只有这家店。他们的灵感来自于大自然，因此以金属制作出有如树叶、枝干形状的各种摆设品，如花瓶、文具、书报架等，造型多为现代简约风格。

木船
Rua-Mai

P.121B2
距泰国旅游局旅客服务中心（TAT）约15分钟车程
Pattaya Sai 3 Road，Pattaya
+66-38-370121　8:00~17:00　休 周二

看起来相当不起眼的小店门前，摆放着一艘木制的船只，这就是芭堤雅著名的小店“木船”。“木船”的由来和泰国传统的水上交易有关。泰国传统的小吃摊都是沿着河岸叫卖，甚至在船上现煮米粉汤，久而久之，米粉汤与木船画上等号，看到木船就会想到美味的米粉汤，而这也是店名的由来。

在芭堤雅拥有两家店面的木船里有当地人都竖起大拇指推荐的好味。这里的汤头以猪骨、猪血加上新鲜的白萝卜、白菜、茄子来熬煮，有别于一般清淡爽口的米汤，加入猪血的木船高汤口感浓郁，让人品尝第一口就爱上。

你可随心所欲地要求老板搭配猪血、猪肝、猪肉、鱼丸等配料。由于天气炎热，如果想要吃干面也行，不过要提醒你的是，只有汤面才可以尝到独特口味的猪血哦！

©MOOK 王瑞芬摄

Pattaya Marriott Resort & Spa

P.121B2 距Pattaya巴士站约10分钟车程，距从泰国旅游局旅客服务中心（TAT）约10分钟车程
218 Beach Road Pattaya 20260 +66-38-412120 +66-38-429926
花园景观双人房135美元起；花园景观阳台双人房175美元起，价格可能因季节有所变动，请以饭店网站公布为准
Marriott.com/PYXMC pattayamarriott@minor net.com

©MOOK 王瑞芬摄

Marriott即万豪国际连锁饭店集团，在全球很多城市、观光胜地都有驻点，位于芭堤雅海滩上最热闹区域的Pattaya Marriott Resort & Spa是其旗下的一员，该饭店占尽地利之便，不仅位居海滩中心，更与颇受欢迎的皇家花园广场购物中心相连，前后入口都串联芭堤雅最繁华的街道，无论游客想尽情享受水上活动或是逛街、购物、体验夜生活，它都是交通最便利也最醒目的地标饭店。

Pattaya Marriott Resort & Spa将近300间的客房中，有一半的房间能够眺望芭堤雅的海湾景致，其他的则是欣赏花园景观的房间，而这里最受人欢迎的就是这让人仿佛置身丛林的花园。

占地广阔的花园是饭店特地请景观设计师规划的。花园中有一个充满泰国风情的水花园，里面种植着各种水生植物，随时都有美丽的花开放，游人有机会坐上小船在花朵池中漫游。池畔的香草园提供Marriott饭店知名的花园Spa服务，在这里有如置身自然丛林，完全感受天人合一的畅快。

美食是Pattaya Marriott Resort & Spa不可错过的享受，无论是在花园享用的西式早餐还是由香港师傅掌厨的广东料理都值得期待，特别是晚上在户外BBQ大餐，更能尽情感受泰国悠闲的度假氛围。

曼谷芭堤雅医院
Bangkok Pattaya Hospital

P.121C1
距芭堤雅巴士总站徒步约10分钟可到
301 Sukhumvit Road，K.M. 143，Banglamung，Chonburi
+66-38-259999
周一~周五7:00~21:00；周六~周日7:00~18:00

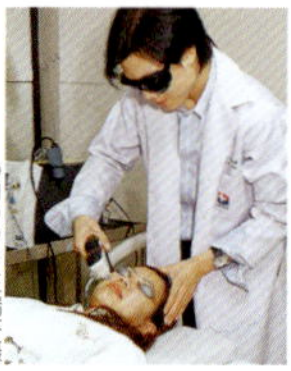

©MOOK 王瑞芬摄

泰国的医疗观光行之有年，许多欧美游客会趁着旅行，顺便进行一趟“改造之旅”，在修补容貌或身材之后，心情愉悦地度假观光是最好的复原方式，最后以更年轻更有活力的状态回到工作岗位上。芭堤雅的曼谷芭堤雅医院就是医疗观光的首选。

或许有人会质疑泰国专业医疗整形的水准，但曼谷芭堤雅医院不断引进先进设备，例如用于治疗老花眼的SuperSight，目前全世界就只有德国、美国与澳大利亚才有，这项技术以激光根治老花眼，让人恢复罹患眼病之前的正常视力，并能够维持50年不变。

如果想来芭堤雅进行一趟美容之旅，不用担心语言问题，这里有两位中文翻译，随时能够为客人解答疑问，而任何的疗程都需要先和医生讨论，唯有专业的医生决定接纳你并给予建议之后，才可以进行手术。这里最吸引人的就是合理的收费，一般的美容手术收费都比国内同样的手术价格低廉，但仍然能够享有同等甚至更高级的服务。

©MOOK 王瑞芬摄

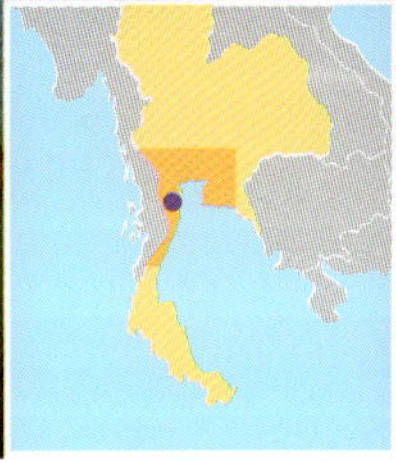

华欣

Hua Hin

泰文中“华欣”意指石的开端，沿着海岸线绵延3公里的岩岸就是地名的由来。

华欣距离首都曼谷约200公里，是泰国皇室与贵族的避暑度假胜地，这个滨海的小城没有喧闹繁华的城市景象，取而代之的是一份宁静与闲适。

由于现任的泰国国王为避开热闹的曼谷，晚年多长住华欣，为了不打扰国王休养，当地相关单位便规定海滩不准有任何水上摩托车、拖曳伞等水上活动，也因此，华欣还能保有静谧的度假氛围。

近年来越来越多的度假村进驻华欣，每家饭店各据一方海滨，彼此保持一定的距离，相当适合欢度蜜月或安排一段安静的假期。

info.

如何前往

●航空

可由国内很多城市搭机直飞曼谷，再由曼谷搭车前往，或者搭乘SGA航空等泰国国内航线前往，每天来回共8班。

SGA航空

- 航程约30分钟
- 单程3100铢，来回5200铢
- www.cessna.com

●巴士

从曼谷搭巴士需3~3.5小时，30~40分钟一班。

- 南巴士总站
- 4:00~21:00
- 高速空调车128铢，二级空调车99铢，空调车67铢
- www.transport.co.th

●火车

从曼谷搭乘火车到芭堤雅，约需4小时。

- 曼谷华蓝蓬火车站（Hua Lampong）搭乘南线（Southern Line）
- 华欣为大站，一天有12班
- 有各种等级车厢，二等空调车厢382铢，二等普通车厢292铢
- www.railway.co.th/Englis h/Time_HTML.asp

市区交通

主要饭店大多可安排前往邻近区域的交通工具，如果仅在市区内游览，可以搭乘嘟嘟车或三轮车。

旅游咨询

●泰国旅游局（七岩）

- 500/51 Phetkasem Rd.,Amphoe Cha-am，Phetchaburi
- +66-32-471005~6
- www.tourismthailand.org
- tatphet@tat.or.th

泰国旅游局提供

拷汪宫
Khao Wang

P.129A1
从华欣市区搭乘出租车或先搭乘Local Bus到Phetchaburi，再转搭出租车
从华欣往曼谷方向约60公里 +66-32-425600 8:15~17:30
周六~周日（博物馆休周一~周二） 门票含缆车费用，成人40铢，儿童30铢

©MOOK 麦慕贞摄

到华欣一游，拉玛四世的夏宫——拷汪宫是必赏必逛的皇家宫殿。打造这座离宫的拉玛四世其实就是影片《安娜与国王》中所描述的主角，因为受到这清新的山陵所吸引，于1860年在这里建造夏季避暑行宫，并将这座盘踞山丘的宫殿，昵称为“山中之城”。

这座夏宫涵盖了皇家大厅、寺院等建筑群，和谐的泰式传统风格融合西方古典与中国建筑式样。登上宫殿，穿过罗马式拱形圆顶、圆柱回廊，可见一观景广场，远处的寺庙尖塔错落于蓊郁山林间，这一切让人不禁遥想拉玛四世曾创下的威风胜景。

行宫目前改辟为国家博物馆，展出拉玛四世与五世所收藏的来自中国、日本与欧洲的雕塑、艺术品等。如果要上山欣赏这座皇宫，可以搭乘缆车。值得注意的是，拷汪宫附近有许多猴子，可能会骚扰游客，要尽量避开它们，并小心藏好食物，更别喂食给它们。

©MOOK 陈昱安摄

©MOOK 陈昱安摄

©MOOK 陈昱安摄

爱与希望之宫
Maruekhathaiyawan Palace

P.129A2 +66-32-508039
搭乘Local Bus前往（约25铢）或搭乘嘟嘟车（来回约500铢）
从华欣前往Cha-am约20公里的路上，邻近警察局
平日8:30~16:30星期三休，周六、周日及法定假日8:00~17:00
休 无 $ 90铢 ! 参观宫殿内部须脱鞋

©MOOK 陈昱安摄

靠海边的“爱与希望之宫”是拉玛六世及其他皇家成员的度假据点，另有一说认为拉玛六世盖此宫是为了让皇后休养，期望她能生下儿子，但终究未能得偿夙愿。这座1923年建造的避暑宫殿，只花一年时间就告落成，目前开放供大众参观。全宫的建材使用泰国柚木，是以1080根土柱支撑的16栋采用高脚屋方式建造的宫殿，清凉通风，没有热带国家惯有的湿热，并以一条长廊串起所有的建筑，每一栋建筑都有楼梯从陆地延伸到海滨。

宫中格局仍保留着当年的皇室书房、国王与皇后寝宫、客厅、客房、佛堂等规划，厅房之间以长形走廊对称方式隔开，互不干扰，中间园地种满热带花卉。为让国内外游客了解泰国皇室的功绩，在宫殿里还陈列有皇太后和现任拉玛九世国王的大事记。

由于宫殿面积广大，过去皇室成员来度假时都会在园区骑乘自行车，现在在夏宫里也提供单车租借的服务，便于游客参观。海风拂来，一种遗世独立的感觉油然而生，在华欣，走到哪，都要不疾不徐，大都会那种讲求效率、速度的时间表务必要扔掉，才能渐渐融入华欣这条缓慢的时光隧道。

©MOOK 麦慕贞摄

穴中庙
Tham Phraya Nakhon

P.129A2
搭乘南线巴士约40分钟车程可达
华欣南方约60公里的三百峰国家公园内
自由参观
搭乘木艇约20铢

©MOOK 陈昱安摄

距离华欣约40分钟车程的三百峰国家公园（Kao Sam Roi Yot National Park），因园区内的一座山而得名。此山靠海，登上峰顶不过600米，海拔虽不高却别有洞天，山中暗藏洞穴、建有佛亭，再神奇不过。

全程登山约需两小时，如果不想爬太久，建议从海岸边搭木艇，约10分钟即可绕过一座山头，再向上爬。攀爬的沿途都有石阶，还算轻松，从岩石层掺杂的贝壳类遗迹，可以判知此山多年前是由海底升上来的。

国家公园的精华处是一个大洞穴：帕亚那空山洞（Tham Phraya Nakhon），此地名是由那空是贪玛咖的统治者起的，大约200年前他在一次暴风雨中靠岸，发现了此洞穴。19世纪末时拉玛五世在这里建造了一座佛亭，随后拉玛七世、拉玛九世都曾到此造访。该佛寺又有穴中庙的名号。这座庙亭奇妙地建于洞穴底处，洞顶上方白天受光时，由小洞射进来的光线正好照射于亭子正面，令人啧啧称奇，后来有位高僧圆寂后埋藏于此，愈显此庙亭的庄严与神圣。

©MOOK 陈昱安摄

华欣火车站

P.129A2
从曼谷搭乘火车约4小时可到
位于华欣市区Damnoerm Kasem路往西约200米

华欣火车站是泰国最老的火车站之一，拥有悠久的历史，更有泰国最美的火车站之称。这座1911年建成的火车站，从门扇、窗根、屋顶到售票口，完全采用柚木来打造，并大量运用泰国传统建筑中的鲜艳色彩，红白对比的色彩也让火车站成为华欣最醒目的地标。1968年曾经重新整建的火车站内部，还有一个拉玛六世时代为欢迎皇室成员访问华欣所建造的皇家等候区，火车站不设检票口，任谁都可以轻松入内，也因此成为游客来到华欣最爱摄影留念的地方，唯有这个皇家等候区有所限制，一般游客只能在外欣赏。

©MOOK 麦慕贞摄

©MOOK 麦慕贞摄

丹嫩沙朵水上市场

Damnoen Saduak Floating Market

P.129A2

从华欣市区出发约4分钟可到，距离曼谷市区车程约1.5小时，前往Damnoen Saduak可在曼谷参加当地旅行社，约150铢起；或从南线公交车总站（the Southern Bus Terminal）搭乘巴士，在Damnoen Saduak 下车，6:00起每40分钟一班，空调车49铢，普通车30铢

Damnoen Saduak，Rajburi府

5:00~14:00，8:00~ 10:30最热闹

©MOOK 王瑞芬摄

水上市场的形成其实和我们一般传统市场是一样的，因为泰国早期以水路为最主要的交通干线，所以，亚洲国家常见的牛车赶集，在泰国就变成划船赶集，所有的买卖交易，用船运输是最快的方式。现在曼谷市区内并没有大型的传统泰国水上市场，而距离曼谷80公里的丹嫩沙朵水上市场是最被游客熟知的地点。

水上市场清晨就开市。由于充满传统泰国风情，大受游客喜爱，许多商家会配合游客营业，所以建议先别吃早餐，于8:00~10:00时抵达，这时游客最多，商家也全都开门，将泰国水上人家的真实状态表露无遗。

事实上，丹嫩沙朵水上市场颇具规模，水上穿梭着以女性为主的掌舵船东。建议游客搭上小船进入运河，只要出声要求，船只就会停下来，让你向错身而过的船贩们交易，每个船贩都会亲切地为其他船只传递物品。一路吃喝买玩，新鲜感十足。这里是诠释曼谷"东方威尼斯"称号的最佳观光胜地。

©MOOK 王瑞芬摄

©MOOK 王瑞芬摄

Sofitel Centara Grand Resort & Villas Hua Hin

P.129A2 从华欣火车站徒步约10分钟可达
1 Damnernkasem Road, Hua Hin Prechuap Khirikhan 77110
+66-32-512036 F +66-32-511014
Superior4,200铢起，Deluxe 5,400铢起
www.centralhotelsresorts.com
reservation@sofitel.co. th

©MOOK 陈昱安摄

饭店的前身原为1923年为迎接拉玛七世前往度假所建的皇室避暑山庄，是一座白色的木造结构、红色屋顶的优雅建筑。它坐落在海边，样式与华欣拉玛六世的夏宫相同，其幽雅宜人的住宿环境，营造出一个隔绝尘嚣的静谧之地，让留宿其中的客人感受到无与伦比的温馨氛围。

饭店广大的庭园内遍布着热带植物，许多被修剪成大象、孩童、蝴蝶等可爱模样的树木，成为庭园里的美丽装饰。

饭店的建筑外观呈现出一派殖民风格，其屋内的摆设，也与其外观相呼应。房内以黄铜制成的半圆形照明开关、向左右折叠的木制落地窗，就连浴室的水龙头与镜子都充满英式风味。

饭店专属的Spa Cenvanee位于靠近海滨的木屋，Spa所提供的疗程不假手现代仪器，强调所使用的保养或去角质素材皆取自自然。以全身去角质疗程Tropical Papaya and Coconut Glow来说，就是使用木瓜搭配磨碎的椰子为主要敷料，利用这两种水果富含的维生素A和维生素C，滋润游客疲劳的肌肤，并使之恢复本该有的光泽。Spa Cenvanee同样有按摩、全身护肤、脸部保养、指甲修护等服务，以及针对男性旅客所设计的特殊保养疗程和两小时以上的套装组合。

©Centara Group

奇瓦颂度假村
Chiva-Som

P.129A2
73/4 Petchkasem Road, Hua Hin, Prachuab Khirikham 77110
+66-32-536536 F +66-32-511154
www.chivasom.com @ reservation@chiva som.com

Chiva-Som是全亚洲最早强调健康养生的主题度假饭店，从大厅到房间规划，从三餐到疗程设计，该饭店将Spa的理念发挥得淋漓尽致。

在泰语里，Chiva-Som意为“生命天堂”，而Chiva-Som的Spa确实也给予住客有如入住天堂一般的假期体验。Spa所有的项目均从全面体检开始，每一位住客都先经过专业医师一对一的咨询，并获得一份健康评估表，住客可按评估结果选择所需要的Spa项目。

在饭店经营之初，并未开放单日入住，一次入住都以一周为基准，尔后才逐渐规划出为期3天的套装Spa疗程。由于养生效果佳，汤姆克鲁斯、伊莉莎白·赫莉等好莱坞名人也曾慕名前来。

Chiva-Som Spa除了每天的瑜伽、太极、冥想、水上有氧等免费课程外，另有耗资2600万美元打造的高科技仪器设备，提供氧气供给训练Fitness Oxygen Power、浮力池疗法Floatation，以及针灸、泰式传统按摩等疗程，都可供住客由内而外地改造自己。

此外，奇瓦颂度假村提供的低热量三餐食物，虽是吃到饱的自助餐，但每一道菜都清楚标示其卡路里数和脂肪含量，口味清淡亦不失美味，吃进的每一口都是健康。

©MOOK 朱月华摄

华欣安娜塔拉度假村

Anantara Resort & Spa

P.129A2
43/1 Phetkasem Beach Road,Hua Hin 77110
+66-32-520250　+66-32-520259
共有六种房型，房价约6,500铢起。实际房价依网站公布为准。
www.anantara.com　info@anantara.com

同样位于华欣海滨，面对日出东方的华欣安娜塔拉度假村（Anantara Resort and Spa），隶属于其同名连锁饭店集团，该集团在各地的度假村都会融合当地特色，并将其凸显在饭店的整体规划和客房的装潢上。

一踏进度假村，首先映入眼帘的是茂密的热带植物和成排的大象雕塑，不仅直接把象征泰国的图像放在入门口处，也呼应了饭店成为大象马球主办单位的形象。

©Anantara Resort

度假村将200间住房规划为12个别墅区，包括超过56公顷的景观花园，以及一个人工湖，湖上还有水上市场的小船轻摇，漫步其中犹如走在一座特色独具的泰式庄园，闲适自在。越过庭院往海滨走，当初的设计者刻意将建物和海滨保持距离，长长的海岸线延伸出去，视野也跟着开阔了起来。

Anantara在佛经中代表着“水”，设计师将度假村里的Spa设于人工湖畔，建筑取自泰国传统色彩的图腾等元素，极具现代感又不失泰国味。Anantara Spa提供从头至脚完整的疗程，还可选择在户外进行传统泰式按摩。

度假村每日亦提供各项活动，包括烹饪教室、蔬果雕刻、泰语课程、骑大象等，住客就算不出门，也可以安排一个丰富的假期。

Hua Hin Marriott Resort & Spa

P.129A2　107/1 Phetkasem Beach Road, Hua Hin 77110，Thailand　+66-32-511881
+66-32-512422　住房依景观区分，每晚4350铢起。实际房价依网站公布为准
www.marriotthotels.co m
huahinmarriott@minor net.com

Hua Hin Marriott Resort and Spa坐落于海滨区，拥有绝佳的隐秘性。接待大厅置有以大块原木制成的尺寸夸张的家具，和传统泰国的布置形成极大的视觉印象反差。不规则的泳池位于度假村中央。住房建筑之间布满葱郁的热带植物，邻近海滩的住房都设有小阳台，可以就近享受日光浴或直接冲到湛蓝海水里享受清凉。相较于夸张布置的大厅，色调沉静的住房显得雅致保守许多.

度假村的Mandara Spa刻意打造成一座热带Spa岛屿，被奢华的热带花园与人工湖包围着，住客可完全沉浸在这隐蔽、平静的环境里，享受身心完全放松的喜悦。Spa室皆为凉亭式建筑，拥有一座黑色水磨石建造的浴池及露天淋浴间，以及特别设置的草药蒸气浴室。度假村整体设计混合巴厘岛与泰国两种建筑特色，内部多以自然素材装饰，使用柚木做框架，以切割成长方形的石块装点墙面，将鹅卵石铺陈在水磨石地板上，并在入口处以热带植物装点成小花圃，墙上悬挂各式艺术作品，整个Spa中心散发着浓郁的东方风情。Spa不仅提供个人身体按摩、脸部美容、足部治疗等完整的Spa服务，亦有针对两人同时进行的双人疗程。

©MOOK 陈昱安摄

泰国北部
The North

清迈

Chiang Mai

清迈距离曼谷700公里。Chiang Mai在泰文中意为“新城”，过去被称为“北方玫瑰”，可说是泰国北部最重要的城市，在历史上也是泰国四大王朝之一、曾经统一泰国北部的蓝纳王朝（1259~1564）的根据地。清迈三面环山，早期因为木材产量巨大而成为泰国木刻或竹编工艺品的大宗产地，直至今日，清迈的工艺品无论样式或价格仍有口皆碑。

清迈境内多山林，气候舒爽宜人，淳朴的民情和闲散的氛围，风味独特的泰北美食，加上保存完好、充满蓝纳艺术特色的寺庙，以及逐渐发展成熟的山林户外旅游体验项目等，让清迈这几年的发展不可同日而语。相较于泰国其他城市，清迈的传统节日过得更为热闹。各家连锁饭店或是当地独立经营的民宿或旅馆纷纷在这里开张营业。另外，以聚集独立品牌设计师为主的周末市场，也别具特色。

先别因为清迈这样迅速的发展而止步，来到清迈，你依然可以放慢脚步，仔细漫游，除了观赏众多古迹，也可以尝试各种深入泰国文化的体验活动，或是尽情游逛最吸引人的泰国新设计杂货，保证满载而归。

info.

如何前往清迈

目前北京、上海、广州、昆明皆有直飞清迈的航班，推荐去昆明搭机，一则跟清迈近，避免旅途劳累，二则机票价钱便宜。

从曼谷转机有较多选择，包括：

泰国航空Thai Airways

www.thaiair.com

曼谷航空

www.bangkokair.com

Nok Air

www.nokair.co.th

Air Asia

www.airasia.com

●巴士

从曼谷到清迈可搭乘巴士，有VIP巴士、空调巴士和普通巴士3种。

曼谷Phaholyothin路的北上巴士站（靠近札都甲公园周末市场）

5:20~22:00

+66-2-5378055

VIP巴士369铢；空调巴士290铢；普通巴士205铢

●火车

从曼谷到清迈的火车票需事先到火车站购买，每天有快车、特快车两个班次，最快约需11个小时车程到达。

每天7~8班，5:20~22:00

曼谷+66-2-2237010；清迈+66-53-242094。

一等车空调卧铺1353铢，二等车空调车厢611铢；普通车厢431铢

机场至市区交通

有巴士往返清迈机场与市区之间，亦可到出租车招呼站搭出租车前往下榻饭店。

市区交通

●三轮车（Saam Lor）

短程费用20~30铢；长程费用40~50铢，最适合游逛旧城区

●嘟嘟车（Tuk Tuk）

直接与司机议价，速度较快，市区内小段路程约20铢，如果要越过河，会到40铢以上

●双排车（Song Taews）

这是清迈最常见的运输工具。红色车身的属于公共出租车。

每人每次只要在下车时付12铢

●巴士（Bus）

清迈从2005年开始有巴士运行，不过初期仅有5条路线，其中两条路线是从清迈机场到市区。

每人车票从10铢起

详细路线请洽询网站：

www.chiangmainews.co m/aboutchiangmai/images/bus_schedule.jpg

●湄滨河游船

游船码头位于清迈夜市附近的柴孟扣寺前。游船行程约2小时，沿途会经过象牙桥等六七座桥梁，除了欣赏河岸的柚木建筑，还会停留在一个农夫之家餐厅，游人可在那里享用清迈最负盛名的清迈面（Kao soi）或是各种新鲜的果汁或香草茶。每天晚上7:00，另有一班航程1.5小时的晚餐船，提供美味的泰式料理。

从旧城门Thaphae门出发约6分钟车程，位于柴孟扣寺（Wat Chiang Mongkol）前

133 Chareonprcthat Rd. Changklan A. Muang Chiangmai 50100

+66-5327-4822

8:30~17:00　10美元起

www.maepingriver cruise.com

旅游咨询

●泰国旅游局

105/1 Chiang Mai-Lamphun Rd., Amphoe Muang, Chiang Mai

+66-53-248604、248607、241466

www.toursmthailand.org

住宿资讯

清迈近年有许多精品饭店进驻，由于清迈交通不如曼谷便利，如不想花太多时间在交通上，旧城区附近也有很多精致旅馆可选择。在旅游淡季时，各家都会推出3天2夜优惠活动，含机场接送加上早餐或当地游程，甚至连泰式按摩也包含在费用里，相当经济划算。精选饭店介绍详见分区页面，更多饭店推荐如下：

●U Chiang Mai

2008年6月开业，位于旧城区附近，其设计融合了简约时尚与泰北的优雅路线。房间备有ipod音响，住客可不受退房时间限制，且早餐也可以选择在房间或餐厅享用，超人性化的贴心服务是其特色。饭店拥有自己的Spa中心，不定期推出优惠套装。

P.139C2

Rachadamnoen Road,Sir-Poom - Chiang Mai, Thailand

+66-53-327000

+66-53-327096

www.uhotelsresorts.com/ chiang-mai/

●Yantarasiri Boutique Hotel

2008年开业，在清迈新兴设计街上，由家族经营，精致小巧，离旧城区不远，观光购物都便利。

P.139A2

24/17 Nimmanhaemin Road Soi 6 Tambol Suthep, Amphur Muang Chiang Mai

+66-53-214214

+66-53-212060

www.yantarasiriboutique hotel.com

●Kaomai Lanna Resort

Kaomai Lanna Resort位于清迈山边，近机场，旅馆改建自旧烟厂，把当时一幢幢烟叶楼改建为住房楼，并以藤蔓植物围绕，符合现代生活讲求的慢活和环保主题。客房装潢以泰北传统家具为主，带一些殖民风格，环境清幽。

P.139B4

1 Moo 6 Chiang Mai-Hod Rd., Ban Klang Sun Pa Tong Chiang Mai

+66-53-834470~5

+66-53-834480

www.kaomailanna.com

清迈古城墙城门

P.139 位于清迈市区中心 自由参观
距清迈机场约10分车程，从清迈夜市步行约10分钟可达

©MOOK

清迈原来有两道城墙，外城是一道土墙，内城是一圈砖墙，如今多已倒塌，遗留内城的四角及五个城门。

当初北部城区被视为清迈城最重要的区域，所以千帕门（Chang Puak Gate）只开放给皇室用；东边的塔佩门（Thaphae Gate）是竹筏码头的意思，象征统管城市的基础，同时也是清迈的迎宾正门。每年泰历12月的水灯节即以塔佩门为活动起点。

城墙的南边有两个门：清迈门（Chiang Mai），以往是经商人的通行要道；松旁门（Suan Prung Gate）则是15世纪才盖起的城门。西边的松达门（Suan Dok Gate）通往前身是皇宫花园的松达寺，具有保卫城民的意义。

城墙的4个城角各自有其代表意义。东北角Sri Phum是“大地之光”的意思，影响此城的光荣，是最重要的城角；东南角Katam是“捕鱼的陷阱”的意思，影响此城的防御工事；西南角Ku Ruangr代表抵挡不吉祥的运气；西北角Hua Rin则是水源之意，影响此城的寿命。现今的城墙是清迈最后一任统治者Chao Kawila，在18世纪末从缅甸人手中夺回后重修的。即便现今城墙斑驳，沿着护城河行进时，看着古城墙的砖瓦，仍能遥想当时王城的辉煌岁月。

©MOOK 王思佳摄

帕邢寺
Wat Phra Singh

P.139B2
松达门（Suandok Gate）徒步约5分钟可达
Singharat Rd. Chiang Mai 9:00~17:00

©MOOK 朱月华摄

帕邢寺集合了许多最重要的蓝纳艺术精华。1345年时，帕于王（King Pha Yu）先在此建塔，放置他父亲的骨灰，寺庙原名为Li Chiang Phra寺。自从1367年，一尊狮子佛被供奉在此，该寺就改名为帕邢寺。在泰文中意为狮子庙。

关于狮子佛，它被认为是高贵且稀有的佛像，源自印度Bodhgaya。狮身体态丰满，头上的佛光类似莲花苞、袈裟自然绕在左肩上，尾端摆在胸前。

狮子佛由来未明，虽然寺里的莱卡僧院（Viharn Lai Kham）就是当时为了要供奉这尊狮子佛而建造的，但现在供奉在院中的佛像也是尊复制品，真品据传是在清迈国家博物馆。

僧院中另一项重要的珍藏就是墙壁上的绘画。这些画以描绘早期泰国北方的日常生活情景和缅甸宫廷的状况著称，笔法细腻，内容主要是两个邪不胜正的寓言故事。

此外，一进寺门的右手边，矗立着一座最典型的北方藏经阁，下面有架高的台基，外墙有灰泥的佛像浮雕。上方的木造藏经阁有精致的木雕，算得上是寺里传统艺术精华的所在。

©MOOK

清曼寺
Wat Chiang Mun

P.139C2
从旧城塔佩门（Thaphae Gate）徒步约15分钟可达
Ratchaphakhinai Rd. Chiang Mai
6:00~18:00

©MOOK 朱月华摄

清迈的第一座寺庙就是清曼寺。清迈建城时，蓝纳王朝的开国君主曼格莱王在此扎营，监督整个工程的进行。

寺中最古老的建筑是由15只大象雕塑承载的塔。另有两座蓝纳式僧院，较大的一座僧院在1920年曾重修过。佛坛前造于1465年的立佛，是到目前为止清迈发现的最早的佛像。较小的僧院供奉具有造雨神力的两座佛像Phra Sila与Phra Sae Tang Khamani。

Phra Sila是一尊浮雕，疑似是8世纪时来自锡兰或印度的珍品。Phra Sae Tang Khamani则是一尊10米宽、15米高的小水晶佛像，曼格莱王很看重此佛像，甚至连打仗时都带在身边。清曼寺每年4月1日会举行宗教活动，届时僧众会抬Phra Sae Tang Khamani佛像绕城游行一周。

©MOOK 周治平摄

布帕壤寺
Wat Buppharam

P.139C2
Thaphae Rd., Chiang Mai，近塔佩门（Thaphae Gate）

©MOOK 朱月华摄

布帕壤寺位于圣方寺的对面，1497年由King Muang Kaew建造，当时正值兰那王朝佛教最兴盛的时候。它是一座混合缅甸和兰那两种风格的寺庙，最吸引人的是其年代久远的小木造僧院。小僧院有超过300年的历史，19世纪末曾经修复过，屋宇还保存原样，风檐上及廊柱上的细致灰泥装饰依旧令人心动，有点倾斜的前门让人心生年华老去的感叹。紧邻小木造僧院的是一座较大的僧院，也有200年的历史。走在两座僧院间的小道上，思古之幽情油然而生。左边新建造的僧院色彩斑斓、金碧辉煌，与那两座老旧的僧院形成鲜明的对比，其装饰有金色鸟人的风檐特别值得细看。

©MOOK 朱月华摄

圣方寺
Wat Saen Fang

P.139C2
Thaphae Rd., Chiang Mai，近塔佩门（Thaphae Gate）

©MOOK 朱月华摄

要找到圣方寺得眼睛尖一点儿才行，因为它虽然位于塔佩路旁，但是入口却是店铺旁边的一个小铁栅门，进了铁栅门是一条约50米长的小巷，它直通寺门。寺内的白色高塔装饰得非常华丽，塔尖金色的阳伞、小铃铛及周围同样戴着金色小阳伞的小塔，好像在阳光下跳舞，热闹非凡。僧院与大殿的屋顶皆是新修的红绿瓦顶，鲜艳的色彩反衬出格外平静的午后寺庙。

©MOOK 朱月华摄

松达寺
Wat Suan Dok

P.139A2
Suthep Rd., Chiang Mai，距离松达门（Suan Dok Gate）约1公里处

传说库纳王（King Ku Na）曾邀请素可泰的高僧苏玛那泰拉（Sumana Thera）携带斯里兰卡的佛经到清迈来讲学，还提供皇家花园——就是现在的松达寺所在地，兴建寺庙让他住在这里。松达寺于1371年落成，苏玛那泰拉成为本寺的第一位住持。

当苏玛那泰拉还在素可泰时，曾梦见一位高僧指引他去释迦牟尼舍利子的埋藏处，苏玛那泰拉依梦中的指引，果然找到了一个铜盒，打开之后里面是一个银盒、再里面又是一个金盒，打开最后一层宝石盒后，里面果真有一颗米粒般大小的金光闪耀的舍利子，苏玛那泰拉便呈献给素可泰国王，但是舍利子并未显现奇迹，所以素可泰国王并不相信，就请苏玛那泰拉自行保管。

©MOOK 朱月华摄

苏玛那泰拉被邀请到清迈时，就带了舍利子前往，送给库纳王，并把它用金盘香水供奉。松达寺建成后，库纳王便开始兴建一座佛塔，预备作为埋葬舍利子之用。当苏玛那泰拉取出舍利子要埋藏时，舍利子突然分裂成两颗，其中一颗就埋在现在松达寺的主塔中，另一颗后来被埋在素帖寺中。

松达寺的主僧院及其中的大佛像都是1932年（有一说是1930年）由泰北最著名的高僧古巴希威恰（Khru Ba Srivichai）重修的。古巴希威恰还曾发动人民修筑通往素帖寺的山路，因而成为最受清迈人尊敬的高僧。他的骨灰塔就在主僧院的后面一座白色的小塔里，因为他属虎，所以塔的周围绕着8只老虎石雕。

主僧院的西边有许多座清迈皇室成员的骨灰塔，这些都是1909年依照拉玛五世皇后Dararatsmi的希望，自清迈城各处移来的。原来Dararatsmi王后曾是清迈的公主，12岁时随着父亲到曼谷朝贡，之后嫁给拉玛五世，1914年拉玛五世去世后她回到清迈，推动寺庙维修，学校、医院的兴建还有改进贫困农民的生活，受到人民爱戴。

圣隆骨寺
Wat Chedi Luang

P.139B3　6:00~18:00
从旧城塔佩门（Thaphae）徒步约12分钟
Prapokklao Rd.Chiang Mai

©MOOK 朱月华摄

圣隆骨寺是一座融合印度、锡兰风格的佛塔，原本高90米，但在1545年一场大地震时倾倒，现在只剩下大约60米高，然而500年来，它依然是清迈最高的建筑物。泰国鼎鼎有名的玉佛就曾经放在此寺东面的佛龛里，度过80多个年头。

14世纪末，蓝纳国王King Saen Muang Ma开始建造圣隆骨寺，想存放他父亲的遗骨，但该寺直到提洛卡拉王时才告完成。圣隆骨寺几乎位于整个清迈古城的中心，寺内大门入口左边的城市柱（Inthakhin）是一尊立佛站在一个小亭子里，据传是一位隐士向茵特拉神要求保卫清迈免于军队的暴虐，于是茵特拉神便派了两位夜叉带了这个神柱赐给清迈。至今每年5～6月的Inthakhin节时，城市之柱会受到特别的崇拜。但另一说法是清迈最后一位领导者Chao Kawila，在1800年（有一说是1775年）将城市柱从别处移过来，并且在旁边植了树，而这株树被赋予保佑这个城市的责任，直到它倒下为止。

©MOOK 朱月华摄

清迈夜间野生动物园
Wat Chedi Luang

P.139A2　www.chiangmainight safari.com
从清迈市区搭乘出租车需300~500铢
33/13 Moo 4 Rattanatibate Rd. Srai-ma Nua District, Muang, Nonthaburi 11000
+66-25-954390
10:00~16:00，成人100铢，儿童50铢（范围仅限Jaguar Trail）；17:00~22:30，成人500铢，儿童300铢（各区域皆可观赏），可直接网上订票

©MOOK 王瑞芬摄

为振兴清迈旅游产业，花费巨资打造完成的这座夜间动物园，2005年2月一经开放就大受欢迎，吸引泰国及世界各地的游客到访，大家争先一睹这个贴近自然的野生动物园。

这座野生动物园位于清迈著名的素帖山国家公园（Doi Suthep-Pui National Park）内。许多来自非洲地区的动物，由于气候炎热，多属于夜行动物，到夜幕低垂之际，才是它们活动的时间，因此夜间是观赏动物的最佳时机。清迈夜间野生动物园的白天票价也相对便宜。

整个园区共分为蓝纳村、天鹅湖区、Savanna Safari、徒步冒险区与肉食性动物区。建议傍晚5点进入园区，可以先从入口的蓝纳村展开动物园之旅。晚间7点开始行驶的游园车才是重头戏，完全开放式的车子可容纳约50人，在黑暗山区中穿过各种动物区域，以感应式灯光让游客们能够以较近的距离观察狮子、老虎、土狼等，而温驯的斑马、羚羊或鸵鸟，则会随时出现在车子旁边，仿佛一伸手就可触碰，让人体验难得的冒险与刺激感。不过为了保护动物，游客拍照时禁止使用闪光灯！

©MOOK 王瑞芬摄

素帖寺

Wat Parthart Doi Suthep

P.147B1

干帕门（Chang Puak Gate）、Maninopharat路、清迈大学（Chiang Mai University）门口有迷你巴士可搭，上山30铢，下山20铢，最少6~8人才开车。各饭店也提供相关半日游程，费用不一

KM.14, Srivivhal Rd. Chiang Mai　6:00~18:00

访客必须需穿过膝长裤或长裙才被允许进入素帖寺内部，若原本的服装不合规定，素帖寺门口也有布裙、布裤租借，一次10铢。进入寺内必须脱鞋

素帖寺所在的位置流传着一个神奇的白象传说。相传在14世纪时，人们在泰北发现了释迦牟尼的舍利子，却不知道该把舍利子供奉在哪，于是找来一头代表吉祥与神圣的白象，让它驮着佛祖舍利游走，以最终它停下来的地方当做舍利子的落脚处。中间行进与停留的时间说法不一，但最终，白象停在现在素帖寺的位置，也就确定了舍利子的供奉地。现在在寺庙的侧面，仍立有一座白象雕塑。

素帖寺最著名的景观是沿着山坡的长阶梯，目前约有306阶。据传大约在16世纪中期，素帖寺前方200多阶、两旁有纳迦护卫的石梯就已有了初步的规模，经一再修筑，形成今日的模样，也使得素帖寺被人昵称为“双龙寺”。这条纳迦护卫的阶梯代表彩虹天桥，象征从人间通往天堂；阶梯的尽头还有两尊守护夜叉，代表天堂的守卫。

素帖寺的大殿和主塔位于有回廊的中庭。要踏上中庭前，记得先脱鞋。信徒们一般先进大殿礼佛，受到住持祝福后，再手持鲜花和香烛绕行主塔一周。中庭的回廊上挂着一串串许愿铃铛，每个都载明了许愿者的名字和心愿，铃铛随风作响，和着佛乐，参拜者的心情仿佛也随之沉静下来。

©MOOK 陈昱安摄

中庭是1805年由Chao Kawila修建成现在的样子的。回廊的东面与西面均有佛堂，信徒多到西面大殿来许愿、让高僧洒圣水祝福。两座佛堂里都绘有壁画，东边的佛堂画的是苏玛那泰拉与舍利子的传说，西边画的是释迦牟尼第10次转世的故事。而沿着回廊摆满了佛像，共有46尊，壁上画的也是释迦牟尼一生的故事。

1525年，King Muang Kaew将此塔重修，现在整座塔几乎贴满金箔，总高超过20米，塔顶的甘露由36公斤的黄金铸成，下面镶有999颗钻石及9种颜色的宝石各一颗。和其他庙宇一样，主殿旁一定有7尊不同姿态的佛像，信众各自找寻自己生日的保护佛参拜，并贴上金箔祈福祝愿。

步下大殿，沿着走廊可见成排的铜钟，信众可以一一敲响，是祈福也是将佛法福音透过钟声传递到更远的地方。

素帖寺海拔1059米，是清迈市区的制高点，南面排钟就是可以俯瞰清迈的观景台，天气晴朗时，还可清楚看见旧城区的城墙。

©MOOK 陈昱安摄

山甘烹工艺品街
Sankampaeng Road

P.147E3

纸伞制作中心

距清迈巴士站约25分钟车程

111/2 Moo 3 Borsang Village Sankamphaeng Chiang Mai 50131

+66-53-338324　8:30~17:00　免费参观

Shinawatra Silk 工厂暨展示中心

145/1-2 Chiang Mai- Sankampaeng Road., k.m.7 Sankampaeng, Chiang Mai

+66-53-221076　www.shinawatrathaisilk .co.th

©MOOK 王瑞芬摄

泰北精致的传统工艺品，早已从生活必需品发展成为观光客最爱的纪念品或伴手礼，这些精美的手工艺品包括：银器、木雕、纸伞等。清迈市区附近的山甘烹路（Sankampaeng），上有数十家生产不同品种传统工艺品的工厂，形成约9公里长的工艺品街。在泰国打出“一乡一物”（OTOP）工艺品推广之前，这条街已经展示热络的外销贸易并开放给游客参观，其中纸伞制作中心（Umbrella Making Centre）及泰北泰丝品牌Shinawatra Silk都具相当规模。

走入纸伞制作中心，你可近距离地了解整个传统制伞过程：从煮树枝、捶取纤维、染色制纸开始，接着磨伞骨，将伞面与伞骨黏合，最后在伞面彩绘上各种美丽的图案。绘伞师技艺高超、速度快，还可以现场在游客的衣服或背包、帽子上手绘泰国的图饰纹绘，不到4分钟，就可拥有一件独一无二的手绘衣物。

至于创立于1911年的Shinawatra Silk，是清迈当地的家族企业，其商品质量足以和Jim Thompson相媲美。

©MOOK 王瑞芬摄

梅沙大象营

Maesa Elephant Camp

清迈郊区

- P.147A1
- 从清迈市区搭车约30分钟车程
- 清迈往Fang的路上，Maerim District
- +66-53-297060、297283
- +66-53-297283
- 大象骑乘：7:00~14:30；表演时间：8:00、9:40、13:30各一场
- 120铢包括看大象表演。大象骑乘：两人共乘一头象，30分钟800铢，1小时1200铢
- www.maesaelephant camp.com

©MOOK 陈昱安摄

在过去，大象对泰国人来说，不仅是宗教文化中的神圣象征，也是平时工作的伙伴，尤其在清迈，伐木业多靠大象来搬运沉重的木材，养大象是有其经济收益的。然而时代更迭，以养大象为生的象夫们，因为相关产业式微而失业，泰国政府将这些人与象组织起来，目前交由私人管理并给予部分资助。

梅沙大象营便是其中一例。在正式和大象见面之前，入园不远处就有一面牌子，清楚写明每一头大象的基本资料和负责照顾它的象夫。

现在象夫与大象仍是工作伙伴，只是形式改变了。大象营里每天都有固定时间的象群表演，先以溪边洗澡暖场，接着是走分列式和象群摇头摆尾的舞蹈，最后以大象执笔作画作为压轴。这些大象画家从10岁就开始受训，除了现场表演，它们完成的画作也成为园区出售的纪念品。

©MOOK 陈昱安摄

皇后植物园

Queen Sirikit Botanic Garden

清迈郊区

P.147A1 www.qsbg.org
位于清迈西北方郊区，素帖山国家公园区。距清迈市区约50分钟车程
+66-53-841000 8:30~16:30
成人20铢、小孩10铢、停车费每辆100铢

©MOOK 陈昱安摄

皇后植物园由泰国皇室规划，旨在帮助当地居民就业，也为了致力花卉植物的研发和培育。泰国皇室特意选在气候凉爽的泰北清迈、清莱、湄宏顺等地设置植物园和花卉研究中心，栽植出的花卉不仅出口外销，甚至也成为本国人到泰北旅游的最佳伴手礼。

位于清迈的皇后植物园（Queen Sirikit Botanic Garden）建于1992年，总面积560公顷，位于清迈市区外，湄霖公路（Mae Rim-Samoeng Rout）12公里处。这座大型植物园按照气候和物种分为12区，包括雨林区、兰花馆、仙人掌区、蕨类植物区、水生植物区、森林区等。

整个园区规划得相当好，并提供三条步道，步行时间从30分钟到一两个小时，游客可依自己的行程时间和兴趣选择特定路线参观。

©MOOK 陈昱安摄

©MOOK 陈昱安摄

清迈美食

清迈因为环山，并且靠近中国和其他中南半岛国家，料理的内容多就地取材，和中部曼谷的风味截然不同。清迈的拌菜相当精彩，面食也增加了浓郁汤头的咖喱面和米线，塞进多种香草的清迈香肠独步泰国，围着小矮桌的康托克餐也是泰北特有的饮食文化。以下便推荐数样泰北风味美食及相关店家资讯以供参考。

©MOOK 李美玲摄

康托克餐 Khantoke

康托克餐是清迈传统的宴客方式，通常以小碗装盛各样菜肴，由家族成员与客人共享。Khan在泰文里意指小碗装的菜肴，Toke是指矮圆桌，Khantoke就是将5或6样菜放在小圆桌上，众人围桌食用。至于桌上菜式除泰北炸猪皮（Cab Moo）、青辣椒酱（Num prik nom）、咖喱猪肉（Gaeng Hang Lay）较为常见，其他配菜就各家不一。

康托克餐的主食是糯米饭，用餐时得循传统方式用手抓，先蘸些菜汤在手上以防米饭黏手，然后抓起一口大小的糯米饭，以四根手指为底，拇指推成小饭团后直接食用，或蘸些咖喱、青辣椒酱等其他配菜吃都行。

哪里吃：Khum Khantoke

©MOOK 李美玲摄

青辣椒酱Num prik nom、炸猪皮Cab Moo

青辣椒酱是先将青辣椒加入蒜、红葱（Shallot）、小绿茄子（Green Aubergines）等进行烤制，再煮到软嫩后，加入鱼露、盐、柠檬汁等调味品制成。充满辣椒纤维的青绿色辣椒酱，缀着清晰可见的白色辣椒籽，入口清爽但辣劲十足。

炸猪皮虽然现在在曼谷大型超市的熟食区也买得到，但仍是曼谷人到清迈必买的特产之一。清迈人说，举凡曼谷人来到清迈，一定人手一包炸猪皮。炸猪皮分为两种，一种使用油脂较多的猪皮去炸，呈虾仁弯曲状；另一种油脂较少的猪皮则被炸成长条形。一般都会以炸猪皮搭配青辣椒酱一起吃，酥脆的猪皮配上清爽的辣椒酱，当成零食一口接一口吃竟一点也不觉得腻。

哪里吃：夜市、The Goodview Bar & Restaurant

©MOOK 李美玲摄

无骨炸鱼Pla Rai Kang

清迈的无骨炸鱼是一道工序繁复的特色菜式，厨师得小心翼翼地将鱼骨取出，将鱼肉拌进香茅、蒜、胡椒、芫荽根、胡椒等辛香料后填回鱼肚，再下油锅炸。起锅后切块蘸着以辣椒、蒜、鱼露、柠檬汁的酱料食用。

哪里吃：Huan Soontaree Vedchanont、Come-in House、Heuan Boran

©MOOK李美玲摄

清迈香肠

清迈香肠分为三种。Sai-ua的颜色较深，除了猪肉之外还加进辣椒、葱等辛香菜，煎好切块后搭配大蒜、花生、生菜一起食用。Naem maun颜色偏白，是以猪肉和猪皮混合制作，味道带点发酵的酸味；Moo-yow吃起来有点像热狗或火腿，馅料是猪肉加进胡椒粉，有些辛香味，在餐厅点用时，多半和炸猪皮或水煮蔬菜一起做拼盘上菜。

哪里吃：各大超市熟食部、The Goodview Bar & Restaurant、Huan Soontaree Vedchanont、Come-in House

©MOOK李美玲摄

©MOOK李美玲摄

清迈面 Kao Soi

在清迈，不吃一碗清迈面真是太可惜了。清迈面以肉骨汤为底，加上咖喱酱调制的汤头配上蛋面（Ba Mee），上头撒上炸得金黄香酥的面条和葱末，外观看来抢眼，吃起来口感特殊，咖喱浓郁的辛香在嘴里扩散，和曼谷的Pad Thai一样是道平民小吃，在顶级饭店的餐馆里也能被装饰得相当华丽。清迈面的汤料一般有猪、牛、鸡肉可选。

哪里吃：Khao Soi Samer jai、Huan Phen Restaurant

©MOOK李美玲摄

米线 Nom Ching

清迈米线看起来有点像云南米线，但口味与云南米线并不相同。它以大骨汤为底，有些店家会加进泰北咖喱酱、猪排骨、猪血、小番茄一起煮制，有些只是清汤配上炸云吞和猪绞肉，口味清爽，和清迈面的香浓汤头有着不同的口感。

哪里吃：Khao Soi Samer jai、Huan Phen Restaurant

炸竹虫 Rod Duan

清迈以竹为材的工艺品很多，料理也用得到竹笋，但在当地，不仅竹笋可食、竹筒可当成食器使用，就连生在竹子里的虫子也是盘中美味。在清迈有种咸酥竹虫（Rod Duan），就是用白白的小竹虫洗净后酥炸再拌上食盐上桌，整盘炸虫在视觉上相当震撼，虫身咬起来有些空洞，口感很像厚一点的花生皮。

哪里吃：夜市、Pet Doi Ngam

清迈料理哪里吃

©MOOK 李美玲摄

Khao Soi Samer jai

P.139D2　Faham Rd., Chiang Mai
从清迈夜市搭乘嘟嘟车5~10分钟可达
+66-5324-2928　8:00~16:30
休 每月最后一周的周三休息

Khao Soi Samer jai已经营20余年，是Faham街上专卖清迈面的老字号面店。顾客可选择鸡、猪、牛肉或者猪肉丸加入汤料，店家会将自调的咖喱粉加进美味汤头中，并加入些许椰浆，吃时，会附上一盘切好的榨菜、红葱、柠檬，可自行加进汤头。

©MOOK 李美玲摄

Huan Soontaree Vedchanont

P.139D1　从夜市搭乘嘟嘟车约15分钟可达　46/1 Wang Singkhum Rd.,Chingmai　+66-53-252445
16:00~24:00，Soontaree Vedchanont现场演唱21:00~23:00
休 泼水节后休

Soontaree Vedchanont是清迈相当知名的民谣歌手，他的这家店里以提供泰北料理为主，推荐北方口味的泰北咖喱猪肉。这道菜以蔗糖烹煮，使用的咖喱也是红、黄咖喱各半，烹调出来自然和一般单用红咖喱的香气不同。

Come-in House

©MOOK 李美玲摄

P.139B1
从夜市搭乘嘟嘟车约20分钟可达，近清迈博物馆（Chiang Mai National Museum），ESSO加油站后方
79/3 Sirithorn Rd., Changpuak, A. Muang, Chiang Mai
+66-53-212516、212683　11:30~22:00　休 无休

以柚木打造的餐厅里供应地道的北方餐点，店内自制的清迈香肠除了猪肉、葱、辣椒等还加进很多的柠檬叶（Kaffir Lime Leaf），嚼在嘴里，一股清香满溢在舌尖喉头。强烈建议承袭皇家食谱的Ma Hoh。这道菜是将虾米、盐、白糖、胡椒、碎花生拌匀，取适量放在切好的菠萝片上，配上小红辣椒片一起吃，是道巧妙的美 味前菜。

Huan Phen Restaurant

©MOOK 李美玲摄

P.139B3
从夜市搭乘嘟嘟车约10分钟可达
112 Rachamongka Rd., Phrasing, Muang, Chiang Mai
+66-53-277103、814548
午餐8:00~15:00、晚餐17:00~22:00。休 无休

从1999年起，每年4月泰国小姐决赛之后的全国巡访，都会到此品尝佳肴。餐厅的午餐供应清迈面、泰北式云南米线（Knom jen numngew）等，晚餐则有康托克等风味餐食。店里最特别的是一道改良小吃，以碎猪肉和剁碎的猪肝、猪肠，加入辣椒、蒜、红葱一起烧，将猪血拌进煮好的泰国米饭里，加上葱末、香料等，用芭蕉叶包起后蒸熟食用，味道不腥不辣。

©MOOK 李美玲摄

Pet Doi Ngam

P.139C4
从夜市搭乘嘟嘟车约15分钟可达，另一家分店在本店对面马路旁
125/3 Mahidol Rd., Padad, Muang, Chiang Mai
+66-53-212516、212683
11:00~23:00　休 4月泼水节休息5天
$ Geang Puk-Seang-Da 50铢、Yum Sa-moom Prai 50铢、Pla-Lam nai Ka-Bok Mai-Pai 90铢

店内所供应的菜肴全数都是老板娘承袭厨师母亲的手艺，有许多少见的泰北传统家常料理，尤其是各样拌菜，美味得不得了。

©MOOK 李美玲摄

Heuan Boran（Antique House 1）

P.139D3　从夜市步行5~8分钟可达
71 Charoen Prathet Rd., A. Muang, Chiang Mai
+66-53-276810　11:00~24:00　休 无休
Or-Deuf-Muang 109铢、Kan Toke 219铢、Pla -Rai-Kang 129铢

这座由黄金柚木打造的餐厅主建筑建于拉玛五世，已被列为泰国保护级古建筑。店家的无骨炸鱼和组合3种泰北香肠的泰北香肠拼盘都是必尝美食。

The Goodview Bar & Restaurant

P.139D2　从清迈夜市步行约8分钟可达
13 Charoenrat Rd., Watgate, Muang, Chiang Mai
+66-5330-2764　10:30~02:00　休 无
Assorted Northen Sanacks 150铢、Deep Fried Pork's Knucle 220铢

The Goodview以店家招牌的小花Logo为主轴，宽阔的用餐区都以木质桌椅为主，供应泰、中、日三国料理及创新的西式餐点。除了清迈香肠拼盘外，炸猪蹄（Deep Fried Pork's Knucle）也是餐厅的招牌菜式之一。

©MOOK 李美玲摄

The Riverside Bar & Restaurant

P.139D2
从清迈夜市搭乘嘟嘟车约5分钟可达，步行15~20分钟可达
9-11 Charoenrt Rd., Chiang Mai　+66-53-243239
10:00~01:00
Tom Yam Kung100铢、Savoury Riverside Basket100铢

©MOOK 李美玲摄

这家餐厅有着清迈第一家音乐餐厅的头衔，已营业近20年。其菜肴包括泰、中、日、西等料理，其中酸辣虾汤（Tom Yam Kung）值得推荐。为求食材新鲜，这道菜以泰北产的淡水虾作为原料。另一道料理Savoury Riverside Basket则取自中国的雀巢料理，将刨成粗丝的芋头炸成碗状，再将白果、蟹、虾等材料烩煮放入，完全的中式口味。

©MOOK 李美玲摄

Khum Khantoke

P.139E1　餐厅备有接驳车往返饭店
139 Moo 4, Nong Pakrung, Amphur Muang, Chiang mai
+66-53-304121　18:00~21:30，晚餐表演19:45
www.khum-khantoke.com

Khum Khantoke里共有两家餐厅，其一为供应康托克餐的餐厅，晚餐进行的过程中，餐厅也安排了传统舞蹈表演，但表演节目较观光化，偏向晚餐秀的娱乐风格。

JJ Designer Market血拼购物

曼谷的周末市场相当知名，总能吸引庞大的人潮与无数的商机。位于清迈市区北方的JJ Designer Market就是以曼谷周末市场为蓝图，以统一的整体规划聚集超过400间精致小店，邀请来自泰国各地的设计师在此设店，出售自己最原创的商品，期望能够打造出一个同样能够招揽大批游客的区域。

Reflections

P.139C1　距离机场车程约20分　JJ Designer Market room B17 Assadathorn Road Muang Chiang Mai
+66-53-210486　10:00~17:00　脚踏垫45铢
www.reflections-thai.com /home

Reflections是一家位于曼谷的创意精品旅店，鲜艳色彩是其最大特征。在经营小旅馆的过程中，老板决定以创造可爱、欢乐、独特的童趣生活为概念，开发更多让人满意的居家用品。其完整的产品系列包括由鲜艳花布制作的各种商品，如购物袋、化妆包；以耶稣、弥勒佛形象示人的存钱筒；最可爱的就是各种家中必备的脚踏垫，每样都让人爱不释手。

©MOOK 王瑞芬摄

One To tree

P.139C1
距离机场约20分钟车程
JJ Designer Market room B26 Assadathorn Road Muang Chiang Mai
+66-69-733661
10:00~19:00
www.1-2-tree.com

©MOOK 王瑞芬摄

One To tree是由一位年轻的泰国设计新锐Ruengkitt K所开设的，拥有独到美学品位。有别于他在曼谷的Spa商品专卖店，清迈的One To tree主推珠宝配饰，这些也都是设计者的原创商品，运用棉线、石头、金属、贝壳等材料制作出来的耳环、项链、别针等，每一件都有着别人想象不到的独特创意，戴出门保证与众不同。此外，还可以在店里找到服装、居家摆设或香皂等，可作为特色礼物送给亲朋好友。

PAWANA Retail

P.139C1　距离机场约20分钟车程　JJ Designer Market room B30 Assadathorn Road Muang Chiang Mai
+66-1-530-0315（行电话）　10:00~19:00

身兼设计师的老板Warangkana在清迈拥有两家店，PAWANA Retail就是位于JJ Designer Market内的其中一家。店面的外观制造出混凝土的效果，绝少装饰。店内光线明亮，购物的舒适度很高。这是一家以经营摆饰品为主的商店，包括花瓶、烛台、陶瓷器皿等，颜色多为黑、白，让整家店呈现最纯粹的整体感，墙面上彩色的手绘图案，让整个空间显得非常活泼。

©MOOK 王瑞芬摄

THAI LUE99

P.139C1　距离机场约20分钟车程
JJ Designer Market room B24 Assadathorn Road Muang Chiang Mai
+66-1-595-2006（移动电话）　10:00~19:00

位于B区的THAI LUE99是一个居家用品店，所有的商品都是自家的设计良品，完全采用质感绝佳的泰丝来制作出适合摆饰在家中各个角落的“小东小西”，例如收纳盒、面纸套等。在设计者的创意巧思下，每件都有着鲜艳的色彩，而且拥有成套的系列组合，可以任由客人自己搭配选择，或直接选购一整组，为家居生活增添多样的色彩。

©MOOK 王瑞芬摄

Warorot 市场

©MOOK 李美玲摄

P.139D2

©MOOK 李美玲摄

湄滨河边的Waroro Market是清迈市区24小时不打烊的花果市场，全天候供应各式花卉、水果，这并不表示清迈人以水果当消夜，而是泰国人礼佛不分时段，夜半也会有民众前往寺庙祈祷祝愿一番，为应民众需求，花卉摊贩便整天编着礼佛花串、白莲花，还有各式洁白花卉供信徒采买。因聚集多家水果摊贩，到这挑选水果价格合理，选择也多。其中每年7~9月盛产的粉红龙眼可千万别错过，肉质肥美汁鲜甜、果肉带着淡粉色是其特征。另一种北部常见水果Ka-Ton也可一试，黄色外皮，扁圆外观，肉酸籽甜，当地人多用盐水腌过后食用。

清迈夜市
Chiang Mai Night Bazzaar

P.139D3

以Tha Pae Rd.、Changklan Rd.、Sri Donchat Rd.、Charoen Prathet Rd.形成的区域

从旧城门Thaphae门约5分钟车程

18:00~23:00

©MOOK 李美玲摄

将近500米长的夜市，摊贩一家紧邻着一家绵延不断，遍布街道两侧不说，还有一两栋聚集纪念品店的购物商场，足够消磨一整个晚上。虽然和曼谷夜市的货品不尽相同，但部分同样的商品这里的价格较曼谷便宜。泰北以木雕闻名，商场内有不少木雕店，有大大小小的装饰木雕供顾客选择。泰北的藺草编织手提袋、竹筒蜡烛、木片皮包、相框等手工艺品也都物美价廉。路上常常可以看到泰北边境少数民族出售银饰品，虽然是手工制作，但物品大同小异，记得一定要杀价。

©MOOK 王瑞芬摄

Living Space

P.139C2 从旧城塔佩门（Thaphae Gate）徒步约5分钟即到
276-278 Thaphae Road T Chang Moi A Muang Chiang Mai 50300
+66-53-874156 9:00~19:00 休 周日

以清迈为据点的Living Space从设计研发、制造生产到批发零售，是一个拥有完整体系的家居生活用品店，经营者Jennifer Dyson本身就是产品设计师。20世纪80年代中期，她曾花了一年的时间旅行，之后决定长居在有泰国古都之称的清迈，并在1995年开设了Living Space。Living Space位于一栋有着70年历史的建筑物中，店内风格简洁却又别具特色的商品，非常受欧美游客的喜爱。近来颇受欢迎的是可收纳许多东西、有着鲜艳色彩的美丽漆盒，提供各种大小尺寸选择，有些盒盖上是金属的动物，有些是对比色的流苏，每一种都展现设计者的独到品位，也让人认识到传统泰国之外的现代家居设计。

©MOOK 王瑞芬摄

©MOOK 王瑞芬摄

John's Gallery

P.139C2
330 Thaphae Road Chiang Mai 50300
从旧城塔佩门（Thaphae Gate）徒步约5分钟即到

因为John's Gallery的外观与招牌几乎完全被树叶挡住，从旧城塔佩门往湄滨河方向走去，可能会不小心错过。不过身兼店主和画家的John，将他各式各样的画作，悬挂在蔓藤枝干上，成为显眼的招牌。这个洞窟般的小店相当狭窄，里面摆满了各式作品，能在其中淘到喜欢的画作也是一种乐趣。John的画风属于随心所欲的自然派，他可以一边和顾客说话一边作画，不到5分钟就完成一幅作品，从T恤到袋子，他的所有画都呈现在布料上，就连John的名片也是一大张布。由于画风质朴自由，John的作品深受许多到清迈观光的外国客人的欢迎，John甚至还受邀到东京举办过个人展览呢！

©MOOK 王瑞芬摄

Charoenrat Road血拼购物趣

©MOOK 王瑞芬摄

©MOOK 王瑞芬摄

↑树屋Tree House

P.157A1
距旧城塔佩门（Thaphae Gate）约10分钟车程
152 Charoenrat Road, Chiang Mai50000
民宿500铢（每晚一人价）；胶带座1750铢，订书机1300铢
+66-5324-3755

树屋是由一位充满活力的女老板Aor独立经营的一间复合商店。走在Charoenrat Road上，会先经过两旁满是绿意的步道，右手边有一座被大树环抱的房子，这也是树屋名称的由来。可别小看这斑驳的木头建筑，它已有150年历史，过去是存放白米的仓库。树屋经营各种传统民俗手工艺品与古董，种类丰富，将店内空间挤得满满的，从清迈常见的佛陀工艺品到可爱的小相框，颇适合亚洲风格的家居空间。此外，这里还可找到独特的文具用品，例如做成鳄鱼头或乌龟造型的订书机与胶带座，都让人会心一笑。

©MOOK 王瑞芬摄

↑VILA CINI

P.157B1
距旧城塔佩门（Thaphae Gate）约10分钟车程
30, 32, 34 Charoenrat Road, Chiang Mai 50000
+66-53-246246
8:30~22:30

源自清迈的VILA CINI是泰国一个知名的泰丝品牌，在曼谷的顶级购物中心Siam Paragon、Emporium都设有专柜。位于华人聚集的Charoenrat Road的这家店，是一栋拥有140年历史的建筑，内部空间宽敞，展示该品牌全系列商品。VILA CINI以增进生活乐趣、舒适、手工、自然、讲求品质为概念，选用最优良的泰丝，运用传统的技术制作出各种居家相关商品，如桌巾、抱枕等，也会运用于小型的相框、收纳盒甚至筷子套中，家中所有的空间都可以使用，创造出不凡的品位，也颇适合作为礼品馈赠亲友。

←The Gallery

P.157B2
距旧城塔佩门（Thaphae Gate）约10分钟车程
25,27,29 Charoenrat Road, Chiang Mai
+66-5324-8601-2
8:00~01:00
贝壳盒650铢，项链790铢

建于1892年的The Gallery改建自中式传统屋舍，门口挂着“永源”字样的木刻匾额，石墙上是中式屋舍中常见的蝙蝠图案及人物雕刻。屋舍是由主人Surachai leosawasthiphong来自中国的祖父所建，过去是经营丝棉 织品的商店。

老板说命名为The Gallery就是让许多人都可以来此寄卖各种艺术品，包括古董、画作、精致的饰品等。店内颇具民俗风的项链独一无二，价格又非常合理，很受欢迎。后方的餐厅供应以泰北菜为主的料理。

©MOOK 王瑞芬摄

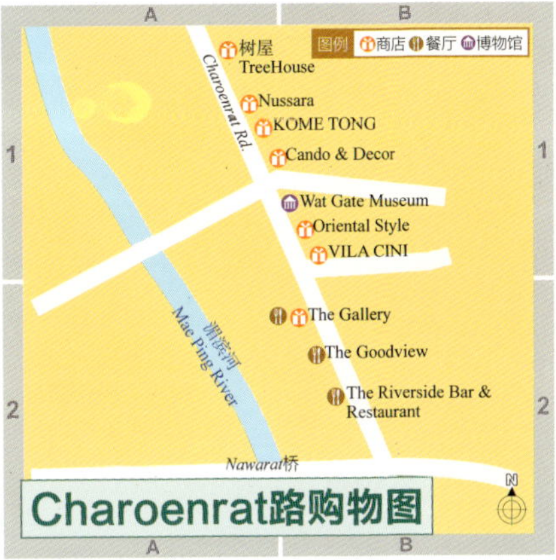

↓Cando & Dcor

P.157A1　距旧城塔佩门（Thaphae Gate）约10分钟车程

62 Charoenrat Road, Chiang Mai 50000

+66-5330-2637　10:00~22:00

Cando & Dcor是由30岁出头的女设计师Onsiri Intarachote开设的小店，主要经营各种服饰与配件。店内空间虽小，丰富而鲜艳的色彩却让人不舍得离开。绝大多数的商品都是由设计师亲自创作的，融合泰国传统样式与现代风格，并加入部分触感柔软的泰丝，受到许多游客欢迎，产品甚至还打入日本邮购市场，漂洋过海到了日本后，价格立刻上涨3倍。常见的泰国和尚包换上鲜艳的花样与色彩，同色系的布样又同时出现在手机袋、抱枕或购物饰品上，每一样都令人爱不释手，另外还有许多服饰、文具，充满泰北风情的三角包也可以看到。

©MOOK 王瑞芬摄

↑NUSSARA

©MOOK 王瑞芬摄

P.157A1

距旧城塔佩门（Thaphae Gate）约10分钟车程

66 Charoenrat Road, Chiang Mai 50000

+66-5330-2072

10:00~20:00

这是一个为了推广泰北民族织品而开设的小店。店主Nussara同时是一位女性设计师，不仅设计服装，连布料织品都是按自己的创意完成，将传统泰国民俗的布料以现代风格重现，创作出许多适合日常生活穿着的服饰与配件。Nussara的灵感往往来自于大自然，一走进店里，刻意保留的建筑原貌让人像是来到中国，最显眼的圆洞门，框住后方的庭园景致，穿过庭园是更大的开阔空间，展示着更多的服装。虽然这些泰北民族的服饰色彩单纯，但Nussara别出心裁的设计让服装看起来非常个性化，例如可爱的小象饰品加上彩色网罩，马上增添了童趣。

©MOOK 王瑞芬摄

©MOOK 王瑞芬摄

↑Oriental Style

P.157B1

距旧城塔佩门（Thaphae Gate）约10分钟车程

36 Charoenrat Road, Chiang Mai 50000

+66-5324-5724

8:30~22:30

Oriental Style目前由两位设计师创作各项商品，以泰国国宝大象为品牌标志。该店以木雕家具及传统手工艺品为主营产品，但也有其他产品推出，比如棉质商品系列，包括沙发套、抱枕套等；其颇具创意的烛台、印上自家标志的杯子、T恤都很受游客喜爱。

↑KOME TONG

P.157A1

距旧城塔佩门（Thaphae Gate）约10分钟车程

64 Charoenrat Road, Chiang Mai 50000

+66-53-302401　10:00~20:00

KOME TONG是由灯饰、服饰设计师Rattanaphol Taja于2001年开设的，由旧建筑重新改造的店内，保留了许多原始风情，让人仿佛穿越时光隧道，走入百年前的店铺风景。

现代而充满设计师个人创作质感的饰品配件、纯白棉质T恤慎重地摆放在木头玻璃柜中，传达出原创品牌的重要，最醒目的则是各种运用棉纸制作的灯具，包括泰国传统形状的彩色灯笼、融合中国风的纯白灯罩等，均充满时尚感，即使摆设在最前卫的空间也不显突兀。Rattanaphol Taja的服装呈现低调简单的风格，运用最天然的棉麻等材质制作个性服饰，其简单的、印有泰北传统图案的T恤，是店内的人气单品。

Nimmenhamin Road血拼购物趣

Nimmenhamin路购物图

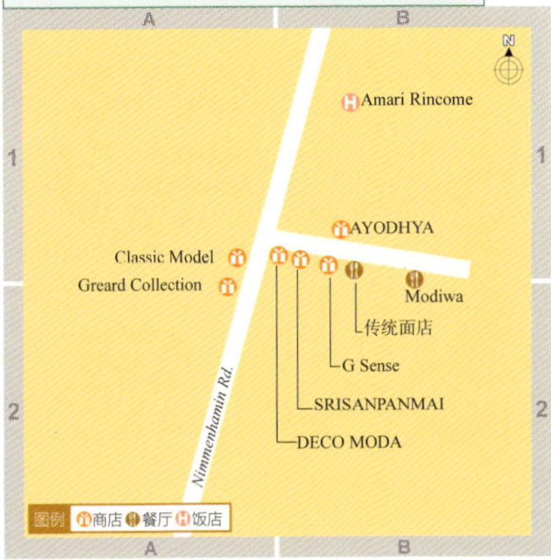

Classic Model

P.159A1 小袋子250铢，大袋子300铢

距旧城松达门（Suan Dok Gate）约5分钟车程

98-22 Nimmenhamin Road Chiang Mai 50200

+66-53-216810 10:00~18:00

清迈的服装设计师Sumat Ponkaew以简单原创的设计风格在泰国服装界独树一帜，他开在游客聚集的Nimmenhamin Road上的Classic Model，成了他与世界接轨的桥梁，连世界知名的日本服装设计师高田贤三也曾经造访，成为泰国服装界一时的话题。Classic Model的服装以最天然的棉质与泰丝为材质，服装式样融合泰国传统与当代潮流，并加入泰国各种民族的元素，你可以看到苗族交叉一片式的上衣，也可看到华人保守的高领服装，所有的衣服都是手工制作。设计师还会用剩余的布料设计一些服饰的配件，如泰丝的小包包等。

©MOOK王瑞芬摄

©MOOK王瑞芬摄

Gerard Collection

P.159A1 距旧城松达门（Suan Dok Gate）约5分钟车程

6/23-24 Nimmenhamin Road Chiang Mai 50200

+66-53-220604 9:00~19:00

周日 编织袋750铢起 www.ThaiBamboo.com

老板是一位法裔加拿大籍的家具设计师，与泰国姑娘相恋结婚后，定居于清迈，出于保护日益减少的森林资源的考虑，他决定采用资源相对充足的竹子作为原料来设计制作各种家具。走入Gerard Collection，看到的是一个充满时尚气息的居家生活空间，各种摆设吸引各国游客停留寻宝；其主力商品为家具，另有与竹子相关的杯盘器皿，颇受女性欢迎的独立编织手提袋也是Gerard Collection的原创商品，虽然其材质在亚洲风中相当常见，但样式与造型却借鉴了欧美各种时尚设计，例如手提包、Tote包等，染上鲜艳的色彩之后，再搭配对比色系的亮彩原石，每一个都充满着贵妇风格，让女性一拿上手，便不忍放下。

SRISANPANMAI

P.159B2
距旧城松达门（Suan Dok Gate）约5分钟车程
6 Soi 1 Nimmenhemin Road Chiang Mai 50200
+66-53-894717
10:00~19:00

SRISANPANMAI的老板来自泰国北部最知名的纺织村，专卖各种少数民族的服装，他会亲自到各村庄中收集传统的服饰，有些甚至拥有数十年的历史。店内也有融合现代与蓝纳传统风格的服装，适合在一般生活中穿着，搭配牛仔裤或T恤更能显出与众不同的品位。

店内古董般的木头柜子里摆满色彩鲜艳的服装，以及泰国常见的布面抱枕、三角枕；后段与二楼则陈列有更多服饰，集合各种年龄层，大多是女装，仔细挑选，或许会淘到心目中的宝贝，如果有需要，也可以请热心的店员帮忙。

AYODHYA

P.159B1
距旧城松达门（Suan Dok Gate）约5分钟车程
AP-D1 Nimmanhaeminda Road Suthap District Chiang Mai 50200
+66-53-358249
10:00~19:00
周一
相框650铢，拖鞋850铢

AYODHYA是泰国颇为知名的杂货品牌，这是由两家已拥有多年历史的家居空间设计公司及家具制造商于1994年共同成立的，除了曼谷的三家直营店之外，清迈是唯一分店。1998年，AYODHYA以充满现代风格的传统泰国手工艺品在泰国贸易展大放异彩，此后便将主力集中在居家摆设品上。他们每件商品都是纯手工制作，并选用泰国当地善待环境的自然素材，例如看似掺入许多木头切片的相框，事实上是用堵塞水道的水生植物的梗或茎切断制成的，不仅利用了新素材，也改善了泰国的河流环境。

AYODHYA最有名的商品是呈现淡绿色，有着些许细纹的瓷器，以自然传统的方法烧制而成，近年发展出来的紫色系列相当受到欢迎。

清迈东方文华

Mandarin Oriental Dhara Dhevi ,Chiang Mai

P.139E3 距清迈机场约10分钟车程，机场接送单程20美元起 +66-53-888888

51/4Chiang Mai- Sank ampaeng Road, Moo 1 T. Tasala A. Muang, Chiang Mai 50000, Thailand

Colonial-Suites 349美元起；Villa 349美元起；Deluxe Colonial- Style 349美元；价格请以饭店网站公布为准

mocnx-reservations @mohg.com

+66-53-888999

“Dhara Dhevi”在古梵文中的意思为“星光女神”，坐落在清迈的Mandarin Oriental Dhara Dhevi，果然拥有女神般的高贵气质，它隶属于东方文华饭店集团，承袭了该品牌一贯的贵族式优雅，曾被泰国航空杂志评选为泰国最佳度假饭店。

精致绝美的泰北宫殿式建筑让人第一眼就留下深刻印象，为强调泰国传统风情，饭店里有许多建筑或墙饰都是原原本本的古物。在这里可见牛儿犁田与水车灌溉的水田景致，清丽怡人的风光恍若世外桃源，加上优雅浪漫的气氛，使它曾作为泰国旅游局举办传统蓝纳婚礼的主要场地。饭店拥有不同房型，包括殖民式样的套房、传统泰式的Villa和豪华型Villa。其独具一格的建筑设计渊源自13世纪末的蓝纳王朝（Lanna culture），华丽的屋楣、窗棂、门柱皆以人工雕琢，将古代泰北文明忠实重现。无论从饭店入口处高耸的大门、尖塔状的寺庙，还是造型瑰丽的凉亭，都可想见700多年前蓝纳王朝的光辉岁月，充满着神秘的传奇美。

独栋的两层楼Villa除了拥有可俯瞰田园造景的泰式凉亭外，二楼的露台上还有座半露天的气泡按摩池，房内备有触感光滑的泰丝枕垫、竹编的凉椅、古典的泰式橱柜，廊间以姿态优美的佛像雕塑为摆饰，现代旅馆的硬件设备当然也一应俱全。

饭店内还有一处占地3 100平方米的Dheva Spa，是仿造缅甸曼德勒宫设计的，造景非常高雅、迷人。Dheva在古梵文中有“神圣的生命”之意，Spa大厅上方7层尖塔状的屋顶，象征通往极乐世界的7层阶梯。Spa疗程承袭自获奖无数的曼谷东方文华Spa，再加上源自于蓝纳王朝的皇家级按摩疗程，顶级享受自然不同凡响。位于入口处的Le Grand Lanna是饭店最早完成的部分，以传统泰北菜与泰国其他各地菜肴为主，除了海鲜是从普吉岛空运至清迈，其他都是取自当地的新鲜食材，不仅用餐环境及佳肴让顾客放松享受，服务人员更让顾客有被尊为上宾的用餐体验。

The Chedi , Chiang Mai

P.139D3 距旧城门Thaphae门约5分钟车程，位于清迈夜市（Night Bazzer）旁
123haroenprathet Road_, T. Changklan A. Maung, Chiang Mai 50100
+（62）361-730-622
+66-53-253352 www.ghmhotels.com chedichiangmai@ghmhotels.com
Deluxe Room280美元；Club Suite300美元（需另加服务费与消费税），价格请以饭店官网公布为准

隶属于鼎鼎大名的国际级饭店管理集团GHM旗下的The Chedi,Chiang Mai，主打精品设计旅馆（Boutique Hotel）风格，并成为强调现代设计的全球Design Hotel集团的一员。在建筑名师Kerry Hill的精心设计下，The Chedi并没有大门，甚至没有一个让人感到拘束范围的大厅，有的只是充满着开放感的宽阔空间。84间客房分为豪华房与套房，入住套房的住客拥有一个专属的二楼Check in空间，从抵达时就可尽享饭店风景，并有提供各式饮料的吧台。环绕着翠绿草坪的客房，皆拥有能够眺望中庭的独立阳台，躺卧在阳台的舒适沙发上，可尽情感受悠闲的度假生活。The Chedi以现代亚洲设计风传达出时尚感，房间内的每个细节都有令人赞叹的现代设计，却与泰国北部的各种摆设意外地交融。要深入享受The Chedi，就一定要换上泳装来体验，因为从每个客房都可看到的迷人风景，就是饭店的游泳池。长条形的泳池正对着湄滨河，凉爽的傍晚，还可看到在湄滨河划独木舟的游客！

©MOOK 陈昱安摄

清迈四季度假村 The Four Seasons Chiang Mai Resort & Spa

P.139B1 Mae Rim-Samoeng Old Road Mae Rim, Chiang Mai 50180 +66-53-298181
+66-53-298189 310美元起，价格请以饭店官网公布为准
www.fourseasons.com/ chiangmai

清迈四季度假村为四季饭店集团在泰国最具代表性的度假村之一，前身为丽晶度假饭店。整个度假村的造景与风格，充分流露出对祥和精致生活的向往，无论是角落里随处可见的石雕菩萨，还是水盆里花瓣微卷的莲花，都传达出一种空灵的美感。

饭店的建筑以700年前泰北的蓝那王朝为蓝本，向天空垂直伸展的檐角、线条弯曲的佛像画轴、华丽的门楣雕饰，都承袭自蓝那王朝的文化风格。景观各异的套房别墅，无论是面向花园或稻田，都各有风情；房间里有张超大的象牙白双人床，亚洲风格的竹编沙发上错落着手工编织的靠垫；二楼往户外延伸的露台凉亭上摆着典雅的木桌椅……一切都透着唯美的气息。

这儿的泰式料理更是远近驰名，因为位于山区，所以舍海鲜，改以蔬果、鸡肉以及香料入菜，口感不如泰南食物般偏辣，强调食材本身的鲜脆和调味的和谐。建议你在傍晚时分前往Sala Mae Rim餐厅用餐，当夕阳西下时，戴着斗笠的园丁会拿着火把将稻田中的火炬一一点亮，此时蛙鸣四起，无论是美景抑或美食都让人深深沉醉。

©清迈四季度假村

Rarinjinda Wellness Spa Resort

P.139D2 14 Chareonraj Rd., T.Wat Kate, A.Muang, Chiang Mai, Thailand
近Riverside Bar & Restaurant，从夜市步行约10分钟可达
+66-53-303-030 F +66-53-303-050
分为四种房型，Deluxe Room每晚定价约6500铢，最新房价请至饭店网站查询
35间客房 www.rarinjinda.com
info@rarinjinda.com

Let's Relax在成功经营Spa多年之后，也于近年投身旅馆业，策划了这个以养生为主题的度假饭店。饭店就位于湄滨河边，靠近清迈夜市，在这样热闹的环境里，Rarinjinda Wellness Spa Resort却以一幢140多年的柚木建筑，塑造出一方城市绿洲，让住客一进门，便可以脚踏木栈道，眼见流水和翠绿的热带植物，在入住前听觉与视觉就已经先被满足。

饭店附设的Spa于2008年获得Asia Spa最佳精品饭店Spa奖项，同年获得泰国最佳地区Spa奖，这样的双重荣耀可说是Let's Relax过去长年累月经营Spa品牌的成效。在饭店里，Spa的套装设计不仅止于按摩和去角质等美容疗程，还有专业医生为住客检查身体并提供专业咨询与疗程建议，加上瑜伽、冥想等课程，让住客真正达到身心的休息与放松。

©Rarinjinda Wellness Spa Resort提供

Rachamankha

P.139B3 6 Rachamankha 9, T.Phra Singh Chiang Mai
从松达门步行约5分钟可达，近帕邢寺 +66-53-904111
F +66-53-904114
约135美元起，由于饭店官网目前未标示房价，建议至各大订房网站查询
www.rachamankha.com sales@rachamankha.com

©MOOK陈昱安摄

位于清迈旧城区里的Rachamankha坐落在帕邢寺（Wat Phra Sing）旁，其中式四合院的架构，隔出一方天地，可说是闹中取静的最佳范例，也证明独特的住宿气氛不一定得倚靠背山濒海等自然条件。饭店于2005年开业，同年被旅游杂志《Conde' Nast》票选为全球最佳新饭店。

Rachamankha饭店的建筑仅有两层楼，屋顶覆以泰北传统的屋瓦，走道上放置着中国古董木箱，房门装有中式铜环，客房与厅堂悬挂着中国水墨画与泰国古画，灯饰统一为泰北灯笼造型。而其26间客房内，床上的靠垫以中国宝蓝色为底，绣上繁复的龙凤图案；泰式藤编坐椅上置有未染色的棉麻坐垫，从外观到摆饰都透露出一份中国文化的情韵。

Rachamankha没有一般观光饭店金碧辉煌的大厅，从大门穿过红砖铺设的小庭院，简单的花雕片木门后，就是旅客接待处。服务人员以泰国一贯的亲切微笑问候，除了订房接待，还可代为订购或规划市区及郊区的游程安排。

©MOOK陈昱安摄

清莱

Chiang Rai

清莱位于泰国最北端，靠近缅甸、老挝，坐落于肥沃的谷地上，有泰国最重要的湄公河流过，由于靠近边界，具有相当重要的战略地位。清莱最有名的景点是金三角，早期是罂粟花与制造鸦片的大本营，后在政府的引导下，改种其他经济作物，但仍是许多观光客想要一探究竟的地方，可以搭乘湄公河游船欣赏神秘的金三角风光。相较于泰国各地的炎热，由于纬度较高，清莱相对凉爽，加之优美的景观，吸引了泰国皇室到访，皇太后花园也对游客开放。来到清莱，还可以深入少数民族的部落，体验一份别样的风情。

info.

如何前往

●飞机

可由国内直飞曼谷，转搭泰国国内班机抵清莱；或者由国内直飞清迈，再搭车前往清莱。清莱机场距离市区约8公里。

●巴士

从清迈到清莱可搭乘空调巴士约需3小时，每天有12班。

清迈Arcade 巴士站

+66-5324-6503泰国Phatthanakit交通

路费约140铢

●汽车

从清迈开车到清莱约需3小时。

●出租车

从清迈到清莱搭乘出租车需1200~1500铢

市区交通

●嘟嘟车（Tuk Tuk）

在清莱市区内建议搭乘双排嘟嘟车（Tuk Tuk），须先议价。

市区内每人10~20铢，前往郊区可包车，一天费用1200~1500铢

●普通巴士

可前往金三角、清盛、美塞等地。

旅游咨询

泰国旅游局

448/16 Singhakhlai Rd., Amphoe Muang, Chiang Rai 57000

+66-53-717433、744674~5

www.toursmthailand.org

住宿资讯

●Anantara Golden Triangle Resort

Anantara Golden Triangle Resort拥有一座大象营，可以让住客做一日象夫，亲近大象，近距离照顾它们，其位于华欣的姊妹饭店是泰国大象马球赛的主要发起单位，在金三角的这家饭店也因为对保护自然的关心，2008年被全球知名杂志《旅行者》票选为“对世界最有责任感”饭店。

229 Moo 1, Chiang Saen, Chiang Rai 57150

+66-53-784084 F +66-53-784090

双人房每晚约10400铢

goldentriangle.anan tara.com

goldentriangle@anan tara.com

●The Imperial Golden Triangle Resort

222 Golden Triangle, Chiang Saen, Chiang Rai 57150

+66-22-619000 F +66-22-619464

双人房每晚约50美元起

www.imperialhotels.com

north-rsvn@imperialho tels.com

长颈族村

Three Tribe Village

P.165A1

从清迈搭飞机约35分钟可抵达湄宏顺，搭车约需6小时，可搭108路、1095路，抵达湄宏顺再租车前往，建议参加当地导览行程。

Yapa Village　+66-5393-9705

©MOOK 王思佳摄

©MOOK 王思佳摄

清莱是泰国最北的一省，市区距离缅甸仅60公里。50多年前缅甸发生内战，境内许多少数民族为避难，跨过国界到泰北定居，其中一支即为长颈族（Padong）。他们多数住在湄宏顺府（Mae Hong Son），约有10户迁移至清莱，与身着黑衣的阿卡族（Akha）、来自老挝的大耳族（Lahu Shi Balah）合住一处，成为观光一景。

长颈族住在高脚茅草屋里，女性从9岁开始，就在脖颈和手腕、膝盖等处缠绕铜环，外观看来是一圈圈独立的铜环，其实是一条实心铜条绕成的，每两年更换一次长度，直至25岁或是结婚后，就不用再加长，据说铜条最重可达5公斤。关于这项习俗的由来有多种说法，有人说是因为长颈族人认为长颈才美，也有人认为是为了防林中猛兽咬。

游客从大马路到长颈族村得走一段山路，约需半小时，沿途为阿卡族和大耳族的小摊子和展示区。到长颈族村，长颈族姑娘会表演一段舞蹈，别忘了给些小费哦！

©MOOK 王思佳摄

帕耀

Phayao

P.165A2
从清迈开车约3个小时可到
Amphoe Mueang, Payao清莱东南约90公里处
自由参观

帕耀府占地6 339平方公里，约有50万居民，多以种田为生。境内有两处值得一看的景点。一是位于市中心的帕耀湖（Phayao Lake），为泰北最大的淡水湖，面积约20平方公里，内有50余种淡水鱼，湖畔有一座帕耀王的纪念铜像。其次是小吴哥窟（Analayo Temple），距帕耀湖约18公里，幅员广大，有多座佛塔和寺庙，涵盖泰国、缅甸等建筑形式。

要参观小吴哥窟，得从山下往上走约400米，游客可以选择走楼梯或搭双排车，进入山门后是长长的山梯，两侧扶手是蜿蜒的水龙雕像，代表地的龙头在底端，象征天的龙尾在顶层，意为连接天地。

除了25米高的拉玛九世诞生像，这里最有名的是一尊黑象牙小佛像，与小翠玉佛、金佛、紫玉佛、钻石佛等一起，摆在主殿的玻璃柜里，可供游客欣赏。

皇太后花园

Mae Fah Luang Garden

P.165A1　距离清莱50公里，约1小时车程
Mae Fah Luang District, Chiang Rai 57240, Thailand
+053-767-015-7　每天7:00~18:00
80铢　www.doitung.org

皇太后指的是现任拉玛九世普密蓬的母亲，泰国人尊称其为Princess Mother。她生前致力于改善泰国东北山区人民的生活，成立了Mae Fah Luang基金会，并于1992年在清莱建了行宫、花园、纪念馆，以提供大量的工作机会，并提升了观光的收入。

皇太后花园位于皇太后行宫的前面入口处，占地将近6 6000平方米，里面栽植着上百种来自各国的珍稀花卉，一年四季更换当季植栽，因此不论何时前往，园内总是花团锦簇。园内建有多处温室和花园造景，最著名的是兰花温室，可以看到蝴蝶兰、拖鞋兰等各种品牌的兰花，其他有岩石园区、水帘园区、棕榈园区、植物园区等。

园区中心是座大花园，中央有一座雕塑——小孩一个个站在彼此的肩膀上，这是由Misiam Yipinsoi创作的，取其延续不断之意，这是响应1995年过世的皇太后的一句话，“我们必须以永续的概念去执行，才能成就一件事”。

游客除了到花园参观，还可以去看看柚木行宫，外面为屋檐高翘的凤尾泰式建筑，里头却是欧美式的西方装潢。邻近的纪念品店经营的是皇太后基金会协助清莱人民生产的各类用品，精致而富有创意。

灵光寺
Wat Rong Khun

P.165A1
距清莱市区约10分钟车程
清莱南部13公里处
+66-5367-3579
自由参观

©MOOK 王思佳摄

这座造型繁复的白色佛殿，是著名画家Chalermchai Kositpipat 的梦想之作，画家自述他的本意是在地面上创造天堂一般的景象。

Kositpipat出生于清莱，曾获得过泰国国家艺术比赛头奖，在欧亚等地皆开过画展。画家为了给佛教尽一份心力，在1997年42岁那年开始独力独资打造这座白色佛殿，希望创造出独特且伟大的佛教建筑，让全世界都来朝拜。佛殿外层镶有一块块镜面玻璃，内部则以壁画装饰。画家表示，白色象征佛祖的纯洁，而无所不在的镜子则代表他的智慧照耀全宇宙。其他各部分皆有意义，如通往佛殿的天桥有逃脱轮回进入佛界的寓意。

©MOOK 王思佳摄

鸦片博物馆
Hall of Opium, Golden Triangle Park

P.165A1 距清莱市区约50分钟车程
Chiang Saen, Chiang Rai, Thailand +66-53-784444
8:30~16:00，8:45起有30分钟的英语导览
360铢
馆内不准拍照，有中文说明可以免费索取

金三角位于泰国、缅甸、老挝边境，地处海拔1 000米的山区，阴凉多雾，适合罂粟花生长，约10万平方公里的范围内，原本开满艳丽的4瓣罂粟花，这是当时穷苦的泰国东北居民赖以为生的产业，在三四十年前，全球80%的海洛因等毒品皆来自此处。

1988年，皇太后决心重建东北山区，因长久种植罂粟而枯竭的农地山林，在皇太后基金会的努力下，逐渐恢复其富饶的生产力。基金会还促成还原当地的生态环境，并协助当地居民另谋生路，如手工业和农业等，同时宣传毒品的害处。

这座鸦片博物馆足足盖了13年，花了将近4亿铢，占地5 600平方米，于2003年开业，由皇太后基金会主导。进门后会先通过一条137米的地道，两侧刻满吸毒者形形色色的浮雕，并传来吸毒者的痛苦呻吟；其后有专人介绍罂粟种类，并有一段5分钟短片介绍鸦片在泰国的发展；再进到蜡像馆和收藏室，有关于鸦片的历史和相关器具的介绍与实物，相当清楚完整。

©MOOK 王思佳摄

素可泰古城

Old Sukhothai

素可泰在泰文中意为“幸福的黎明”。身为泰国历史上第一个王朝的首府，素可泰古城以动辄上百座的佛寺、佛塔，上千尊的佛像，展现千佛之国的恢宏胸襟。

在高棉帝国的势力盘踞在泰北的11～12世纪时期，素可泰是北方最为关键的要塞，直到13世纪前叶，泰族领袖Pho Khun Bang Klang Thao起身推翻高棉的统治，被泰人拥戴为印拉第王（King Sri Intratit或King Sri Indraditya），开创了泰国第一个独立王朝素可泰，素可泰城遂成为名震四方的国都。

700多年后的今天，在经过泰国政府及联合国教科文组织10多年的努力之后，素可泰古城已修复城内21座寺庙及建筑，城外5公里范围内另有超过70座佛教或婆罗门教的寺庙，重现了素可泰王朝昔日的光荣。

这座广纳佛教艺术精华的古都，东西宽1 400米，南北长1 810米，共有4道城门，由内、中、外三重城墙，一道护城河环绕拱卫，固若金汤。重建后的古城丝毫没有陌生的距离感，

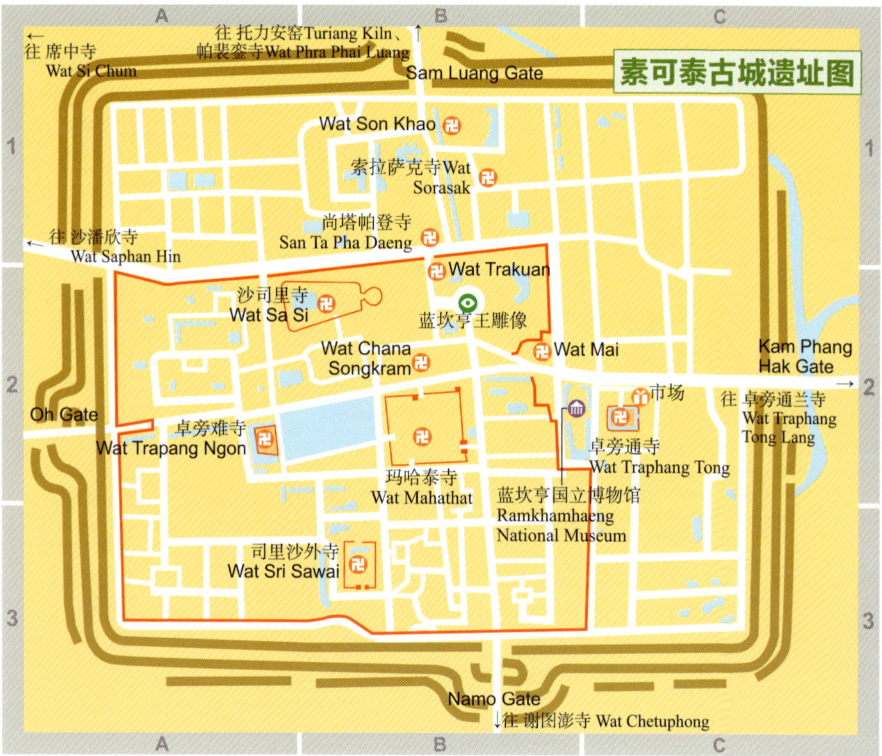

平时偌大的草地上总有三三两两的人赏景看夕阳。泰国每年11月的水灯节，据传就是素可泰王朝的皇后为了抚慰雨季后受水患困扰的民众的心，才想出放水灯祭河神的节日的，现在每年在素可泰古城也举办规模日隆的庆祝活动，让大家一起参与这个美丽的节庆。

素可泰古城位于素可泰新镇西方约12公里处，遗址区以玛哈泰寺为中心，另以4个重要的池塘定位：东方的金池、西方的银池、北方的白池与空心菜池，据说以前将军要出城打仗时，都要各喝一口这4池的水，有凯旋的寓意。

要游览古城，这四个点也是最佳的方位参考。记住定位点后，可将参观的区域划分为东、西、南、北4区，游完1个区域城内、城外的景点再跨区游览，虽会进出多次，但可节省不少时间。素可泰古城占地辽阔，最好租一辆自行车代步。

info.

机场至市区交通

●飞机

泰国国内班机目前仅曼谷航空有航班往返曼谷和素可泰，飞行时间仅需 1 小时。或从曼谷搭泰国航空至澎世洛，航程约45分钟，再从澎世洛转搭双条车至素可泰，来回车票约200铢。航班时间请至航空公司网站查询。

曼谷航空

www.bangkokair.com

泰国航空

www.thaiairways.com

●巴士

从曼谷可以搭巴士前往，于 Kamphaeng Phet 2 路上的“巴士北站”（Northem Bus Terminal）搭乘。

发车时间为9:45~22:20，每日10班，车程约6小时

车票80~150铢不等

●火车

必须从澎世洛转车。从澎世洛到素可泰古城，可搭双条车到素可泰古城，距离58公里。

来回车票200铢

市区交通

●巴士

从火车站到城内可搭迷你巴士，来往新旧城之间需15~20分钟。另外，从素可泰市区到素可泰古城，可搭从素可泰市区或澎士洛发车的巴士，古城距市区约12公里。

车票1人5铢

●渡船

从火车站到城内亦可搭船

船票1人2铢

●单车或摩托车

在古城附近可租借自行车或摩托车

自行车半日租金为20铢，摩托车一小时约200铢，古城内亦可租自行车，一次20铢

旅游咨询

泰国旅游局在素可泰无办事处，可先洽询曼谷或澎世洛驻点，或古城区的旅客服务中心。

●泰国旅游局・澎世洛

209/7-8 Surasi Trade Center, Boromtrailo kanat Rd., Amphoe Muang, Phitsanulok

+66-55-514341~3

●素可泰旅客服务中心

+66-55-697527、697310

●素可泰古城

进入素可泰古城遗址须付门票。

8:30~16:30

门票40铢

素可泰古城遗址区

↓玛哈泰寺 Wat Mahatta

P.170B2

玛哈泰寺（Wat Mahatta）位于素可泰古城的中央，四面有沟渠环绕，从印拉第王开始建造，直到1345年完成于李泰王时期，属于皇室宗。寺中原有209座塔、10处僧院，但大部分都仅剩地基而已，目前还能辨识的主要有纯素可泰式的主塔，其周围有4座室利佛逝（Srivijaya）兼锡兰式小塔和4座高棉式小塔，拥有素可泰主僧院、大城盖的主僧院，李泰王骨灰塔，南北两座内含9尺立佛的蒙朵，还有黄昏时可拍摄美丽剪影的大雄宝殿。

室利佛逝（Srivijaya）是兴起于印尼的苏门答腊（Sumatra），于8世纪左右在泰国所在的半岛南方建立的帝国，其佛塔形式传到素可泰后被引用，常和锡兰式佛塔混合，塔基和塔身为方形，上端立有锡兰式的钟形佛塔，通常还有4个方位塔点缀。

玛哈泰寺的主塔是一座上部呈含苞莲花状的纯素可泰式佛塔，这是李泰王时重建的，原来是一座高棉式佛塔，李泰王不想受高棉影响，遂把原来的高棉塔包起来，外面盖成纯素可泰式的佛塔。这种不破坏前人作品的例子在泰国时时可见，因为泰国人相信破坏庙宇或佛像是对神的不敬，所以都是用把原建筑物包起来或盖起来，外面再建新的建筑这种方法，所以建筑物都会越来越大。玛哈泰寺中的另一个例子就是主塔前的主僧院前还有一个主僧院，这是到了大城时期，大城国王为了遮住旧有素可泰主僧院，所以在它的前面又盖了一座。

沙司里寺 Wat Sa Sri

P.170B2

沙司里寺比较特别的是塔与大雄宝殿分开在不同的地方，大雄宝殿独自位于水池中的一个小岛上，两座塔则位于池边草地上，其中一座锡兰式的塔非常典雅。

除了离奇的塔殿分离现象，沙司里寺的朝向也异于其他庙宇，这是因为素可泰人认为祖先来自东方的山上，所以全部的寺庙皆面朝东方，而此寺因为在素可泰之前就存在了，所以唯独它面向南方。

卓旁通寺 Wat Trapang Thong

P.170C2

在泰文中，卓旁（Trapang）是“池塘”的意思，通（Thong）是“金子”之意，卓旁通寺就是“金池寺”。这座寺的大雄宝殿是30多年前才盖的，塔是锡兰式的，参观重点则是凉亭中供奉的佛脚印。这对刻在灰石上的佛脚印是从素可泰西南方的大脚印山（Big Footprint Hill）搬来的，大家都相信这是李泰王在1359年发现的，脚印上有108个须弥山上的吉祥图案，这显示佛与广大无边的须弥山已合而为一，而且是宇宙的中心。

司里沙外寺 Wat Sri Sawai

P.170B3

司里沙外寺位于玛哈泰寺西北方，是一座高棉式寺庙，在素可泰之前已有，那时供奉的是印度湿婆神。

寺中最显著的3座高棉塔从左至右各代表大梵天、湿婆神和那莱天王，塔中的佛像均移至博物馆中收藏。塔上装饰繁复的灰泥图案仍清楚可见，我们可以看到每一个小佛龛上都有一条龙吐出三条龙的图案，这种传说中的动物叫蚋干，据说是狮子、龙马、角龙、麒麟和鳄鱼的混合体，它会吐出蚋——似蛇似龙的吉祥物，在泰国人的习俗中，奇数是吉祥数字，所以这条蚋干吐出的蚋一定是1、3、5这些数目。

↑卓旁难寺 Wat Trapang Ngon

P.170BA2

卓旁难寺就是银池寺，在玛哈泰寺的后面，参观完玛哈泰寺后可以在这里稍事休息，并且可以拍到素可泰的倾城之美。寺中主塔是一座矮矮胖胖的莲花苞状的塔，塔上的佛龛中有立佛面对四个方向，与玛哈泰寺的主塔很相像，也是在李泰王时建造的。许多游客很喜欢跨桥到曾有僧院建筑的池中小岛上欣赏美景。

↑索拉萨克寺 Wat Sorasak

P.170B1

索拉萨克寺是座由24头大象雕塑支撑的锡兰式佛塔，这块地是一位名叫索拉萨克的大臣献给国王的，所以盖了这座塔纪念他。据寺中碑文的记载，那时是1412年，李泰王时期。

尚塔帕登堂 Wat San Ta Pha Daeng

P.170B1

这是一座十字形的“城隍庙”，主体建筑受高棉风格的影响，屋顶现已毁坏。1959年，这里发现了5尊12世纪上半期造的神像，现在放在博物馆中。

古城遗址外

↑席中寺 Wat Si Chum

P.170A1

寺内坐佛与蓝坎亨石碑上提到的“阿迦纳佛”相似，右手手指指地，呈现镇魔之姿，高15米，两膝宽11.3米，一般认为这尊佛像原本是露天的，后来才加盖了蒙朵。

↑卓旁通兰寺Wat Traphanthong Lang

P.170C2

与席中寺相同、属于蒙朵式建筑的卓旁通兰寺立于城的东郊，庙的西、南、北各有一幅佛陀浮雕，是其最重要的遗产，北、西两面雕有佛陀向父亲、妻子说法的故事，南面表现佛陀从忉利天下凡，四周有仙女簇拥的场面，被视为素可泰艺术经典。

©MOOK 朱月华摄

↑沙潘欣寺 Wat Saphan Hin

P.170A1

沙潘欣又称为石桥寺，寺中有一条大石铺成的似桥长阶，长200米，虽还能通行但已濒临倾圮，让人走起来心惊胆战。据蓝坎亨王留下的石碑记载，沙潘欣寺是一位高僧住的地方，同时也是蓝坎亨王察看地势、为整个城市寻找水源之处，每到重要节日他会骑大象来此敬拜。

↓谢图澎寺 Wat Chetuphong

P.170B2

谢图澎寺最特殊的就是其主要建材是石板，用在门、门楣、墙及地板上，接头都是用榫的方法，由石头上留存的一个个小凹槽，可推断当时技术已非常先进，但是这么重的石头当初是怎么运来的，至今还是个谜。

寺中有一个蒙朵式的佛龛，里面有四面坐、卧、行、站四种姿态的佛像，现在已不太能辨识，紧邻的另一个小佛龛里供奉着未来佛。

©MOOK 朱月华摄

©MOOK 朱月华摄

↑帕裴銮寺 Wat Phra Phai Luang

P.170B1

帕裴銮寺距素可泰城墙约1公里，有护城河围绕，寺中立有3座高棉塔，由左至右代表大梵天、湿婆神与那莱天王，3座塔中只有大梵天塔没有重建过的痕迹。位于西边的一座蒙朵中有尊四面佛，东面是行走佛，其他三面是立佛，就在行走佛的对面，原本有一尊卧佛，现在已残缺不全了。

托力安窑

P.170B1

自14世纪初期开始，陶器一直是素可泰最成功的外销品，在素可泰城外西北的托力安一带就是瓶状烧窑的集中地，出产水瓶、碗、罐、输水管等，1350年后，素可泰制陶重心转至西撒查纳来等3个拥有优良土质的地方。

泰国南部
The South

普吉岛

Phuket

1970年，联结泰国内陆和普吉岛的撒拉辛桥(Sarasin Bridge)建成通车，这等于宣告了普吉岛精彩观光事业的开始。普吉岛有着地理上的优势，西海岸面对安达曼海，每一个海湾都适合独自成为一处观光海滩，且海底生态丰富，珍贵的珊瑚礁群成为潜水者的天堂。东岸因为是岩岸，所有前往离岛的渡轮码头都集中于东部和普吉镇附近的港边。

普吉岛在泰文中意指多山之岛，行车在普吉岛上，不如一般的海滨地区那么平坦，上下起伏的山坡成就了岛上另一种风情。而岛上的山脉也造就了当地的山林游程，在岛上玩山玩海皆可，任君挑选。

至于普吉镇，可溯源至拉玛三世(1824~1851年)时期，当时的锡矿开发促进了当地的繁荣，现在街道上还有许多挂有中文堂号的欧式楼房，都和那时跨海来采矿的中国移民有关。之后兴起的是橡胶产业，丰厚的产量为普吉岛带来又一个发展高峰，现在山区里仍有些零星的橡胶林在维持采橡胶的作业，有些邻近度假饭店的橡胶林则转型成为当地文化体验活动的绝佳场地。

随着旅游业的日益成熟，许多国际连锁饭店或是泰国本地经营的度假村纷纷进驻普吉岛，当地游程也从岛内扩展到与喀比之间的离岛游，因为喀斯特地形，离岛的奇岩怪石更增添了观光活动的精彩。因为环海，肥美的海鲜料理是当地最令人难忘的美味，想品尝传统好味，普吉镇上的市场是最好的选择。

info.

如何前往

●飞机

北京、上海、广州、昆明等城市皆有直飞普吉岛的班机，或先搭机飞至曼谷，再由曼谷转机或搭车前往普吉岛。

泰国航空

www.thaiairways.com

普吉航空

www.phuketairlines.com

●火车

从曼谷无直达普吉的火车，可从华蓝蓬火车站(Hua Lampong)搭乘南线(Southern Line)到苏叻塔尼(Surat Thani)，再转搭巴士。

曼谷—苏叻塔尼头等空调卧铺1279铢，二等空调卧铺758铢起

●巴士

从曼谷搭乘巴士需13~14小时，每10分钟一班，分空调车与普通车。

南线巴士总站(Sri Ayutthaya Rd.)

空调车VIP755铢，头等空调巴士486铢(32席)、567铢(40席)，二等空调巴士389铢，普通车278铢

+66-2-4351199曼谷客运

www.transport.co.th

机场至市区交通

从普吉机场到市区搭乘小巴士约80铢；出租车约360铢，若订的是航空公司的“自由行”多半饭店会派车来接。

市区交通

当地多半以嘟嘟车(Tuk Tuk)、双条车(Song Taews)、小巴士为主要交通工具。从普吉镇有海滩巴士前往各观光海滩，15铢起跳；喀比镇亦有前往南湾的小巴士，约20铢起跳。普吉镇有出租车，但因为当地司机行规，出租车只能从镇上或机场载客进海滩，不能从海滩载客出去。

旅游咨询

泰国旅游局普吉镇办事处

73-75 Phuket Rd., Amphoe Muang, Phuket

+66-76-212213、211036、217138。

观光警察专线+66-76-219878

tatphket@tat.or.th泰国当地行程推荐

amazingthailand.tourismt hailand.org

●参考刊物

目前在普吉岛或喀比地区有许多当地出版的最新旅游资讯，从普吉机场就可拿到一袋地图，饭店和餐厅也有相关资料索取。

●普吉岛Safari

普吉岛上除提供离岛行程外，还有许多探究普吉岛山林的丛林行程，游客皆可从当地旅行社预订丛林骑大象、泛舟等山林一日游，价格在800~1 600铢不等。详情可洽各住宿饭店的柜台或泰国旅游局驻普吉镇办事处，亦可洽当地旅行社：

Phuket Adventures

+66-76-355955~9

www.phuket-adventures .com

亦提供离岛行程

安娣旅游Gloden Taipei Tour

+66-76-281412~3

住宿资讯

因为受雨季和干季的影响，饭店的房价会随季节发生极大的更动。无论淡旺季，各家饭店都会推出2天起的套装行程，包括离岛游或是出海浮潜等活动，可多注意泰国旅游局或各家饭店的网站信息。

普吉岛全图
往Similan (100公里)
往Ao Phang Nga
撒拉辛桥
Sarasin Bridge
Sirinat
National Park
JW Marriott Phuket
Resort&Spa
402
Hat Mai Khao
Phuket Airport
普吉岛国际机场
Ko Lawa Yai
Hat Nai Yang
奈扬海滩
Sirinat National Park
Ko Ngam
4024
402
Thalang
District
4031
Ko Nakha Yai
Ao Po
Khao Phra Taew
National Park
Layan Beach Resort &
Spa Village
Noi Dork Ruk
Wat Phra
Thong
班派瀑布
Nam Tok Bang Pae
悦榕度假村
Banyan Tree Phuket
通塞瀑布
Nam Tok Ton Sai
Ko Nakha Noi
Ao Bang Thao
邦涛海滩
The Allamanda Laguna Phuket
拉古拿度假村
Dusit Laguna Resort
4027
Amanpuri
Laguna Beach Resort
Hat Surin
苏林海滩
The Chedi
Phuket
Hideaway Spa
江玲花腰果行
Boat Lagoon
Leam Singh
林兴海滩
Courtyard Phuket
珍珠姊妹像
Heroines
Monument
Ko Rang Noi
Ao Kamala
卡马拉海滩
普吉幻多奇娱乐城
Phuket Fanta Sea
Ao Sapom
Ko Rang Yai
Laem Hin Habour
Ko Phuket普吉岛
Kathu District
Ko Maphrao
Thavorn Beach
Village
P184
Hat Kalim
Ao Patong
巴东海滩
4233
402
402
4020
P186
Phuket Thai Cookery
School
Phuket
Town
普吉镇
Ko Sireh
Phuket Abalone
Farm & Restaurant
Ao Karon Noi/
Relax Bay
Le Meridien Phuket
Beach Resort
4022
Ramada
Centara Village
The Little
Mermaid
Ao Phuket普吉湾
Ao Karon
喀伦海滩
Arcadia
4021
4021
4023
Wat Chalong
On the Rock
Club Med
4028
4129
Ao Kata Yai
喀塔海滩
Plub Pla
4024
Ao Chalong 查
龙湾
Ao Kata Noi
小喀塔海滩
4033
Cape Panwa
往Ko Phi Phi(40公里)
View Point观景点
Ko Lon
Le Meridien Royal
Yacht Club
The Evason Phuket
Ao Nai Hon 奈恩海滩
Ao Rawai拉瓦宜海滩
Ko Maithon
Laem Phromthep
神仙半岛（最南岬角）
Ko Bon
Ko Aeo
Ko Kaew yai
往Ko Racha Yai ↓
Ko Hea
图例 景点 码头 饭店 餐厅 商店

海滩

整个普吉岛的西海岸都适合进行水上活动，但因为地势原因，会在雨季期间形成暗流，当地的饭店或是相关单位会在海面上拉出警戒线，或竖立红旗告知今日海域不利于下水，只要遵守相关规定，一样可以在淡季玩得尽兴。有些海滩的气氛比较静谧，有些则因为早期就聚集了餐厅、商店和饭店而显得热闹非凡，如巴东海滩，喀塔和喀伦海滩也因为是欧洲游客常驻地，附近餐饮和商家也有着比较重的异国色彩。几个热门海滩分述如下。

邦涛海滩 Ao Bang Tao

P.181A3

从巴东海滩搭车约30分钟，从普吉镇搭车约50分钟可达。从悦榕度假村或拉古拿度假村，直接步行可达

邦涛海滩邻近拉古拿饭店集团(Laguna)，观光人潮较少，加上海边没有水上活动的生意，海滩上的气氛显得非常宁静。邦涛海滩较宽，岸边多种植防风林，沿着沙滩边有接连20多家的滨海餐厅，简单的竹藤桌椅摆在沙上，餐厅内供应称重海鲜和一般泰国料理，料理餐费约80铢起，饮料约20铢，营业时间从中午12时至午夜。若为附近度假村的住客，想试试饭店外的饮食，又不想跑太远，倒是可以将这里的餐厅列入考虑之列。

©MOOK 李美玲摄

©MOOK 李美玲摄

Leamp Sing Beach

P.181A3

从巴东海滩搭车约15分钟可达，若自行开车，需另付停车费，机车20铢，汽车40铢

在Sing Cape旁，路口有标示与停车收费亭

由于Leamp Sing海滩的入口相当于在半山腰上，要下到海边得费点脚力先走过一段陡坡，这个小巧宁静的海滩就位于峡湾内的陡坡下。Lamp Sing海滩两端为山壁，后有树林，即便在炽热正午，也不会热到没处躲，适合游泳、上岸晒太阳这两种最简单的海滨活动。

沙滩上有躺椅出租，有些餐厅也提供浮潜用具，这个海滩有两边山崖挡着，即便在雨季，风浪也较小。由于该海滩目前属私人土地，和其他开放式海滩不同，餐厅业主都是跟土地所有者承租的营业空间，这就不难理解为何海滩入口处要加收停车费了。

©MOOK 李美玲摄

观景点 View Point

P.181A4

从巴东海滩搭车约30分钟，来回400~600铢不等

这个观景点坐落在一段山坡的最高处，天气晴朗时，站在观景点的凉亭向下望，喀塔、喀伦、小喀塔(Kata Noi)三个海湾尽收眼底，也因为如此，在普吉岛风景明信片中，三个海湾的图片，就是从这个观景点取景拍摄的。这里和最南边的岬角一样，是在普吉岛欣赏落日黄昏的绝佳观景点之一。

©MOOK 李美玲摄

卡马拉海滩 Kamala

P.181A3

从巴东海滩出发约4公里

卡马拉海滩(Kamala)属于海湾型海滩，距沙滩两公里左右的海域底下岩石较多，海水深度较浅，水上活动少。

虽然在Kamala海滩能从事的活动不多，也没有穿梭不息的游客，但沿着海滩后方Th. Longpa街道，竟是成排的餐厅和旅行社。据当地住宿小屋的业主说，来这里长住的游客不在少数，也许是那份遗世的安静吸引游客在此停留的吧？

©MOOK 李美玲摄

喀塔海滩 Kata

P.181A5

从巴东海滩搭Tuk Tuk车需20~25分钟，车票约400铢；从普吉镇搭乘海滩巴士约20铢

喀塔海滩是普吉岛海滩长度排名第六的海滩，位居巴东海滩之后。海滩上出借躺椅、潜水镜，也提供水上摩托车活动和沙滩泰式按摩服务，饮食摊贩等也是有的。附近游客以北欧人居多，想要品尝泰国菜以外的异国料理，到这附近就对了。

站在沙滩上可远眺螃蟹岛(Ko Poo)，也有船家载游客前往螃蟹岛浮潜。喀塔海滩呈圆弧状，范围不大，沙滩小贩是向政府承租设摊范围的，都有自己负责清理的区域，因此环境比较干净整洁。

喀伦海滩 Karon

P.181A4　从巴东海滩搭车约15分钟可达

喀伦海滩是普吉岛上第三大海滩，不知道为什么聚集的欧洲游客比较多，走过身边听到的多半是非英语的对话。海滩边的水上活动不及Patong海滩的丰富，也因此海滩边的气氛更显悠闲，游客要么戏水、晒太阳，要么坐在躺椅上看书、打盹。

一般到了雨季，普吉岛上的海滩都会视浪潮的状况决定是否插上禁止游泳的红旗帜。当地人殷切谆嘱，在Karon海滩，一旦发现插红旗，千万千万不要视而不见，这里的海滩沙量多，干季时沙质踩起来非常扎实，但一到雨季，经过雨水的冲刷，海浪涨退时会将沙子卷起，被掏空的沙很容易造成流沙现象，一不小心就会被卷进大海里。不过，在干季时，由于Karon海滩呈П字形，海浪浪头较高，相当适合冲浪。也因为Karon的海滩长，傍晚也有不少游客或当地人到沙滩上漫步，等待日落时分的黄昏美景。

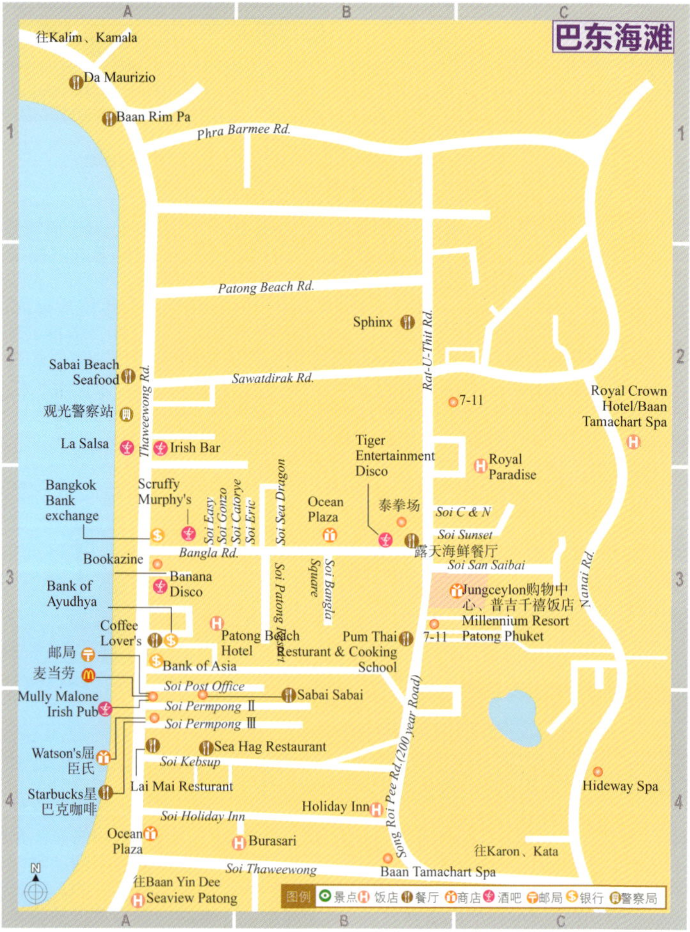

巴东海滩 Patong

P.181A4

从机场搭车约50分钟可达，从普吉镇可搭Tuk Tuk车或标有前往Patong的巴士，车程约30分钟

巴东海滩(Patong)在泰文中意为橡胶林，过去只是一块林木扶疏之地，现在则是普吉岛人气最旺的海滩。海岸线长达15公里，旺季时游人如织。沿着海滩主要街道旁停满等着载客的Tuk Tuk车，有成排的商家、餐厅、当地旅行社、摊贩等，走进巷道内又是成排的小旅馆、餐厅……商家密集，可说是普吉岛旅游便利性最高的区域。

入夜后，巴东海滩街上亮起闪烁的霓虹灯，白天在海边拥抱阳光、海水的游客们，纷纷回到岸上开始另一段生活。要饱餐一顿，从路边摊的生猛海鲜到餐厅的精致料理都有；想小酌一杯，各色酒吧任君挑选；想看一场泰拳表演，想买一些伴手礼，巴东夜市足以消耗你一整夜的时间。巴东海滩就是这样的五光十色，只有在清晨和黄昏时分，这里才有难得的安静。

普吉幻多奇娱乐城

Phuket FantaSea

P.181A3　99 Kamala Beach　66-29-142954
6629142955　www.phuket-fantasea.com
17:30~23:30；自助餐18:00~21:00；表演21:00~22:30
表演+自助餐每人1900铢；自助餐每客800铢；欣赏表演每人1500铢(提供接送)
进场观赏表演前，需将摄影器材寄放在柜台，场内不得拍照或录音

©MOOK 李美玲摄

幻多奇娱乐城(Phuket FantaSea)位于普吉岛卡马拉海滩(Kamala)附近，斥资30亿铢建造，1999年才正式对外开放。约20平方公里的园内有颇具泰国特色的商店街，还有外观如雄伟城堡的表演剧院、如水上宫殿般的自助餐厅。

娱乐城中的重头戏，是每晚在象王宫殿剧院演出的剧目《梦幻王国》。表演一开始，披挂皇家标志的象群从观众席两侧步上舞台，开场气势就相当惊人。接下来的90分钟节目，结合了灯光效果、激光、爆破等特效，加上200多名演员和训练有素的象群，一同展现泰国的开国传说、各地风俗民情、马戏杂技等，表演当中不断听见观众的惊呼声与掌声，是一场极具娱乐效果的舞台表演。普吉幻多奇是普吉岛上唯一一座主题娱乐城，几乎所有饭店的活动柜台和当地旅行社都可预订门票与交通接送。

©MOOK 李美玲摄

巴东夜市、酒吧街

P.181A3~B3　从Thaweewong路到Bang-La 路之间
从机场搭车约50分钟可达，可搭双条(Song Taews)或小巴士，每人约150铢，从普吉镇可搭Tuk Tuk车或标有前往Patong的巴士，车程约30分钟
+66-76-212213泰国旅游局驻普吉办事处　中午~23:00

©MOOK 李美玲摄

沿着海滩旁的Thaweewong路一直往Bang-La路走，大街小巷里的商家卖什么的都有，从皮革串起的贝壳手链、海滩沙龙布到泳装、拖鞋、背包、仿名牌运动鞋等应有尽有。正是因为这样的便利性，所以到普吉岛度假不用提前准备什么泳衣、防晒乳、拖鞋、背心、短裤等各式沙滩必备用品与衣物，到达之后逛一趟巴东海滩附近的商家，不仅全部买齐，还有讲价的空间和款式的多种选择。这些店家多半从中午就开始营业，傍晚到晚餐时间是人潮最拥挤的时段，也是小贩聚集最多的时候，有耐心比较价格的人，多半能从中捡些便宜。

巴东夜市的商品要价不算低，大致可从店家喊价的7~8折起，开始跟对方杀价。小贩大抵能讲上几句关于交易的英文，不然计算器按一按，也是一种实用的沟通方式。

©MOOK 李美玲摄

普吉镇
Phuket Town

Raong Road上的泰国航空斜对面，以及传统市场前，都有开往普吉岛西岸各观光海滩的巴士

周末市场位于Luang Pho Watchalong Rd.和Phang Nga Rd.之间的区域，每周六、周日15:00~20:00营业。购物街在Tilok Uthit 1 Rd.

普吉镇位于普吉岛东南方，是普吉府的省会，也是普吉地区政府机关的所在地。镇上的观光人潮不如海滩附近多。走一趟老城区，逛一趟周末市场，坐一下普吉茶餐厅，质朴的当地生活呈现的是与海边的光鲜印象迥异的人文风情。

站在镇上唯一的制高点普吉山(Phuket Hill)上可以眺望查龙港，那里也是当地人傍晚散步的好去处。普吉镇的周边有两座比较大的寺庙，查龙寺是当地唯一一座不禁止华人在新年放鞭炮的寺庙，Wat Phra Thong则有着泰国金佛的传说，半身佛是庙里的参观重点。

如果时间足够，普吉镇上的老街可以花点时间慢慢逛，从迪布路(Dibuk Road)和普吉路(Phuket Road)交叉路口往西，包括喀比路(Krabi Raod)、沙敦路(Satun Raod)、耀华力路(Yaowarat Raod)一带被称为Old Town(老城区)，是目前保留最多早期华人移民建筑的地区，也是福建移民在普吉镇上最初的落脚处。

这些建筑格局的特色是将土地公神牌挂在大门外，门上匾额刻的是姓氏堂号，一进大堂可见祖宗牌位，隔一层屏风后是中庭，然后是主人住房、客房，最后为厨房。不过，这些建筑多为私人财产，不对外开放参观，游客也只能凭着它们斑驳外观去遥想过去的风华年代。

说到购物，在普吉镇上买纪念品比在观光海滩上买便宜很多，购物地点最集中、最热闹的区域，就属Tilok Uthit 1 Rd.上，从Robinson购物中心到Ocean购物中心这一段。镇上的周末市场规模虽然不大，但吃的、买的、用的、穿的一样也不少；饮食区的小吃最是精彩，蒸蛤蛎、炸鱼丸、清真口味的咖喱饭等，百余铢就能吃饱喝足。

©MOOK 李美玲摄

普吉岛附近离岛

P.181

离岛游可通过饭店的柜台代为预订，巴东、喀伦和卡马拉海滩或出船的码头附近都有旅行社可洽询相关资讯，也可以至泰国旅游局的网站查询相关行程：amazingthailand.tourismthailand.org

Jack Similan Travel

可预订Similan的游程 +66-76-522052-3

www.jacksimilan.com，可线上预订 sayan@jacksimilan. com

离岛游的价格取决于船型、行经岛屿、餐饮、救生衣等安全配备等，有些会在船上提供简单的餐食，有些则停在某个岛上用餐，在订购行程时需多加注意

从普吉岛出发的离岛行程路线选择很多，有单岛、多岛，方向往南往北也有不同的行程安排，往南可走Phi Phi岛、珊瑚岛、Ko Racha等地，往北则可走Ko Pannak或攀牙湾等地。南线岛屿多半以水上活动或浮潜为主，往北则有独木舟等其他活动安排。普吉岛东岸包括查龙港(Chalong Pier)、Boat Lagoon、Leam Hin港等，都有船公司的船班出发到各离岛。一般都是以大游船载游客出海，各离岛以橡皮筏接驳或直接以独木舟完成游程。

©MOOK 李美玲摄

Ko Pannak

从普吉岛Nemopou码头出发约45分钟可达

由于该岛屿远看像一尊卧佛，便被命名为Pannak(泰文意指卧佛)。岛上有两座钟乳石洞穴，一为蝙蝠洞(Bat Cave)，进入蝙蝠洞眼前一片漆黑，可用手电筒探照，洞上顶停着一片黑压压的蝙蝠，四周都是石笋与钟乳石，一出洞口是石灰岩壁围绕的小水塘，极大落差的光线，让每个俯身进入水塘的游客一抬起头就是一阵惊呼。

另一个洞穴的地势更是有趣，越深入，头顶的岩石就越低，最后得平躺着让船自然漂浮进入，一进到池塘可见盘根错节的红树林错落，弹涂鱼就停在树枝上，偶尔还有猴子跳跃其间，最原始的自然风貌就在眼前。

Ko Lawa

距Ko Hong约25分钟船程

Ko Lawa岛上沙滩细白，海水不深，海域安全范围较宽。若为一日行程安排，船公司多以此为终站，让游客在此休息、游泳，或躲进林荫下，看书、打盹，享受自在的午后时光。

攀牙湾 Ao Phang Nga

位于普吉岛东北边的攀牙湾，是普吉岛热门景点之一。1981年整个攀牙湾被泰国政府规划为国家公园，在早期游客可搭乘长尾船穿梭曲折湾流，欣赏美景，现在则有快艇接驳前往。

过去，这里因为是007电影《金枪人》的外景地而声名大噪，尔后那座状似栽在海上的大白菜的岩石，就成了攀牙湾的招牌，它位于攀牙湾海域中的Ko Raya Ring，这座岛的别称就是James Bon Island。

Ko Hong(Phuket)

距Ko Pannak约15分钟船程

这座岛屿没有沙滩，必须得借助独木舟环岛。沿着Ko Hong岛旁划行，鬼斧神工的石灰岩壁，因为风化与海水侵蚀，形成各种令人惊奇的样貌；转进岛屿中央，穿过3个小洞穴可分别进入3个不同大小的水塘，阳光将水塘照得分外明亮，穿过洞穴进入水塘时，就像进入天然形成的隔间来参观大自然的房间一样。

Ko Kai

从普吉岛Ko Sira码头出发约20分钟可达，从Ao Chalong出发约40分钟可达

Kai在泰文中的意思是蛋，Ko Kai也翻译为鸡蛋岛，岛名由来是因为岛中央的岩石山远看就像个椭圆的鸡蛋。岛边的沙滩范围不大，步行沙滩两端也不过10来分钟。

Ko Kai的沙滩是向外延伸的，沿岸石头多，不宜游泳，但水位浅，适合小朋友戏水。因为附近海域礁岩多，在这里浮潜还可以看到礁岩和栖息的鱼类。Ko Kai观光开发得早，沙滩边已有一些固定经营饮料、零食的摊贩，即便如此，由于Ko Kai同时也为泰国国家公园管理，周边海水仍保持清澈，每天限时开放至16:30。

Mo Ko Similan

从普吉岛机场搭车往Khao Luk约1小时可达，从Khao Luk的Tab Lamu码头约1.5小时。从巴东海滩到Khao Luk约2小时车程

在普吉岛和喀比之间的离岛逐渐进入游人饱和的状态下，不少背包客开始转移阵地，寻找新的旅游点，Similan岛就是一例。Ko Similan位于普吉岛西北方，是由9座小岛组成的群岛，是泰国第43座国家公园，目前开放浮潜活动的共有No.8、9、1、4四座岛，其中No.8、9两座是其中面积比较大的岛屿。

No.8岛的泰文原名就是Ko Simalian，岛上有国家公园管理的露营地，沙滩规模虽不及普吉岛的观光海滩，却也同时少了那份喧嚣。沙质绵密细白，岛屿附近水域碧绿清透，坐在接驳的长尾船上即可清楚看见海底礁岩，更不用说潜进海底了。

群岛附近海域多珊瑚礁岩，可观看的鱼类较多，是目前泰国南部新兴的潜水地，在Khao Luk附近的饭店或普吉岛当地旅行社，都可以预订到Mo Ko Similan的行程。若想夜宿岛上，可向Mo Ko Similan国家公园位于Khao Lak的服务中心The Park Mainland Visitor Center洽询和预约，电话：+66-76-595054。

©MOOK 李美玲摄

Ko Hea

从普吉岛查龙港出发约15分钟可达

Hea在泰文中的意思是“珊瑚”，而Ko Hea以珊瑚礁岩多而闻名，一度有Coral Island之名。可供游客活动的海滩很长，一上岸，各家船公司各自抢滩，各自照顾自家的游客，并以麻绳标示出区域。

由于旅游开发较早，加上环境适宜，海滩边有很多水上活动，包括拖曳伞、海底漫步、浮潜、深潜、香蕉船、甜甜圈等。费用从600~2 000铢不等。岛上另有浮潜、钓鱼用具出租，一次100铢。当地导游表示，Ko Hea不容易受到雨季的影响，全年皆可以登岛游玩。

Baan Tamachart Health & Thai Spa

P.181B4 222 Rat-U Thit Songroi Pee Rd., Patong Beach, Kathu, Phuket 66-76-322823-24 10:00~22:00 传统泰式按摩Royal Thai Massage 900铢，两小时套装疗程1800铢起 www.phuketthaispa.com

©MOOK 李美玲摄

Baan Tamachart Health & Thai Spa分别进驻在巴东海滩后方的Rat-U Thit Songroi Pee街上和Royal Crown Hotel中。位于Patong海滩的店面较小，位于Royal Crown Hotel的Patong Sea Spa中心虽与前者系出同门，但气氛却有很大差别。

©MOOK 李美玲摄

巴东海摊上的这家Spa中心虽小，疗程却很齐全，从传统泰式按摩、精油按摩到脸部保养、去角质等都有。在接受治疗师的服务之前，治疗师会先请顾客填妥一张体质调查表，请顾客确认是否有过敏史、特殊病痛及具体要求，并可根据结果建议疗程。

店家表示，店里的精油按摩和一般的精神按摩不同，治疗师的按摩手法融入了传统泰式按摩的方式，力道较强，可真正达到放松身体的效果。因为在海岛活动，难免会有日晒后的皮肤问题，店家也提供晒后治疗，可帮游客修复全身肌肤。位于Royal Crown Hotel里的Spa中心距离闹市区有段距离，若住宿在巴东海滩附近，预约时，可请店家派车接送。

Hide Away Day Spa

P.181B3 Laguna Resort entreance Rd., +66-76-340591 10:00~22:00
泰式按摩Tranditional Thai Massage1200铢起，The HideAway Massage Combo 1.5小时1850铢
www.phukethideaway .com Patong海滩附近另有分店，076-340591，157 Na Nai Rd., Patong

©MOOK 李美玲摄

位于Ao Bang Tao海滩附近的Hide Away Day Spa隐身在浓密的绿色林荫后方，走过以树木自然排列形成的蜿蜒小径可直达其服务柜台，自然的静谧令人不由自主地沉静下来。

Hide Away Day Spa的创办人John Buckley原籍澳大利亚，来到普吉岛已经有23年，1987年设立Hide Away Day Spa至今。John表示，当初自己在岛上做了泰式按摩后，深感这么好的东西应该让更多人分享，便着手设立Hide Away Day Spa。

规划这座Spa的概念来自于泰国传统疗法，John说，泰国人过去患病，多半寻求寺中和尚医治，和尚会给予患者合适的草药和水，以最自然的方式舒缓病痛。有感于此，他的Spa里多以自然林荫为主，其他建筑错落当中反成配角，并在林子中央安置水道和汲水处，在疗程进行前，先以最直接的水声、绿荫自然安抚顾客的身心。

整座Spa共计有4座2人治疗室，1座可容纳4人的凉亭，另有2间草药蒸气室，搭配不同的身体疗程。凉亭治疗室(Sala)是以竹子和木材搭建的，并在角落摆有许多从泰北收集来的雕刻或躺椅，既简单又深具泰式风情，由于采用开放式空间，在做泰式按摩时，顾客的眼睛可看见四周的绿色植物，伴着徐徐的微风，搭配治疗师结合传统泰式和几种舒缓肌肉的按摩手法，想不放松也难。若选择全身护肤疗程，另有室内治疗室可选择，也是相同设计理念的一间竹木屋。

除按摩项目外，Hide Away Day Spa也自己开发Spa用品，以一种泰国姜制作的精油Prai Body Oil最受顾客欢迎，另有因应蚊虫叮咬，以柑橘和洋菊萃取物制作的防蚊液也相当受欢迎。

©MOOK 李美玲摄

©MOOK 李美玲摄

Phuket Thai Cookery School

P.181C4 从普吉镇出发15~20分钟可达 39/4 Thepatan Rd., Rasada, Muang, Phuket
+66-76-252354-5 8:00~10:30
一日课程教授五道菜，平日2500铢，周五、周六、周日2900铢
www.phuket thaicook eryschool.com，可直接线上预订课程

©MOOK

©MOOK 李美玲摄

Phuket Thai Cookery School由Pinyo Noppagate来教授所有的烹饪课程。Pinyo表示，由于地道的泰南料理过于辛辣，他的课程所设计的菜肴与点心，多半以泰国中部(曼谷地区)或一般为大家所熟悉的泰国料理为主，每天教学的料理都不同，一日教授的料理共有六道(含点心)。每日开始课程之前，Pinyo也安排学员到传统市场采买、制作咖喱酱、认识泰国食材等不同的体验课程。

Phuket Thai Cookery School 位于海岸边，Pinyo充分利用地理条件将教室分为三个区块，一个是介绍食材与示范区，中间是学生自行操作区，最靠海岸边的为品尝区。在解说时，Pinyo不仅细心介绍食材、酱料的使用方式，连选购方法和市价也一并说明。待所有材料介绍完毕，并亲自示范后，Pinyo先让学员品尝料理的口味，接着就让他们到操作区去实际操练。

学生在烹煮料理前，工作人员会先将材料准备好，放在厨具旁，学生们只要按照步骤，确认火候，就可以轻松煮制出一道道泰国料理。完成后，工作人员也会将学员的成果端到品尝区，学员可坐在海边凉亭，享受自己劳动的成果。

Pum Cooking & Restaurant

P.181B3 204/32 Raj-u-thit Songroi pi Rd., Patong, Kathu, Phuket +66-76-346269
11:00~22:30 www.pumthaifood chain.com 每天只教授3~4班课程，建议于2天前预约报名
一道菜+食谱每人450铢、两道菜+食谱每人600铢，另有含市场导览的课程，费用依网站上的公告为准餐厅料理一份59~99铢

©MOOK 李美玲摄

“我想将泰国美食和美好的事物呈现在世人面前。”就是本着这样的热情与坚持，店主Yardfon Booranapim(Pum)目前已在泰国普吉岛、Phi Phi岛，葡萄牙、法国等地开设分店。短发、脸上始终挂着甜美笑容的Pum，10岁起就跟在祖母身边学习烹饪，因为在异国做菜时，发现家乡材料寻得不易，找寻替代食材的过程，也成为日后教授西方学生如何能在自己国家找到替代食材的最佳经验传递。

Pum Cooking & Restaurant在巴东海滩后方的街头转角，耀眼的橘色装潢，简洁线条勾勒出的微笑厨师标志，简单的露天木制桌椅，半开放的餐厅空间，呈现一种清新却不失泰国味的个性 。

©MOOK 李美玲摄

烹饪课程一开始，Pum就先从泰国酱料、常见的泰国食材介绍起，随后带学生进入实际制作流程。虽然厨房空间有限，但Pun身边的工作人员动作利落，在很短的时间内就将操作台清理干净，并准备好下一道菜的材料供学员使用；不仅维持了开放式厨房的整洁，也能在有学生上课的同时，正常供应餐点给单纯用餐的顾客。

Pum供应料理秉持着简单不繁复的原则，以自然的食材、香料，烹制出最本色的泰国美味。若没时间跟着Pum学习如何烹制美味泰菜，有着经济学背景的Pum，早在店里摆设了印制店家Logo的餐具、围裙、烹饪食谱等，可供顾客选购。

普吉岛美食

到普吉岛，最不能错过的就是海鲜，在巴东夜市里就有很多露天餐厅，提供新鲜可口的现炒海鲜料理，加上一瓶泰国啤酒，心凉脾肚开，最适合海岛的夜晚。

计划享受一顿美景加美食的飨宴吗？在普吉岛除了有顶级饭店，海滩附近也有不错的餐厅可以选择，如Baan Rim Pa或坐落在岬角上的On The Rock。因为欧洲游客多，在普吉岛还能享用非常地道的欧洲口味，The Little Mermaid提供的丹麦三明治就是最佳力证。

©MOOK 李美玲摄

On the Rock

P.181A5
+66-76-330625
6:30~23:00

位于喀伦海边(Karon Beach)的“On The Rock”是当地知名的海鲜餐厅，在走进热带花木荫蔽的石梯小径后，你就会发现这个名称有其来头——原来这家餐厅就不偏不倚地位于海边突出的岬角岩石上，边用餐还能边聆听浪花拍打岩岸的声音，海风徐徐，一种普吉特有的南洋情调瞬间弥漫四周。

到On The Rock用餐，除了风景绝佳，新鲜的海产佳肴当然是最重要的原因，其中又以在海岛地区最常见的海鲜篮最受欢迎，包括螃蟹、龙虾、花枝等在内的生猛海鲜同时出现在眼前，早就叫人食指大动，忘记用餐时的优雅姿态。入口时蘸点酸酸辣辣的酱料，再搭配清凉的椰子汁，真乃人生快事。

Baan Rim Pa

©MOOK 李美玲摄

P.181A1
在距巴东海滩约3分钟车程的山坡边
6/8-9 Nakatani Village, T.Kamala, A.Katu, Phuket
076-340789
无休
12:30~23:00
www.baanrimpa.com

沿着岩壁搭建的餐厅，可俯视整个巴东海滩，是Baan Rim Pa最吸引人的地方，也是餐厅广告的招牌场景。

餐厅里依循泰国皇家料理(Royal Thai Cuisine)食谱，延聘曾服务于曼谷东方饭店的厨师掌厨，以“新鲜”为最高原则，加上把关严谨的料理过程。所有这些都是Baan Rim Pa美味的重要条件。

这里的藏酒丰富，餐厅也因此被品酒杂志《Wine Spectator》评选为2002、2003年度最佳藏酒餐厅，要知道整个泰国只有四家餐厅入选哦。

露天海鲜餐厅

©MOOK 李美玲摄

P.181B3
Bang-La Rd. 巷内，在泰拳场后方
16:00~04:00
无

在巴东海滩有两处聚集最多露天海鲜餐厅的地点，位于泰拳场后方的餐厅群，由于食材新鲜、价格合理，是连当地人都推荐的用餐地。

看似小小的露天餐厅，各式泰式料理或海鲜料理琳琅满目且分量十足，绝对能满足游客的胃。厚厚一叠的菜单，不仅有英、泰两种文字对照加编号，还配上料理图片，无论是现场现挑海鲜，或是手指菜单点菜都不成问题。

各家餐厅的料理大同小异，蛤蜊炒九层塔、咖喱螃蟹、泰式柠檬鱼等都是招牌料理，食材新鲜，各家味道相差不远，挑一家对眼的坐下便是。

平民大旅社 Pengman Hotel

- P.186B2
- 69 Phangnga Rd., Phuket Town, Phuket
- +66-76-249175
- 9:00~20:30
- Lak Na 25铢

说是平民大旅社，楼上的旅社是游客的落脚处，楼下卖的却是当地人爱吃的小吃“Lak Nam”，以米粉干炒后，烩进虾、花枝或炸鱼块等海鲜，以及清脆的芥蓝菜配上煎蛋，加入带着泰国南部甜甜口味的调味料，再加一点桌上的辣椒水，就是道开胃小吃。

店家老板是当地第三代华人，开店至今20余年都是亲自掌厨，料理所使用的芥蓝也坚持每天清晨到市场采购，以维持好口感。店家供应的Lak Nam除米粉外，另有粿条、黄面等供顾客选择。店内墙上贴有英、泰文加上图片对照的菜单，手指一点就可点菜。此外，该店还是普吉镇上少数提供沙士的店家，吃饭时不妨点一瓶泰国沙士，消消暑气。

The Little Mermaid

- P.181A4
- 从Karon海滩旁圆环步行约2分钟可达
- 643 Patak Rd., Karon Beach, Phuket
- +66-76-396628
- 7:00~2:00
- 早餐组合60铢起、三明治60铢起、泰式炒饭70铢起。实际费用以店内公告为主

The Little Mermaid的店主来自丹麦，店里供应的餐点以北欧料理和泰国菜为主，地道的好味道，连北欧游客也赞不绝口。建议尝尝北欧口味的三明治和料理，像Egg with Shrimps and Mayonnais是用虾子配上蛋沙拉，搭配烤过的面包，是道简单美味的轻食午餐；Two Kinds of Herring with Bread是以腌渍的鲭鱼片配上烤土司和马铃薯沙拉同吃，带着些微甜咸味道的腌鱼，吃来清爽不腻。

此外，店家所供应的面包，也都是自家厨房烘焙，品质自然不在话下。餐厅吧台内的选择跟料理一样多元，从咖啡、丹麦Garlsberg啤酒到泰国Mekong威士忌皆备。

拉查度假饭店
The Racha

P.181A5　The Racha, P.O. Box 213, Muang, Phuket
+66-76-355455　+66-76-355240　www.theracha.com
Superior Villa 在线订房5 700铢起，实际房价请以饭店网站公告为准
饭店有快艇从查龙港接驳旅客，但若旅客班机晚于下午4点，基于海面航行考量，必须于隔日再接送旅客

要拥有一岛一饭店的梦幻假期，不用大老远跑去马尔代夫，距离普吉岛南方海域约45分钟船程的拉查岛(Ko Racha)，就可以达成你的心愿。清澈的海水和海底丰富的珊瑚礁岩，使拉查岛成为普吉岛著名的潜点之一。海水清澈得像流动的水晶，浸润着绵细的白沙，拉查度假饭店(The Racha)就坐落在美丽沙滩的后方，背山面海，是岛上唯一的饭店。在开业之初，就被《Conde Nast Traveler》旅游杂志遴选为2004年度全球最佳新度假饭店(The Best New Resorts in the World)之一。

为维持岛上原生树林，在建造饭店时，只牺牲了六七株树木，在建筑物逐渐完成时，再加种植栽，让整座度假村隐没在丛林中，希冀以最简单、自然的度假环境，让住客沉浸其间，享受天人合一的完美假期。

饭店的客房是一幢幢独立的小屋，每间客房外都设有一个四方形阳台，房间内外都是白色，屋顶为深墨色的泰式斜顶，以深棕色的木材和椰子壳制作的家具，成为白色房间里的点缀，简约、朴素中透着优雅。在主要建筑物上方是可以远眺安达曼海的泳池，一旁是图书馆与The Fire Grill餐厅。

在活动部分，度假村中设有专业潜水中心，提供专业深潜课程。但为保护珊瑚礁岩，饭店不提供任何机械式的水上活动，并与当地政府以及Racha Seamaster Diver潜水中心合作珊瑚礁岩的保护计划，以实际行动来维持周边环境的自然原貌。目前饭店已是世界精品旅馆Small Luxury Hotel的一员。

©MOOK 李美玲摄

©The Racha

JW Marriott Phuket Resort & Spa

P.181A1　231 Moo 3, Mai Khao, Talang , Phuket
+66-76-338000　+66-76-348348
www.marriott.com/ HKTJW　每晚8 300铢起，实际房价请以饭店网站公告为准
相关优惠房价可洽各大旅行社：泰航兰花假期

©MOOK 李美玲摄

走进JW Marriott Phuket Resort & Spa的大厅，斜靠在大厅的躺椅上，眼前是一方倒映着蓝天白云的清澈水池，平直地延伸出去连接着安达曼海，巧妙地造就了无限延伸的视野。

隶属于Marriott国际饭店集团的JW Marriott Phuket Resort & Spa，于2001年12月落成开业，为了提供一处不受打扰的优质度假环境予每位住客，饭店特别选中了远离闹市区尘嚣的Mai Khao海滩旁，长达17公里的洁白沙滩宛若度假村的私人领地。如此遗世独立的环境，交通却意外的非常便利，距离普吉岛机场只需15分钟的车程，不远处即有座国际水准的高尔夫球场，可让喜爱小白球的游客尽情挥杆。

整座度假村以热带花园为主题，宽广的芭蕉叶、修长的棕榈树以及美人蕉将沙滩畔的游泳池点缀得绿意十足。度假村内的Mandara Spa，曾入选为全球顶级亚洲饭店Spa，其独立的Spa空间由热带植物花园环绕，更添隐秘性和视觉上的愉悦性。

©MOOK 李美玲摄

阿曼度假村
Amanpuri

P.181A3　Pansea Beach,Phuket
+66-76-324333　+66-76-324100
每晚约800美元，实际房价请以饭店网站公告为准
www.amanresorts.com
amanpuri@amanresorts.com

©MOOK Teresa Lee摄

阿曼度假村距离机场约30分钟车程，坐落于安达曼海(Andaman Sea)拥抱的小岛海岸线中，属于普吉岛西岸人烟较稀少的Pansea海滩，再往南便是印度洋上天堂般的岛屿地，恰好在马来西亚与缅甸的中点上。

顺着山坡石阶拾级而上，可见40处各成一局的高台建筑，锐角形的屋檐衬托着蓝天，115平方米大的面积涵盖卧室、浴室、起居室及室外露台(Sala)的开放空间，室内设计上Ed Tuttle仍延续着简约的禅风，偌大的房里以原木为主色调，蝴蝶兰的馨香若有似无地弥散在空气里。远远地传来园丁们沙沙扫着落叶的声响，夜幕降临后，度假村内更加寂静，小径上点着灯，几乎听不见海浪拍打着岸边的声音，只有一室安宁，伴随着山与海的呼吸。

阿曼度假村以小规模的形态提供最最精致的服务，曾被Condé Nest旅游杂志评选为“全球最佳度假之地”之一，它以与世无争、悠然独立的气质，让所有高品质度假休养的人流连不已。

©MOOK Teresa Lee摄

悦榕度假村
Banyan Tree Hotels & Resorts

P.181A1 距普吉岛机场约20分钟车程
33 Moo 4 Srisoonthorn Road, Cherngtalay, Amphur Talang, Phuket 83110 Thailand
+66-76-324374 www.banyantree.com
每晚18000铢起，实际房价请以饭店网站公告为准

位于普吉岛的悦榕度假村不仅是世界顶级饭店集团(The Leading Small Hotels of the Word)的一员，也被列入世界精致饭店(A member of Small Luxury Hotels of the Word)，曾经多次被旅游杂志《Condé Nast Traveler》票选为年度最佳度假村之一。多项国际光环的簇拥，以及品牌本身秉持的服务理念和态度，使普吉悦榕度假村成为普吉岛上顶级度假的热门之选。

© Banyan Tree Hotels & Resorts

度假村的住房都是原木打造的传统泰式别墅(Villa)，宽敞的空间配置，简单的木制家具，以及推开房门的一片绿意庭院，有着贵族宅院的精致，同时能提供相当私密、不被打扰的休憩空间。值得一提的是早餐，除了到餐厅进餐，建议住客在住宿期间至少选择一次在Villa庭院用餐，服务人员会将热腾腾的餐点，仔细分装在竹篮子里带进Villa庭院，并把所有用品、餐点都布置妥当后离开，让住客安静享用主厨的手艺。

至于悦榕Spa，有其自成一格的Spa风尚，无论是香氛、精油或敷料都取材自天然的素材，所有的芳疗师皆经过自家按摩学院严谨的训练，纯熟的手法和静谧的Spa氛围，每每将客人带入一种完全放松的境界。

拉古拿度假村
Dusit Laguna Resort

P.181A3
距普吉岛机场约20分钟车程，若需饭店接送须在订房时说明
390 Srisoontorn Road, Cherngtalay District, Amphur Talang, Phuket
+66-76-324324 phuket.dusit.com
每间饭店的售价不同，请以饭店网站公告为准

©MOOK 李若姮摄

拉古拿度假村位于普吉岛西边的邦涛海滩(Bang Tao Beach)，由五家世界级度假饭店所组成，分别为Sheraton Grande Laguna Phuket、Banyan Tree Phuket、Dusit Laguna Resort Hotel、Laguna Beach Resort，以及Allamada Laguna Phuket。这五家度假饭店均属于拉古拿饭店集团，为新加坡Thai Wah集团何氏兄弟所拥有的高级连锁饭店体系。入住在这五家中任何一家饭店，都可以使用其他四家的饭店设施，游客可以搭礁湖游船或陆上巴士轻松地移动，还可到度假村内的购物中心，或是到高尔夫球场打打小白球。

Sheraton Grande Laguna Phuket拥有高雅的湖畔别墅，以及围绕着游泳池而建的甜蜜豪华套房，推开房间的落地窗即可滑入水中。Dusit Laguna Resort Hotel饭店内隐匿于热带花园中的泰式料理餐厅更是远近知名，光是一盅泰式酸辣汤Tom Yam Goong，那浓郁且滴滴鲜甜的虾膏香就令人拍案叫绝。

Laguna Beach Resort以热闹精彩的滑水道及水上活动受到年轻人的欢迎，还有教练可以免费带领游客做各种有趣的水中活动。Allamada Laguna Phuket饭店的房间以对比鲜明的蓝、黄色调搭配，显得空间色彩明亮又活泼，适合家庭或亲子同游，美丽却清浅的泳池可以安心地让孩子在里面玩耍。

©MOOK 李若姮摄

安娜塔拉度假村
Anantara Phuket Resort & Spa

P.181A1
888 Moo 3 ,Tumbon Mai Khao, Amphur Thalang, Phuket
+66-76-336100 +66-76-348278
每晚1 6000铢起，实际房价请以饭店网站公告为准
phuket.anantara.com
phuket@anantara.com

©Anantara Phuket Resort & Spa

2008年10月开业的普吉安娜塔拉度假村，可说是普吉岛奢华度假村又一巨献。安娜塔拉度假村位于宁静的迈拷海滩(Mai Khao)，其83间客房全部建为备有私人泳池的别墅(Pool Villa)，均以泰式传统建筑风格为基调，错落分布在植物茂密的庭园里。

客房里设计精细无赘物，木制坐椅上配备泰丝椅垫，所有的摆饰和挂画都是当地的工艺品，以画龙点睛的方式呈现南国风情。在空间安排上，最小面积的泳池别墅也有180平方米，刻意挑高更显宽敞；而睡房外的私人庭院里，适合旅伴惬意地闲聊、单纯地休息，或是躺在庭院的木制躺椅上享受日光浴。房内淡淡的檀木馨香，是使人放松身心的气味。所有的安排都会让住客自然地身处优雅与奢华之中，尽情享受难得的尊宠，这就是安娜塔拉提供给每位游人的度假氛围。

度假村里提供Spa及烹饪教室、健身房等设备和课程。想多探索普吉岛的当地文化，可选择搭游艇到披披岛或Similan岛的游程、骑大象的活动或普吉镇游览行程等。观光娱乐活动皆备，饮食也不逊色，6家餐厅各具特色并供应各式创意料理，住客可在老榕树旁的树屋用餐或以Mai Khao海景佐餐，要在酒藏室里小酌也不是问题哦！

©Anantara Phuket Resort & Spa

千禧巴东度假村
Millennium Resort Patong Phuket

P.184C3
www.millenniumhotels.com
199, Rat-Uthit 200 Pee Road, Patong, Kathu, Phuket
+66-76-601999
+66-76-601986
每晚5600铢起，实际房价请以饭店网站公告为准

2008年开业的千禧巴东度假村属于千禧饭店集团的一员，坐落在最热闹的巴东海滩后方，距离热闹的巴东夜市不过几分钟路程。千禧巴东度假村和Jungceylon购物广场结为一体，成为一处复合式的度假区域。

整座饭店共有421间住房，住房的布置偏向现代设计，简单利落，提供五种房型供住客选择。长形的泳池应是住客最爱流连的地点，池畔的Cabana住房与私人泳池联结，住客可以从房间的阳台直接跳进池水里，享受泰南艳阳下难得的沁凉。

住在千禧巴东最大的好处就是便利。它联结拥有数百家商店的Jungceylon购物广场，世界知名精品或泰国本地的商品都有。其餐饮服务也相当完善。若想大啖路边海鲜或购买纪念品，巴东夜市近在咫尺。千禧巴东度假村观光条件齐备，适合家庭旅游。

©Millennium Resort Patong Phuket

布拉沙丽度假饭店
Burasari Resort

P.184B4 +66-76-292929
+66-76-292930
从Patong 海滩的Soi Post Office步行约15分钟可达
32/1 Ruamjai Rd., Tambon Patong, Amphur Kathu, Phuket
每晚2600铢起，实际房价请以饭店网站公告为准
www.burasari.com
info@burasari.com

2002年12月开业的布拉沙丽度假饭店坐落在Patong海滩附近的巷弄里，一段铺石子的花园小径引人进入一个静谧休憩空间，外面的艳阳和车水马龙均被隔绝在外。

精致小巧是最适合Burasari的形容词，它曾经获选为泰国旅游局推荐的泰国百大精品旅馆之一。接待大厅和餐厅均为泰式建筑，设计成穿梭自如的开放式空间；四层楼的住房建筑线条简单，围绕在水池畔，靠近池边的步道以棕榈树和热带绿色植物点缀，没有窒碍拘束的不流畅，反而营造出一种明亮、舒适的度假环境。

©MOOK 李美玲摄

伊维森度假村

Evason Phuket & Six Senses Spa

P.181B5 距普吉机场约45分钟车程，距Patong海滩约25分钟车程，距普吉镇约20分钟车程

100, Vised Rd., Rawai Beach, Muang District, Phuket +66-76-381010 F +66-76-381018

每晚8720铢起，实际房价请以饭店网站公告为准 www.sixsenses.com/ev ason-phuket

rsvn@evasonphuket. com

©MOOK 李美玲摄

伊维森度假村属于Six Senses饭店集团旗下六大品牌之一，沿袭该集团一贯的自然风，从外观到内部装饰，都以简单、融合、兼具设计感为基调。其中最吸引人的是如海水般相连的泳池，悠游其中就像潜进大海一般。而获奖无数的Six Senses Spa位于独立的区域，强调从人的六感出发，让身心真正得到舒展，是在度假村不能错过的享受。

由于Evason在Six Senses品牌概念里，就是打造一处适合亲子同游、倾向家庭感的度假村，所以除了有Spa设施和出海活动之外，也设置了孩童俱乐部(Kids Club)，提供各项小朋友专属的活动，让大人可放心地出去玩。

若不想跑太远，度假村已将附近的小岛屿Ko Bon承租下来，成为饭店的私人岛屿，住客直接从饭店码头搭船前往，即可近距离享受离岛浮潜与游泳等水上活动。Ko Bon岛的山顶上设有一间唯一的蜜月套房，房间居高临下，坐拥宽阔海景，可尽情享受两人天地，是爱侣们度假的最爱。

值得一提的是，Six Senses强调对环境的责任感，度假村所有沐浴用水经过水循环系统处理后用来浇灌庭院，并定下周期性的海滩维护日，届时所有员工必须停下手边工作，到饭店海滩边清理。饭店经理认为环境是吸引住客再来的主因，这样做既可以保护环境，也可以给住客更好的度假空间。

©MOOK 李美玲摄

Baan Yin Dee

P.184
3, Muean Ngen Road, Patong Beach, Kathu, Phuket
+66-76-294104 F +66-76-294108
www.baanyindee.com
每晚5 500铢起，实际房价请以饭店网站公告为准

Baan Yin Dee是比利时人Hans De Beer在短期内数度重游普吉岛之后，一手建立的度假饭店。没有名牌连锁包装，精致小巧是它的风格，同时提供家的温暖和度假饭店的品质，兼顾舒适、温暖与体贴的服务，是住客流连忘返的主因。

Baan Yin Dee的建筑外观混合泰式传统与现代简洁线条，内部共有21间房，所有住房都围绕着阶梯式的中央游泳池，像是一座小型别墅区，塑造精致旅馆的格调。也因如此，Baan Yin Dee成为国际精致旅馆联盟(Boutique Hotels & Resorts International)的一员，是泰国目前唯一入选者。由于地处山腰，站在Baan Yin Dee可远眺普吉岛最喧嚣的巴东海湾，去那里亦不过10分钟车程，在旅馆内可安享宁静，出外亦可恣意沉浸在海滩边的五光十色中。

原木与藤是住房装潢的主要材质，无论是墙面上象征泰北屋檐的挂布架，或是藤编的冰桶篮子、椰子壳做的托盘，虽不刻意强调却处处可见泰式风情。

重视美味饮食的Hans，不愿意为住客提供三合一咖啡包，改以提供免费Morning Coffee & Tea的服务来取代。每日6:00~23:00，住客只要用内线拨打至餐厅，就可以在房间里享受新鲜现煮的咖啡。

饭店餐厅位于接待厅前方，供应荷、比、法等混合式欧洲菜肴，以及泰国料理，包括酸辣虾汤、绿咖喱等。由于对美食的执著，饭店里所有酱汁甚至是早餐的面包都是厨房自行制作，力求为顾客提供最佳品质的餐点。

©MOOK 李美玲摄

©MOOK 李美玲摄

喀比

Krabi

喀比距离普吉岛大概3小时车程，一直以来都是普吉岛游程的延伸景点，著名的攀牙湾、被昵称为“割喉群岛”的离岛群以及披披岛，在地理位置上其实都比较接近喀比，只是因为搭顺风车游览，使许多游客分不清哪里是普吉岛哪里是其他区域。

喀比是全球数一数二的攀岩天堂，那里独特的石灰熔岩地形，造就了峋嶙奇岩的地理景观，对于专业攀岩手来说，变化反差极大的岩壁和地形，加上攀到一定高度所能欣赏的海岸奇景，绝对是诱惑之源。

即便不登高，参加海上跳岛游，也可以看到更多。或划独木舟穿越岛屿上的岩洞；划进岛屿中心点时才发现原来藏有小小红树林！或踏入清澈如水晶的湛蓝海水，趁退潮时候徒步跨越岛屿间的一线沙滩，都是绝佳的体验。此外，喀比的地质年龄也相当古老，从万年贝冢海滩就可以知道她的历史可追溯至2.5万年前。喀比的美就在于可以不同的方式来体验她，多一次探究就多一分视觉的惊喜。

泰国观光局提供

info.

如何前往

●飞机

可从曼谷搭乘国内班机前往喀比，包括泰国航空、曼谷航空、普吉航空、亚洲航空等，从喀比机场可搭乘出租车，或请饭店代为安排接送。

普吉航空

www.phuketairlines.com

胜安航空

www.silkair.com

亚洲航空

www.airasia.com

●巴士

从曼谷可在Boromratch Chonnani Road南部巴士站搭车，车程约10小时。从普吉岛启程约3小时可达，票价约155铢。

市区交通

嘟嘟车仍为主要交通工具，在南湾一次可坐2~4人，每人20铢起。前往附近离岛可在喀比镇上或南湾码头搭船，码头边都有船家，可直接就目的地询问费用。南湾海边路上有出租车和长尾船的招呼站，两边皆立有固定地点的价格表，这些价格多为公定费用，若想抢便宜而向船家讲价，多半落得没人愿意搭载的窘境。

旅游咨询

泰国旅游局驻喀比办事处

P.186B3

Utarakit Rd.

+66-75-612740

8:30~16:30，周六、日休

泰国观光局驻镇上办事处靠近喀比河边，柜台提供喀比、普吉岛、Ko Lanta、董里(Trang)等泰国南部附近离岛、城镇的地图，以及渡船的班次表、巴士等相关交通资讯。工作人员通英文。

Flyer

这是喀比当地免费的旅游刊物，以英文介绍当地最新的吃喝玩乐信息，官网上也有不少资讯。

www.yourkrabi.com/flyer/

©MOOK 李美玲摄

南湾 & 莱雷海滩
Ao Nang & Railay

P.203B2

从喀比机场搭车前往南湾海滩约1小时车程。从喀比镇或南湾皆有船班前往莱雷海滩，从南湾出发搭乘长尾船每人约50铢，从喀比镇旧码头出发约70铢

©MOOK 李美玲摄

南湾是喀比地区最热闹的观光海滩，相较于普吉岛的巴东海滩，虽然一样是商店、餐厅、饭店并排相连，但还不至于拥挤；走在街上一边可见海，回头望向另一边则可见石灰岩山景，视野相当开阔。若想预订离岛或潜水行程，可以直接洽询饭店柜台，南湾海滩旁也有许多当地旅行社，提供一日或半日的游程安排。在南湾海滩边有陆上出租车和海上长尾船的招呼站，是前往附近离岛的出发站，往返喀比镇上的小巴士站也在南湾海滨，交通十分方便。

而距离南湾约20分钟船程的莱雷海滩在地图上看来并非外海岛屿，却因为山林阻隔，而无法由陆路前往，虽然与泰国陆地相连，还是得转换船班才能抵达。

莱雷海滩向来是背包客和攀岩者的天堂，依地势划分为东莱雷海滩(East Railay)、西莱雷海滩(West Railay)以及Phran Nang海滩三部分。沿着东莱雷海滩都是廉价小木屋和攀岩训练中心，很多背包客到这里度长假。而Phran Nang海滩边则是与东莱雷海滩气氛完全相反的顶级饭店，海滩以内为饭店私属土地，若非住客不得进入。

因为海滩属于国家公园范围，还是有不少游客搭船登岸，享受海水与阳光。在Phran Nang海滩上有一座钟乳石洞穴，里面供有一座女神像，据说是守护船家的神仙，当地渔民皆以木雕阳具作为供品，在神像四周摆满绑着红绳的祈福阳具，当地称此为公主洞穴(Princess Cave)。

©MOOK 李美玲摄

贝冢
Gastropod Fossil

P.208B1
靠近Nammao海滩，距汤埠国家公园约30分钟车程，距南湾(Ao Nnag)约20分钟车程

©MOOK 李美玲摄

在诺帕拉塔拉海滩发现的万年贝冢，是全球罕见的自然景观。7 500万年前，该区原为沼泽，因为冰山融化、地壳变动，海水灌进沼泽，贝类生物无法适应环境变化，因而大量死亡，之后再次地壳变动，附着在岩石上的贝壳岩层才一一浮出，目前只有泰国、美国、日本等地发现有贝冢。

因为海水涨退潮，游客不是随时都能走下海滩欣赏贝冢，所以国家公园管理单位便在岸边放置可见横切面的岩块，并以英、泰文标注着该区域不同深浅岩层中所出现的贝类，游客可清晰看见无数螺贝及螺旋状的贝壳嵌在岩块中。

©MOOK 李美玲摄

汤埠国家公园
Tharnboke Koranee National Par

P.203B1
位在距象肚山(黄金象神洞)约40公里处，距喀比镇约30分钟车程

©MOOK 李美玲摄

汤埠国家公园(Tharnboke Koranee National Park)占地很广，从森林公园到出海口的红树林都在其范围之内。

一般游客最常去的就是森林公园，走到公园入口就可听见水声淙淙，走进林木蓊郁的步道，周边的绿色植物几乎遮住炽热的阳光、隔绝炎热的气温，空气中有一丝清凉。地名Tharnboke Koranee的泰文意思为“城市中的森林”，非常贴切地描述了整个环境氛围。

森林中有一处天然池塘，池水从钟乳石洞中流出，清凉的池水是游客消暑解热的最佳良方。池塘旁林木茂密，躲在绿荫下一样凉爽。而蜿蜒木道架在池塘边，成为最佳游园步道。静谧的山林中偶有清脆鸟鸣，若在非假日步行园中，如入无人仙境。

©MOOK 李美玲摄

神仙老虎洞

Wat Thun SuaNational Par

P.208B1 无

从Ao Nang海滩附近搭车前往需20~30分钟，Tuk Tuk车票约300铢。路边Tuk Tuk出租车多有价目表可循。从喀比镇出发车票15~20铢起

建议上午攀爬，过中午后泰国南部阳光炙热，除非不怕热，否则不建议正午或午后前往

©MOOK 李美玲摄

坐落在喀比镇外围的Wat Thun Sua，一些旅游书上把这里称作神仙老虎洞(Tiger Cave Temple)。传说有位苦行僧在山中洞穴修行期间，有只老虎如神仙般保护他的安全，寺庙名由此而来。不过官方解说牌上记载的则是，此洞穴曾有老虎出没，根据泰文字面原意“老虎洞”，也比较倾向这样的说法。

据说一名苦行僧行经喀比，为让当时占少数的佛教徒有个心灵皈依之所，在此建了一座小庙。过去苦行僧多在小庙里的山洞静修，之后由信众出钱供养，才有今日倚着山边的寺庙规模。从一座巨大的苦行僧塑像旁的停车场边沿步道上行，经过一尊弥勒佛后就到了该庙的大雄宝殿，大殿供奉着释迦牟尼与创寺住持。再沿着两座虎神塑像走进去，可见大殿的小阁楼，过去是立寺僧侣的修行地。

传说洞穴内有佛祖的足迹，因此有不少信众对着洞穴投币许愿。有没有受庇荫不知道，现今吸引游客前往的最主要原因，是寺庙旁垂直高度600米、1327级石梯的登山步道。这阶梯并不是缓缓而上，而是呈70~80度“之”字形陡坡，部分阶梯几近垂直，手脚并用是必然的攀爬姿势，要试试自己的心脏有多强、肺活量有多大，尽管来挑战吧。虽然登上顶端不过600米，但可眺望整座喀比镇，并可俯视错落市区边上的石灰岩山，拥有极佳的观景视野。

要是不想登高望远，观音像右方有另一个山口，通往环形入山步道，沿途可见规模较小的钟乳石洞，又是另一种不同的登山体验。

黄金象神洞

Tam Pung Chang

P.203A1

位于攀牙府，距喀比约1.5小时车程

8:00~17:00 500铢

©MOOK 李美玲摄

喀比是世界三大喀斯特地形之一，邻近的攀牙府地区有许多钟乳石洞。在进入攀牙府、距喀比约1.5小时车程的象肚山内，就有一处令人惊艳的钟乳石洞穴Tam Pung Chang。发现这座洞穴的是当地一位地主，据传他是在梦中受到神仙指点，要他代为照顾这座宝山的，他找到梦中之地后，发现这座外形酷似大象的山中，竟有一个石壁像金砂一般的钟乳石洞。后来，他将钟乳石洞规划为景区，并将门票收入用于公益事业。目前该洞由其后代接管。

由于洞内部分地方积水较高，有些可以涉水而过，有些则得用橡皮艇和竹筏接驳，加上洞里没有加装任何照明，游客得持手电筒，在一定的人数限制下入洞参观，亦步亦趋地跟着导游，就好像深入洞穴探险一般。该洞开放观光后受到很多游客喜爱。

©MOOK 李美玲摄

洞中可见千姿百态的钟乳石，有的像塔、有的像天然澡盆，有的经过氧化，手电筒微光一打就好像金砂一般，所以洞穴也被称作“黄金象神洞”。抬头往上看，会发现一些累积年份较短的石笋，它们受到岩石的金属氧化作用，形状就像白玉雕出来的小象，奇岩怪石的景观令人赞叹。

由于洞穴内仍有水分渗进，许多钟乳石表面可见正新生累积的石笋或钟乳石，游客在入洞参观时，只要用手电筒光照欣赏就好，千万不要动手触摸，以免改变水流方向，破坏水与岩石自然天成的惯性累积。

喀比镇 Krabi Town

P.208

镇上有双条车(Songthaew)或小巴士开往南湾(Ao Nang)车票约20铢，从机场可搭出租车前往镇上约200铢。从普吉岛亦有长途巴士往返喀比长途巴士站(Bus Station)，约3小时车程，票价依车型100~117铢不等

喀比镇的规模比普吉镇要小，过去因为在喀比河畔的Khong路上有一个出发往附近离岛的码头，早期背包客们多从这里进出，但现在南湾(Ao Nang)的发展日趋活跃，加上新码头落成，镇上停留的游客就越来越少。若真的有机会到镇上，市场里的小吃请别错过。

距离镇外周边约1小时车程内的Wat Thun Sua、汤埠国家公园(Tharnboke Koranee National Park)以及水晶湖(Crystal Lagoon)、天然温泉池等景点也吸引了不少游客造访。

©MOOK 李美玲摄

©MOOK 李美玲摄

天然温泉池 & 水晶湖

Hot Spring & Crystal Lagoon

天然温泉池Hot Spring

P.208B1　6:00~19:00　门票20铢

位于喀比镇外4号公路往东方向，距喀比镇约1小时车程

水晶湖Crystal Lagoon

186B1　距离天然温泉池约7公里

9:00~15:30　门票20铢

泰国南部有石灰熔岩，出现温泉其实用不着惊讶，当地游客可耐着高温泡在40~42度的温泉水中，乐此不疲。沿着入口处的步道往里走约200米，就可见一处天然温泉池。

当地解说牌的标示没有强调该温泉的疗效，只说明了泉水中含有碳酸、氟、镁、钾等成分。由于这里的温泉水流就像一般溪水一样，穿着短衣裤就可以下水。在温泉池旁的凉亭里，则有按摩师现场做泰式按摩，让泡完温泉的游客更加放松。

水晶湖和温泉池一样位于山中，周边自然步道绿荫遮天，就像步入原始丛林一般。自然步道的终点在水晶湖，往返全长为1 400米。湖水呈现浅浅的绿，水温接近人体体温，适合亲子同游。

Phranang Kitchen

P.208C2

位于南湾长尾船招呼站旁巷内

7:00~23:00

每盘料理的价格60~80铢起

Phranang Kitchen是Phranang饭店的餐厅，保持了饭店一贯的海岛清新风，木制桌椅搭上蓝色调的装饰，桌面底下还以海沙或贝壳点缀，散发出一种朴实自然的风格。餐厅虽为度假饭店的餐厅，但价格却和一般餐厅无异，甚至还更经济实惠。餐厅提供一般家常泰式料理，有针对泰国南部口味的菜肴，也有常见的中部泰国菜，如酸辣虾汤、咖喱料理等。

虽然餐厅一旁的路边树挡住了一些海滩景致，但设计可爱的开放空间仍吸引许多顾客上门，待天色暗下来，店家还会在餐桌上点上小蜡烛，增加用餐气氛。

喀比附近岛屿
Ko Hong, Ko Phi Phi

P.203

披披岛

从普吉岛码头搭船前往约2小时即到。从喀比Ao Nopparat Thara码头搭船前往约1.5小时即到，每天有两班船，10:00、15:00，船票约390铢

从喀比往披披岛可搭乘“Ao Nang Prienccse”，费用约500铢，包括饭店接送。若参加一日行程包括接送与小披披岛游览加午餐，每人约990铢

Ko Hong

一日游费用包括饭店接送、午餐，每人大概50美元，搭乘的船班以小型快艇或长尾船为主，每人费用依船型和船公司而定，约50美元。淡季时，当地旅馆会推出包含离岛游的住宿优惠，3天2夜每人约3 200铢

Ko Hong岛上Ao Bile海滩边设有喀比地区Thanboke Koranee国家公园咨询处，提供相关资讯。

一般喀比的离岛游程，多从南湾海边或喀比镇靠近喀比河旁的码头出发。披披岛因为距离较远和船班时间较长，最好空出一天的时间来游览。

Ko Hong一带的游程一般分为4座岛屿或5座岛屿，范围包括Ko Hong、Ko Kai、Ko Lao Lading、Ko Poda等，岛和岛之间的船程约20分钟，因为曾经是电影《割喉岛》拍摄地，也被统称为割喉群岛。整个区域以清澈海水、细沙以及独特的岛屿岩壁景观闻名，其中Ko Hong和Ko Kai最具代表 。

Hong在泰文里的意思是“房间”。Ko Hong呈倒三角状，“房间”开口面对北方，船只通常驶进湾口在特定位置停下后，游客便下船进行浮潜或划独木舟的水上活动。

Ko Kai因为岛屿形状就像一只鸡对着外海，便以泰文原意“鸡”Kai命名。Ko Kai最出名的不仅是形状有趣的外观，岛屿另一端跟着海水涨退潮出现的“一线沙滩”，也是喀比地区著名的自然景观之一。Ko Kai附近海域的海水清澈，沙滩细白，相当适合浮潜与游泳。Ko Kai是喀比一带相当热门的旅游点。

至于披披岛，坐落在喀比南方海域，分为大披披岛(Ko Phi Phi Don)和小披披岛(Ko Phi Phi Lay）。大披披岛上游客较多，餐厅、商店、饭店等观光设施齐备，小披披岛的Maya Bay曾是电影《海滩》的取景地，周边的海岸环境和清透的海水，适合进行浮潜或划独木舟等活动。大披披岛拥有独特的“工”字地形，两岸仅相隔300米，而周边海域不因观光开发而受到影响，清澈依旧。

©MOOK 李美玲摄

蓝塔岛
Ko Lanta

P.203C3

可从普吉岛、披披岛、喀比、南湾(Ao Nang)搭乘船班前往，船票依距离200~450铢不等，若从喀比搭车前往，中间会经过另一个Ko Klong小岛，从喀比的Ban Hua Hin将车开上渡船，经过Ko Klong再转搭一次渡船到Saladan码头，行约2小时

从Ban Hua Hin开出的渡船时间为6:00~22:00，每辆车船票50铢，乘客每人10铢；从Ko Klong的Ban Lang Sod码头前往Saladan，约10分钟，每位乘客再加付3铢

©MOOK 李美玲摄

蓝塔岛在1996年才开始供电，2001年才接通电话线，而现在，沿着西海岸已满满的都是海滨住宿小木屋(Bungalow)，大型观光度假饭店也陆续进驻。会有这样的快速发展，当地饭店业者认为是因为普吉岛观光开发已几近饱和，游客早已开始往喀比地区移动，而蓝塔岛则该是下一个标地。

蓝塔岛的观光资源目前不如喀比或普吉岛丰富、多元，海滩附近的礁岩比较多，但由于观光客少，一度是背包客的天堂。

在蓝塔岛，除了静静地享受假期，附近也有几个离岛是潜水和浮潜的好去处，包括Ko Rok、Ko Muk等。在岛上最热闹的Saladan码头附近，就有许多当地旅行社可代为预订船班及安排相关行程。

此外，该岛延续着喀比地区的喀斯特地形，在岛中央有个位于山洞内的钟乳石洞，是岛内景点之一。

©MOOK 李美玲摄

Ruan Mai

P.205C2
若从喀比镇市场Muangkao Rd.搭车5~8分钟可达
Maharaj Rd. Muang Krabi, Thailand
+66-75-631797 10:00~22:00
Yam Kung Sieb 80铢、Pad Sato 80铢、Keang Som Pla 80铢

©MOOK 李美玲摄

Ruan Mai是喀比镇上颇具规模的餐厅，保持了泰式的自然风情，在绿荫庭园中摆上坐席，顾客可选择坐在凉亭里或顶着摇摆的绿色植物用餐。Ruan Mai的顾客大半是当地人，餐厅供应地道的泰式料理与泰南口味的菜肴，包括以椰子心、白姜、干辣椒、黄咖喱煮制的酸辣鱼汤(Keang Som Pla)；而用臭豆炒虾仁(Pad Sato)是以泰国一种大豌豆(臭豆)，以虾酱为佐料拌炒虾仁，菜香虽带着点虾腥，但一入口就停不了，是道下饭的菜肴。

若你喜欢泰国菜的酸辣凉拌，用青芒果、干虾仁、红葱以及切碎的香草，以柠檬汁凉拌的Yam Kung Sieb是不错的选择。

©MOOK 李美玲摄

Bella Vista

P.205B2 从长尾船招呼站步行5~8分钟可达
位在Ao Nang Seafood巷内，面对Ao Nang海滩
+66-75-695404 11:00~23:00
Pizza150~240铢，意大利面(Pasta)150铢~ 250铢

这家标榜以炭火烧烤Pizza的意大利餐厅就在Ao Nang海滩旁，主厨Barbieri Umberto来自意大利，在Ao Nang街上还拥有一家纯意大利餐馆Lavinia Mediterranea，这家Bella vista则主营炭烤Pizza、意大利面、BBQ烧烤，外加少许泰国料理等，傍晚另有沙拉吧供应。

©MOOK 李美玲摄

店家的砖炉就位于餐厅门口，厨师料理Pizza的过程一目了然。店家的Pizza以意式薄皮Pizza为主，其中以海鲜口味最受欢迎。主厨表示，海鲜每日购自喀比镇传统市场，材料新鲜，每份Pizza都是现点现烤，端上桌的都是热乎乎刚出炉的美味Pizza，绝对能饱足顾客的胃。

餐厅的露天座位就架在沙滩上，傍晚来此用餐，一边享用色彩鲜艳的意式Pizza和意大利面，一边迎着徐徐微风加上夕阳佐餐，很是惬意。

©MOOK 李美玲摄

拉亚瓦第度假饭店
Rayavadee

P.203C2
214 Moo 2, Tambol Ao-Nang, Amphur Muang, Krabi
+66-75-620740 F +66-75-620630
Deluxe Pavilion35000铢起，其他依住房格局大小不同。实际房价请以饭店网站公告为准
www.rayavadee.com
可请饭店安排快艇从喀比镇码头接驳

©MOOK 李美玲摄

拉亚瓦第度假饭店位于喀比最经典的喀斯特地形半岛上，三面临海，它用代表性的建筑语汇，细致地将喀比地方元素融合在各项装饰细节里，也将顶级奢华包装在当地色彩浓厚的氛围与自然环境中。优雅，是在这里度假的唯一形容。

椭圆房顶加上略呈八角形的外观，乍看不像传统泰南建筑，但略呈帽型的屋顶设计其实源自拉玛五世时期的军官帽，房内从门牌到小装饰多以猴子模样为基础样式。所有的住房都是两层楼的Pavilion，1楼为起居厅，中央吊挂着泰式大摇椅，原木家具与吧台设计有点东西方混搭的风格。吧台上摆设的手工饼干和柑橘茶，是饭店特别为住客准备的点心。沿着墙边搭建的回旋楼梯往上，2楼是宽敞的睡房与浴室，不同区域的别墅睡房以不同的颜色装饰；宽阔的浴室摆有Rayavadee Spa的产品，给顾客Spa级的沐浴享受。

让人惊艳的不仅是住房，还有Rayavadee Spa。饭店以棕榈树皮缠绕大厅的四方柱子，落地窗是别墅住房的轮廓，就连芳疗室的床脚也设计成由木猴子拖着。一致的设计风格与调性，充分显示饭店在品位上的坚持与用心。

穿过绿意盎然的庭园小径，开阔的泳池正对着莱雷海滩，环顾四周，远处是怪石嶙峋的岩山，喀比最经典的自然景色尽在眼前。位于Phranang海滩的Kru Phranang Restaurant and Bar不仅可看海，所供应的皇室料理也非常美味，不容错过。

©MOOK 李美玲摄

Sheraton Krabi Beach Resort

距喀比机场约30分车程，可请饭店至机场接送
155 Moo2, T. Nongthalay,Muang Krabi, Krabi
+66-75-628000 F +66-75-628028
标准房(Superior Room)淡季220美元起，旺季280美元起；豪华房(Deleux Room)淡季230美元起，旺季则为290美元起。实际房价请以饭店网站公告为准
www.shreaton.com/krab
shreaton.krabi@shreat on.com

©MOOK 李美玲摄

占地8公顷的Sheraton Krabi Beach Resort属于Sheraton连锁饭店旗下一员，是喀比地区的热门住宿地之一，无论是年末国外旅游旺季或是4月开始的国内旅游旺季，这里经常是一房难求。

饭店接待大厅正对着海洋，刻意挑高，四根梯形基座的柱子使大厅看起来像一座大型泰式凉亭，黑、白、金褐色的基调高雅大方，四面开放空间皆可走动，流通的开阔感令人舒畅。

除套房外，饭店内其他住房的格局与色调都是统一规格，推开房间落地窗都可看见绿意盎然的庭园。想放松一下，就到饭店里的Mandara Spa吧。这家连锁Spa品牌最著名的就是两人四手的按摩疗程；而Spa中庭刻意以植物造景，引进自然光，与一般Spa昏黄的空间设计不同。

饭店餐厅都位于海滨，来自意大利的主厨以新鲜的海产制作各式美味的泰国料理与意式佳肴。餐厅所使用的海鲜都由当地渔民每日新鲜运送，想吃咖喱、胡椒或呛辣口味，顾客可自行选择。另供应烧烤海鲜盘和日本料理。

在餐厅后方的活动中心，每天提供1小时免费潜水课程，独木舟、划桨或是浮潜用具也都免费提供住客使用，海滩及泳池旁皆有工作人员协助操作相关器材，让住客玩得愉快、玩得安全。

©MOOK 李美玲摄

©MOOK 李美玲摄

Phulay Beach Resort

P.205A2
距喀比机场约40公里，距南湾约20分钟车程，可请饭店至机场接送
111 Moo3, Nongthalay, Krabi
+66-75-628111 F +66-75-628100
标准房6000铢起，海滨别墅Marina Suite10000铢起。实际房价请以饭店网站公告为准
www.phulay.com

©Phulay Beach Resort

“山遇见海”是Phulay名称的由来，取自泰文的山Phu Kao，以及分开海岸的Ta-lay，这个名称清楚地描述了度假饭店所在的位置。饭店面对安达曼海，可望见Ko Hong岛屿，进入饭店之前会经过一段山丘缓坡。饭店原为泰国当地酒商的物业，近年已转手为丽池卡登(RitzCarlton)旗下，所有住房皆为别墅（Villa）形式，以传统的泰式风格为主，细致的用色与装饰营造出一种华丽而优雅的贵族气质。因为是独栋住房，住客服务可要求升级为管家版，无论是整理行李、住房用餐等均可做到无微不至，更妥帖的照顾也是饭店强调的重点之一。

精心设计的庭园栽植了许多植物，绿荫处处，和漆成砖红色的造景墙面在视觉上形成温暖的对比。转身往泳池走去，开阔的圆形泳池映着椰影，远处是喀比特有的地形美景，在地势落差上造成与海平面等高的设计，呈现一幅海天一色的开阔景致。由于饭店周边自然条件丰富，包括独木舟、私人快艇出海等各项户外活动都可以请饭店代为安排。饭店还提供烹饪教室、泰南Batik手绘教学等体验课程。

©Phulay Beach Resort

©Phulay Beach Resort

彼马莱度假饭店
Pimalai Resort & Spa

P.203C3
99 Moo 5, Ba kan Tiang Beach, Lanta yai Island, Krabi
Superior Room淡季房价7500铢，旺季房价约10500铢。详细价目请以饭店网站上公告为准
+66-75-607999 +66-75-607998 www.pimalai.com

坐落在泰国南部岛屿海滨，占地百顷的彼马莱度假饭店里遍植茂密的热带植物，这座蓝达岛(Ko Lanta)上首家顶级度假村，成了宁静岛上的一方绿洲。

Pimalai源自泰语，意指未经开发的处女地，如同许多游客未识的蓝达岛一般。饭店占地100公顷，客房与别墅(Villa)共计86间，宽敞的腹地为住客提供一个舒适的活动与度假空间。饭店当初为保有自然绿荫，尽力保持原生树木，并在建筑物完成后，增加草坪绿地，让住客们在炎热海岛活动时，能享受一抹清凉的绿意。

同样贯彻这样设计理念的Pimalai Spa就像位于丛林中的村落，是独立于饭店中的区域。茂盛的植物环绕在Spa接待柜台外，沿着阶梯往下走，木栈道架在流水道上，两旁热带植物围绕，漫步其中耳听流水淙淙，眼见绿叶摇曳，深吸一口气，仿佛花草树木所散发的自然香氛充满身体的每个细胞。

饭店内主要供应餐点的餐厅有三处，其中Baan Pimalai Restaurant提供早、午、晚三餐，从招牌泰式料理到西式餐点都有，一道白酱意大利面或泰式绿咖喱牛肉，不过200铢左右，但分量足、口味地道，绝对值得一试。

饭店住房是简约的泰式格局，分为一般客房和别墅(Villa)两种，外观屋顶为传统泰南建筑样式，内部空间宽敞，最小的标准间都有48平方米。房间以原木和橘黄色装潢为主要色调，无论面海或深居于庭园中间，每间住房都有一个提供住客伸展与休息的阳台。

苏梅岛

Samui

苏梅岛是泰国的第三大岛，属于苏叻塔尼府(Surat Thani)，过去以种植椰子、生产橡胶和捕鱼为主要收入。东岸绵长的海岸线拥有细白的沙滩、清澈的海水，周边有海洋国家公园和星罗棋布的群岛，早期以其自然原始的海岛风情吸引了来自世界各地的游客，邻近的帕安岛因为每月一次的月圆晚会，成为部分游人向往追寻一夜嬉皮狂放的秘境。

在开放观光之后，主打浪漫蜜月色彩的苏梅岛，吸引了更多的度假饭店进驻，各家饭店依岛上的地势景观打造独特的住宿飨宴，充满嬉皮色彩的帕安岛逐渐成为热门的离岛游的目的地，更不用说周边美丽的安通国家公园和龟岛了，丰富的海底景观使这里俨然成为水上活动爱好者的天堂。而1989年开放的苏梅机场，在改装之后，自2006年起连续3年获得全球十大机场之一，穿上泰式时尚新衣的机场也成了一个新兴的景点。

高低起伏的丘陵地形占据了苏梅岛面积的2/3，而在细白沙滩的另一端，有瀑布、绿色的热带雨林和数百万棵的椰子树，就算游客不做海上巡游，也有丛林活动提供不同选择。每年的2~8月是苏梅岛阳光普照的旅游旺季，无论选择哪家度假饭店，都能享受一个完美的海岛假期。

info.

如何前往

●飞机

从曼谷搭曼谷航空、泰国航空的航班飞往苏梅岛。

曼谷航空

www.bangkokair.com

泰国航空

www.thaiairway.com

●船班

可从苏叻塔尼(Surat Thani)的tha Thong码头搭乘快艇或渡轮。

Songserm Travel：+66-77-420157

直达渡轮8:00从苏叻塔尼发船，14:00自苏梅岛返回。快艇则从Ban Don码头搭船，每天3班，船程约两小时。船班详情可洽当地旅行社

机场至市区交通

可在订房时请饭店安排接机，若参加航空公司的“自由”行多半都包含机场接送，或直接在机场搭乘出租车前往下榻饭店。

市区交通

市区交通以双排车(Songthaews，当地红色小箱行车)和出租车为主，约20铢起跳。亦可自行租四轮传动吉普车或摩托车，租金一天200~800铢不等，但泰国行车方向与我国相左，行车时须注意安全。

旅游咨询

苏梅岛上没有泰国旅游局的服务中心，若从苏叻塔尼出发，可以直接到当地的旅游局办事处。

+66-77-281828。若是搭机直抵苏梅岛，可于8:00~20:00电话直拨1672，询问相关观光资讯

若要查询当地离岛游程，可至泰国旅游局的行程推荐网站，查询相关资讯。

amazingthailand.tourismt hailand.org

住宿资讯

苏梅岛和普吉岛一样，因为有雨季和干季的影响，房价也会随季节有极大的变动。无论淡旺季，各家饭店都会推出2天起的套装行程，包括离岛游或是出海浮潜等活动，可多注意泰国旅游局或各家饭店的网站讯息。

往 Ko Phangan, Ko Tao
往 Ko Phangan, Ko Tao
往安通海洋国家公园
Six Senses Hideaway Samui
Choeng Mon Beach
Maenam Beach
Big Buddha Beach
博浦海滩
Bophut Beach
The Tongsai Bay Cottages & Hotels
The Imperial boat House Hotel
Anatara Resort & Spa Kho Samui
苏梅岛国际机场
Na Thon Town
Al's Resort
The Library
Centara Grand Beach Resort Samui
查汶海滩
Chaweng Beach
苏梅岛
Ko Samui
New Star Resort
The Imperial Samui Hotel
Laem Chon Khram
Tar Nim Waterfall & Magic Garden
观景台
Chon Khram Beach
Na Muang Waterfall
Pavilion Samui Boutique Resort
Bay View Resort
拉迈海滩
Lamai Beach
Ao Taling Ngam
阿公石&阿妈石
Hin Ta Hin Ya
Phangka Beach
蛇园
苏梅岛水族馆
Samui Aquarium
蝴蝶园
Centara Villas Samui
Laem Hin Khom
Laem Sor Pagoda
Ko Tan
Ko Mat Sum
N
图例 景点 饭店 机场
苏梅岛

海滩

查汶海滩P.218C3、拉麦海滩P.218C2、迈南湾P.218B1

来到苏梅岛，如果没有躺在细白沙滩上晒晒太阳，晚上倚着海滨饭店或餐厅安排的沙滩坐席赏月、听潮，那真的是白来了。岛上沙滩集中在东部，饭店分布也以东岸较为密集，其中最热闹的要算是查汶海滩(Chaweng Beach)了。该海滩绵延4公里，沙质绵密细致，海上有多种水上活动，岸上有滨海饭店、餐厅，往回走到马路，便利商店、当地旅行社、各国料理等店家密集分布，到了晚上，海边饭店和餐厅纷纷将泰式三角枕和小桌子搬上沙滩，点上一盏烛光或小灯，气氛绝佳，坐在沙滩上以月色佐泰南美食的用餐体验相当独特。

在东南方的拉迈海滩(Lamai Beach)纵然没有得天独厚的海岸线，早期因为饭店少，喜欢图个清静的游客多半会选择在这里落脚，现在街道两旁的餐厅和店家也不输查汶海滩。至于北部的迈南湾(Mae Nam)，因为邻近的迈南码头是船或快艇前往帕安岛(Ko Phangan)、龟岛和安通国家公园的起讫点，周边有一些潜水公司或商家，也可提供相应的旅游服务。

©MOOK 朱月华摄

©MOOK 朱月华摄

帕安岛 Ko Phangan

从苏梅岛搭船前往，船程约40分钟，船票依船的大小有别。白天一般往返船115~250铢不等，7:30~16:30，共10班次

参加月圆之夜，船票含接驳约200铢起　月圆之夜：fullmoonparty-thailand.com

要注意的是，船票包括饭店与码头间的接送，返回苏梅岛时，记得出示船票，接送的出租车不能再另外收费

帕安岛位于苏梅岛北方约20公里处，最初在20世纪80年代，以每月月圆日在Rin Nai海滩举办的月圆派对(Full Moon Party)吸引众多自助游客或电音迷前来朝圣，口耳相传之后，逐渐成为当地必玩活动之一，目前苏梅岛上几乎所有的当地旅行社，都会强调出售“月圆之夜”的船票，受欢迎的程度丝毫不减当年。当晚的帕安岛上，所有海边的餐厅或Pub都会将音箱搬到沙滩上，DJ音控台和座位也全部移出来，沿着沙滩都有摊贩出售食物和饮料。

©MOOK 庄明颖摄

沙滩上越晚越热闹，音乐节奏越来越强烈，还有火舞表演者出来炒热气氛，玩得High的游客，甚至会跳上高台或桌上手舞足蹈，整个晚会可以这样一直狂欢到天明。

阿公石 & 阿妈石 Hin Ta & Hin Ya

P.218C3

©MOOK 朱月华摄

若是想在苏梅岛欣赏一些自然景观，那么，在苏梅岛东南边拉迈海滩附近的阿公石及阿妈石(Hin-Ta & Hin-Yai)算是非常具有代表性的了。

这两块大石头的形状很特别，一块像是男性的性器官，距它20米远的一块较大型的石头又像是女性的性器官，配合当地的民间传说之后，它们就被命名为阿公石和阿妈石了。当地传说在100多年前，一对祖父母带着他们的孙子渡海来此，不幸被大海冲散了，于是两位老人便在海滩上化身为两块巨大的石头。

由于干湿季节对于水位高低的影响极大，在雨季来到这里时，阿妈石几乎整个沉入海里，走过去看的时候要特别小心，千万别滑入海中成为海滩上的第三块石头。

经由拉迈海滩旁的一条小路可以走到海边，远远地就会看到矗立岸边的阿公石，在它的右前方走下去就可看到阿妈石了。旁边有一些商店和小吃店，也有泰式海鲜餐厅，算是苏梅岛比较热闹的一处景点。

瀑布森林浴、骑大象

P.218B3

©MOOK 朱月华摄

在苏梅岛绿色的丛林中藏着几挂瀑布，雨季时水量较大，往往在瀑布下形成一个小的水池，天然的泉水沁凉入脾，在阳光下闪耀着光芒。

苏梅岛上有3处比较大的瀑布，较北边的是Hin Lad Waterfall，在公路旁会看到指示牌，循着路线进入山区，约在两公里处可以见到该瀑布。在这个瀑布的下方有一个水池，也是一处绝佳的游泳地点。记得穿一双防滑的运动鞋并带好泳装哦。

另外两挂瀑布为Na Muang 1 Waterfall和Na Muang 2 Waterfall，位置比Hin Lad Waterfall偏南一点，都在Namuang自然公园里。自然公园里除了有森林和瀑布外，还可以骑大象呢。

©MOOK 朱月华摄

经4169环岛公路上去往Namuang 自然公园会经过一个小停车场，从这里到Na Muang 1步行只需5分钟即可到达。瀑布高20米，下方有许多大石头，虽然也有一个天然形成的大水池，但是并不适合潜水和跳水，游客只能在水里泡一泡。从Na Muang 1 Waterfall的左方可步行至Na Muang 2 Waterfall，大约需半小时，但需注意沿途都是山路，而且路况湿滑，需要穿防滑的运动鞋，全程小心谨慎。

在停车场的附近有一些商店和餐厅。可以在餐厅里吃些便餐，都是很地道的泰式料理，价格便宜，但口味偏辣。商店里贩卖衣服以及一些手工制作的皂雕、木雕纪念品等。

安通国家海洋公园 Mu Ko Ang Thong National Park

P.218A1
安通国家海洋公园
145/1, Talad Lang Road, Surat Thani
+66-77-286025、420225
一日游程
一般行程每人约50美元，含饭店接送、出海、船上午餐。各家饭店也会提供代订游程的服务。
可至泰国旅游局的行程推荐网站amazingthailand.tourismthailand.org查询游程

泰国旅游局提供

在苏梅岛所有离岛行程中，位于苏梅岛西北边约19英里处的安通国家海洋公园是相当热门的一日游目的地。整座国家公园涵盖了42座大小岛屿。由于这座国家公园前身为泰国皇家海军基地，1980年年底才以国家公园的面貌正式对外开放，整个环境受旅游开发的破坏较少，海水特别澄净。

安通国家海洋公园最著名的景致就是站在高处，远眺一座座浮出海面、形状各异的石灰岩小岛。在这一片广大的海域中，由于海水的养分极高，滋养了极为丰富的海藻和菌类，因此聚集了许多色彩艳丽的热带鱼群、龙虾、螃蟹、章鱼、蚌壳类海产等，一些鲨鱼也在这里出没。

整座安通国家海洋公园里，有几个比较重要的岛，如Wua Ta Lap、Sam Sao、Mae Ko、Thai Phlao、Wua kan Tang等，一般都会被安排在旅游行程中。安通国家海洋公园的旅客服务中心位于最大的Wua Ta Lap上，有住宿点、小餐厅并提供海洋生物标本及公园简介等。

另外一座会停留上岸的岛是Mae Ko，岛上有一座名为Emerald 的海水湖，面积不小，长约250米，宽200米，水深达7米，包围在一片石灰岩中，水底有通道通往大海，因此，这个山中湖的水其实是海水灌入所形成的。岛上架有楼梯可以让人爬到高处的小凉亭里，俯瞰湖光山色。

出海的船只在接近这些小岛时，都是停在100米外，然后由岛上的小船来接游客上岸。倘若遇到雨季，风浪大的时候，船只多半无法出海，订购行程前最好多注意天气状况，并和旅行社多加确认。

泰国旅游局提供

龟岛
Ko Tao

P.218A1
从苏梅岛每天11:00有船班经帕安岛前往龟岛，船票约350铢，或从湄南码头搭乘快艇前往，每天8:00发船，船程约1.5小时，每人费用约550铢
船班资讯可电洽Lomphrayah：+66-77-45617或是Songserm Travel：+66-77-420157
可至泰国旅游局的行程推荐网站amazingthai land.tourismthailand.org，依地区查询当地游程

龟岛位于距离帕安岛约45公里的海域中，是以其岛屿形状命名的。龟岛拥有清澈的海水、丰富的珊瑚礁群，是泰国南部相当知名的潜水地点。由于地理位置的关系，龟岛西海岸的海面几乎没有什么洋流，特别适合潜水的初学者入门体验。最适合来此进行水上活动的时间是每年的12~次年4月，除待在龟岛游玩外，也可以延伸至南缘岛(Nang Yuan)。南缘岛上最独特的景致和喀比的鸡岛一样，当海水退潮时，会有一线沙滩联结三座岛屿，且沙滩洁净，也是苏梅岛周边热门的离岛游选择之一。

要前往龟岛可从苏梅岛或帕安岛搭乘快艇或船，在这两座岛上都有旅行社提供一日或半日游的行程，或可通过饭店代为预订前往龟岛的游程。

泰国旅游局提供

The Library

P.218C2
14/1 Moo 2, Cheweng Beach ,Bo Phut,Ko Samui,Suratthani
+66-77-422767~8 www.thelibrary.name

©The Library

正如“The Library”字面上所要传达的，室内建筑师安蒂亚所要营造的正是一种可以让住客安静阅读的空间。她认为，旅行者共同的喜好就是“读书”，带一本美好的书，在沙滩上、泳池边，尽情享受沉溺在书中境界、不受打扰的时光。假期不需用五光十色的娱乐活动来塞满，回归自己与心灵的对话、诚挚地去感受生命，才是最珍贵的度假体验。

The Library拥有一般度假旅馆所共有的海景阳台、健身房、餐厅与游泳池，这里与别处最大的不同就是拥有一座馆藏丰富的视听图书馆。安蒂亚认为，若是住客能在这里与一本能抚慰心灵的书本相遇，或是聆听到一段美妙的音乐、欣赏到一部动人的影片，那么他就在这里享受到了最棒的假期。

The Library坐落于海滨一块长方形的土地上，其房间像是一格格2层楼的方形盒子，将屋内外的空间予以等分。分成上下两层的卧室与客厅、善用墨黑与纯白两色为基调的高级家具、禅意十足的木雕佛像与线条弯曲的泰式木制躺椅，营造出利落而明亮的休息环境。最特别的是，在海滨沙滩与草坪间的树影下，可以看到一些正在看书的纯白人偶，构筑起“The Library”奇特却和谐的公共空间印象。

©The Library

苏梅安娜塔拉度假村
Anantara Resort Koh Samui

P.218B1
99/9 ophut Bay, Samui Island, Surat Thani
+66-77-428300~9 F +66-77-428310
每晚约6000铢起，实际房价请以饭店网站公告为准
samui.anantara.com @samui@anantara.com

©Anantara Resort Koh Samui

安娜塔拉秉持旗下的每一家度假村都必须有当地特色的原则，让住客一踏进度假村就能全然感受当地的风情。由于苏梅岛过去以产椰子为主要经济收益，采椰猴是当地特色景观之一，苏梅安娜塔拉就以猴子为题，无论室内外装饰多采用可爱的猴子形象。

已成为全球精品饭店(Small & Luxury Hotels)的苏梅安娜塔拉度假村，位于岛上安静的博普海滩(Bo Phut)，以传统泰式建筑，恰当地搭配泰国鲜明且具活力的橘、红、棕、金色彩，提供所有住客一个宁静却不失趣味的度假空间。整个度假村共有106间客房，所有房间均设有阳台，给予住客宽敞的休憩空间。苏梅岛拥有丰富的自然资源，各项精彩游程同样可以通过度假村代为安排，包括潜水、离岛游、海上风帆等。度假村还有烹饪教室、瑜伽课、传统雕刻课，甚至还有调酒课、舒解压力课等不同的体验活动，真的想放松一下，度假村里的Anantara Spa是不错的选择哦。

©Anantara Resort Koh Samui

©Anantara Resort Koh Samui

Six Senses Hideaway Samui

P.218C1
9/10 Moo 5, Baan Plai Laem, Bophut, Koh Samui, Surathani 84320
+66-77-245678　F +66-77-245671
每晚约13043铢起，实际房价请以饭店网站公告为准
www.sixsenses.com
reservations-samui @sixsenses.com

Six Senses Hideaway Samui位于博普海滩旁的山边，属于Six Senses饭店集团的一员。Six Senses为全球知名的度假饭店，下设Soneva、Six Senses Hideaway、Six Senses Latitudes和Evason四个品牌，其中Hideaway被定位为精品旅馆(Boutique)。Hideaway系列的住房均为私人别墅（Villa），且饭店必须保留当地的特色、讲求服务的周到和细腻，所有设计都以优雅、细致传达出奢华度假的氛围。

Six Senses饭店集团强调，饭店需满足人的六感，即听、闻、尝、看、接触和精神层面的感觉，都能获得适当的舒展。倚着山势坐落在居高临下位置的Six Senses Hideaway Samui，善用地利之便，把露天用餐区架在大岩石上，客人用餐时有海景围绕；每间客房都面海，客人可坐享开阔的海天一色，种种设计完全贯彻了饭店的精神。2008年，Six Senses Hideaway Samui被全球知名旅游杂志《Conde Nast Traveler》票选为全球最佳饭店。

要拥有完整的Six Senses住宿体验，千万不能错过Six Senses Spa，该Spa同样在众多Spa评比中频频被推举为最佳品牌。Six Senses Spa秉持从六感着手的原则，让所有住客在经过各项保养之后，都能真正达到身心放松，全然享受一个轻松的假期。

©Six Senses Hideaway Samui

©Six Senses Hideaway Samui

桑提布里旅馆
Santiburi Resort

P.218C1 12/12 Moo 1, Maenam Beach, Koh Samui, Suratthani
+66-77-425031~8 F +66-77-425040
每晚247美元起，房价请以饭店网站公告为准
www.santiburi.com @infosb@santiburi.com

Santiburi在泰文中是“和平小镇”的意思。桑提布里旅馆位于苏梅岛北角一个安静隐秘的私人海滩上，兴建之初是为了让少雨的苏梅岛也能拥有绿意盎然的花园，斥资两百万美元精心打造了一座将近23英亩的庭园。旅馆拥有几乎算是全岛最大的游泳池，却只有57栋泰式小别墅、12间双拼套房和2间Santiburi套房，它比照拉玛四世在华欣的夏宫打造，提供最极致也最舒适的住宿服务。

别墅内的空间非常宽敞，室内大厅刻意挑高至两层楼的高度。卧室及阳台以大理石和木头为主要材质，柚木地板上摆着典型的泰式家具，刷白的屋檐缀有红瓦和泰式图腾，优雅中不失家居的亲切感。

桑提布里Spa位于庭园小径的尽头，空气里弥漫着各式香草的芬芳。经过简单的沟通后，Spa芳疗师会帮助顾客挑选适合的疗程和精油，然后以精湛的手法带给顾客一份完全放松的体验。

©MOOK Teresa Lee摄

©MOOK Teresa Lee摄

索引

景点

游客服务中心

藏羚羊
旅行指南
最美中国
游目骋怀，神游中华！
驰骋眼睛，徜徉心灵，
中国老牌旅行指南创作团队，
全新倾力奉献，
揭秘驴友不知道的中国最美之地！
中国最美的100个度假胜地
Top 100 Resorts
中国自助游
中国最美的100座名山
Top 100 Mountains
中国最美的100个地方
Top 100 Places
中国自助游
中国自助游
西南中国
西北中国